The Self-Driven Child

脳科学が教える「子どもにまかせる」育て方

セルフドリブン・チャイルド

ウィリアム・スティクスラッド＋
ネッド・ジョンソン
依田卓巳：訳

The Science and Sense of
Giving Your Kids More
Control Over Their Lives

William Stixrud, PhD,
and Ned Johnson

NTT出版

THE SELF-DRIVEN CHILD
The Science and Sense of Giving Your Kids More Control Over Their Lives
by William Stixrud, PhD, and Ned Johnson

Japanese translation published by arrangement with William Stixrud and Ned Johnson
c/o The Ross Yoon Agency LLC. through The English Agency (Japan) Ltd.

私を養子に迎え、溺愛し、生き方を学ばせてくれた両親へ
――W・S

子供の役に立ちたいという私の情熱をかき立ててくれた、愛するバネッサへ
ケイトとマシューへ――世界最高の子供を持てたことに心から感謝している。
――N・J

目次

セルフドリブン・チャイルド——脳科学が教える「子どもにまかせる」育て方

著者による注

この本に書かれた話はすべて事実である。どれも、長い年月のあいだに私たちが出会った子供、親、教育者たちの話だ。助け、助けられること、教え、学ぶことには、信頼が必要で、多くの場合、人の弱さがさらけ出される。私たちは、多くの子供とその家族が示してくれた信頼に深く感謝している。いくつかのケースでは、プライバシーを守るために、名前や特徴的な部分を変えてある。

はじめに

なぜ「コントロール感」が重要なのか

一見、私たちふたりは仕事上のパートナーに見えない。ビルは国内でも有名な臨床神経心理学者で、三〇年にわたって不安や学習障害、行動障害に立ち向かう子供たちを助けてきた。ビルはよく、穏やかな人柄だと言われる。おそらく「超越瞑想」〔ヒンドゥー教に由来するマントラ瞑想法〕を数十年来、実践しているせいだろう。ネッドは、アメリカでもっとも成功を収めた個人指導塾のひとつ〈プレップ・マターズ〉を設立した。X世代〔一九六〇年代から七〇年代に生まれた世代〕の彼は精力的に一〇代の若者の教育に取り組み、ふつうの人の三倍の熱意を持っていると多くの生徒が言う。

私たちは数年前に、同じイベントのゲストスピーカーとして呼ばれ、知り合った。話しはじめると、お互い興味深いことに気づいた。それぞれ経歴、専門分野、クライアントは異なるものの、子供たちが同じような問題を乗り越えるのを、まったくちがう方向から助けていたのだ――ビルは脳の発達という観点から、ネッドは実際の教育を通して。

話すうちに、私たちの知識と経験は、ジグソーパズルのようにぴたりとはまった。ネッドの生徒はスタンフォード大学に合格できないパニックと闘い、ビルの生徒はそもそも学校に通えるのかという問題と闘っているかもしれないが、共通の根本的な課題があることに気づいたのだ。つまり、子供が自分の人生をコントロールしているという感覚を得て、自分のなかのやる気を引き出し、潜在的な力を最大限に活用するのをどう助けるか、という課題だ。

私たちの仕事の多くは、ストレスで子供たちの学業と心の健康がむしばまれるのを最小限にすることだ。子供たちの自発性を、行きすぎた完璧主義と「早くゲームがしたい」のあいだの健全なレベルに持っていこうとする。そのようにストレスとモチベーションについて研究するうちに、「コントロール感」ということを思いついた。

「コントロール感」が乏しいと大きなストレスを感じること、自主性がモチベーションを高める鍵になることを発見したときには、[1]重要な手がかりを得たと思った。さらに研究を進めると、この考えは裏づけられた。健全な「コントロール感」は、私たちが子供に望むほとんどすべてのこと――体と精神の健康、学業の成功、幸福――に関連していることがわかったのだ。

一九六〇年から二〇〇二年まで、高校生と大学生の「内的なコントロールの所在（自分の運命を自分が決めているという信念）」のレベルが下がりつづけ、「外的なコントロールの所在（自分の運命が外的な要因で決まっているという信念）」のレベルが上がっているという報告がたびたびなされた。従来から、この変化は不安や、うつの症状と結びつけられていて、今日の若者は、大恐慌、第二次世界大戦、冷戦を含む古い時代の若者と比べて、五倍から八倍、不安障害の症状を覚えやすいという指摘もある。[2]一九二九年からの大恐慌の時期より、いまのほうが社会環境は厳しいのだろうか。それとも私たちは、若者の生来の対処能力を損なうようなことをしているのだろうか。

健全な「コントロール感」が欠如すると、子供は無力感にさいなまれ、受動的になったり、あきらめたりすることが多くなる。有意義な選択をする能力を否定されると、不安になり、怒りを抑えこもうとして、自己破壊や薬物依存に陥るリスクが高まる。そうなれば、親が支援し、精いっぱいチャンスを与えても、成功することはむずかしい。育った環境にかかわらず、「コントロール感」が欠如すると、内面の混乱が悪影響を与えることになるのだ。

私たちはみな、自分がまわりの世界に影響を及ぼせると感じるときに、よりよい結果を出す。だから、ほとんど効果はないのにエレベーターのドアを閉めるボタンを押しつづけるのだ[3]。一九七〇年代におこなわれた画期的な研究で、自分の面倒は自分で見なさいと言われた老人ホームの入居者が、看護スタッフが面倒を見てくれると言われた入居者より長生きしたのも、そのためだ[4]。それは結局、宿題を自分でする（またはしない）と決めた子供の幸福度が比較的高く、ストレスが少なく、やがて人生で成功しやすい理由でもある。

私たちは、わが子が競争の激しいグローバル経済に参加し、適応して、貢献できると感じることを望む。わが子を愛し、自分がこの世を去ったあとも幸せに不自由なく暮らしてほしいと思う。どれも価値ある目標だが、それらを達成するために、まちがった前提を受け入れている親が多いのだ。

まちがった前提1　成功へと続く一本の細い道があり、わが子がそこからはずれるのはとんでもない。将来がかかっているのだから、子供に決定させるわけにはいかない。この議論は、若者が成功するには、とにかくつねに競争しなければならないという、ゼロサム的な考えにもとづいている。
まちがった前提2　人生で成功したいなら、学校の成績が重要だ。学校には何人かの勝ち組と、多くの負け組がいる。こうして多数の子供は、イェール大学に行くかハンバーガーを焼くかといった選択を迫られ、過度の競争に駆りたてられるか、どうせ無駄だとあきらめてしまう。
まちがった前提3　厳しく教えれば教えるほど、子供は立派で成功した大人になる。アメリカの六年生は中国の六年生より成績が悪い？　それなら高校一年生の数学を教えよう。大学に入学するのが昔よりたいへん？　なんてことだ。子供がもっと学習できるようにスケジュールをしっかり埋めよう。
まちがった前提4　世界は昔より危険になっている。親は子供たちが傷ついたりまちがった道を選んだりしないように、つねに監督しなければならない。
多くの親は、こうした前提がまちがっていることを無意識に理解している（そして、私たちは、本書でそのまちがいを明らかにしていくつもりだ）が、わが子を落ちこぼれにしてはいけないというプレッシャーを友人や学校やほかの親たちから感じると、そうした見方ができなくなってしまう。このプレッシャーは恐怖心に深く根ざしていて、恐怖心はたいてい誤った決定につながる。

実際には、わが子をコントロールすることはできないし、それを目標にすべきではない。親の役割は、学校で――そして何より重要なのは、人生で――成功するための判断力が身につくように、自主的に考え、行動する方法を子供に教えることだ。子供が望まないことを強制するのではなく、好きなことを見つけて、自分のなかのやる気を引き出すべきなのだ。私たちの目的は、親のプレッシャーに依存するモデルから、子供自身のやる気を育むモデルへの転換であり、それがこの本のタイトルにも表れている。

まず、子供は自分の頭で考えることができ、自分の力で生きたいと思っていること、さらに、一定の支援があれば、自分が何をすべきか理解できるということを前提としよう。彼らは朝起きて着替えることや、宿題をすることの重要性を知っている。表に出さなくてもプレッシャーを感じており、苦労しているときにうるさく小言を言われれば、反発が大きくなるだけだ。子供にみずから考える自由を与え、それを尊重するのがこつである。たとえ子供を管理し、親が望むように型にはめることができたとしても、親のストレスは減るかもしれないが、子供のほうは自己管理ができず、管理されるだけの人間になってしまう。

本書では、神経科学と発達心理学の重要な研究を紹介し、ふたり合わせて六〇年に及ぶ、子供を対象とする仕事の経験を分かち合いたい。親は子の上司や監督ではなく、コンサルタントと考えるべきだ。「それはきみが決めることだ」とくり返し唱えて、その知恵に気づいてもらうことをめざす。そして、子供が自分のなかにあるモチベーションを見つけるのに役立つアイデアを提供し、子供から自主性を奪いがちな教育制度に対処する方法を伝えたい。本書は、親が「不安のない存在」になることを助ける。それは子供や家族、そして親自身のためにできる最良の行動だ。各章の終わりで、すぐに実行できて役に立つ項目を提案する。

本書の提案のいくつかは、気持ちよく受け入れられないかもしれないが、多くは安心感をもたらすはずだ。疑り深い読者も、次のことは憶えておいてほしい。私たちは、仕事でかかわった家族と経験や科学知識を共有したとき、すばらしい結果を目の当たりにした。反抗的な態度が、思慮深い意思決定に変わるのを見てきた。成績やテストの点が劇的に改善するのも。何をしていいのかわからず、無力感や絶望に苦しんでいた子供が人生に前向きになるのも、少し足踏みをしていた子供が最後には成功し、幸せになり、誰も想像しなかったほど両親と良好な関係を築くのも見てきた。子供が健全な自主性の感覚を身につけることは可能だし、親自身のなかにその感覚を育むこともできる。じつのところ、それは意外に簡単なのだ。

第1章　この世でいちばんのストレス

一五歳の高校二年生のアダムは、シカゴのサウス・サイドにある狭い公営住宅で家族と暮らし、財源不足の公立学校に毎日歩いて通っている。昨年の夏、通りを歩いていたときに、いっしょにいた兄が走行中の車から撃たれて亡くなった。いまアダムは学校でなかなか集中できない。授業中にじっとしていられず、衝動的な行動をして、たびたび校長室に呼ばれている。あまり眠ることもできず、もとより優秀ではなかった成績は、留年しなければならないほど下がっている。

一五歳のザラは豪邸に住み、ワシントンDCにある上流階級向けの私立学校に通っている。両親は、彼女がこの秋に受けるPSAT（大学進学適性予備試験）で、ナショナル・メリット・スカラシップ〔成績優秀な高校生に与えられる大学奨学金制度〕の最終候補者になることを願っている。そこでザラは、フィールドホッケーの練習と〈ハビタット・フォー・ヒューマニティ〉のボランティア活動をしながら、夜に三、四時間、勉強している。成績は優秀だが、充分な睡眠をとっていない。親に口答えをしたり、友人に当たり散らしたりして、頭痛も頻繁にある。

アダムを心配しなければならないのは誰の目にも明らかで、統計が示すように、彼の前途は多難だ。しかし、あまり知られていないのは、ザラについても心配すべきだということだ。脳が発達する重要な時期に慢性的に睡眠が不足し、過度のストレスを受けると、いずれ精神的、身体的健康が危険にさらされる。もしアダムとザラの脳をスキャンしたら、とくに脳のストレス反応に関連する部位に、顕著な類似が見られるだろう。

近年、頭に強い衝撃を受けたアスリートの損傷について、多くのことがわかってきた。今日私たちは、脳震盪の長期的な影響についてこう考える。「いまは平気そうだけど、こんなことを続けていると、あいつはわが子の名前も思い出せなくなるぞ」

ストレスもこのように論じられる必要があるだろう。慢性的なストレスは、とくに若者の脳に大きなダメージを与える。それは、小さすぎる鉢で植物を育てようとするようなものだ。そういう鉢では植物は弱り、取り返しがつかないことになる。

ストレスに起因する病気の割合は、あらゆる年齢層できわめて高く、研究者らは、若者の不安障害や摂食障害、うつ病、大量の飲酒、自傷的な行動パターンの増加の裏にある理由を明らかにしようと努力している。[1] マデリン・レバインが指摘したように、裕福な家庭の児童やティーンエイジャーは、不安障害、気分障害、薬物依存など、心の健康の問題が生じるリスクがとりわけ高い。[2] 最近の研究によると、裕福で競争の激しいシリコン・バレーの高校では、八〇パーセントの生徒に中程度から重度の不安障害、五四パーセントの生徒に中程度から重度のうつ病が報告されている。[3] うつはいまや、世界じゅうの障害の原因の第一位である。[4] 児童やティーンエイジャーの慢性的なストレスは、気候変動と同様に、何世代ものあいだに積み重なった社会的な問題であり、克服するにはかなりの努力と習慣の改善を必要とするだろう。
これらすべてと「コントロール感」には、どのような関係があるのか？ 答えは「あらゆる面で関係がある」だ。簡単に言うと、「コントロール感」はストレスの解毒剤である。ストレスは未知のものであり、望ましくなく、怖れられている。どうも落ち着かないといった些細な感覚でもあるし、命を脅かすほど重大にもなりうる。〈人間ストレス研究センター〉のソニア・ルピアンは、生活のなかでストレスを引き起こすものを、その頭文字からN・U・T・Sと呼んだ。

Novelty（目新しさ）
以前に経験したことがない。
Unpredictability（予測不可能性）
想像もつかないことが起きるかもしれない。
Threat to the ego（自我への脅威）
人としての安全や能力に疑問が投げかけられる。
Sense of control（コントロール感）の欠如
状況をほとんど（あるいはまったく）コントロールできないと感じる。[5]

ラットのストレスを調べた初期の研究では、まわし車をまわすと電気的な刺激が止まる環境に置かれたラットは、喜んで車をまわし、ストレスをあまり感じなかった。まわし車を取り除くと、ラットは過度のストレスを示し、まわし車をまたケージに戻すと、電気的刺激を与える装置がついていなくても、ストレスレベルは大きく下がった[6]。

人間も同様だ。ボタンを押すと不快な音を聞く可能性が減ると言われた場合、たとえボタンが音に影響を与えなくても、あるいはボタンを押さなくてさえ、ストレスレベルは下がる[7]。実効性があるかどうかにかかわらず、コントロールできると感じることが重要なのだ。状況に影響を与えうるという自信があれば、ストレスを感じることはあまりない。逆に、「コントロール感」があまり得られないことは、この世でいちばんストレスがかかる状態かもしれない。

みな、ある程度このことがわかっているので、むずかしい仕事に取りかかるまえに机の片づけをする言いわけに使う。飛行機に乗るより車の運転のほうが安全だと感じる人が多いのも（統計上は逆なのだが）、状況をコントロールできると信じているからだ。交通渋滞にストレスを感じる理由のひとつは、自分では解決のしようがないということである。

わが子についても、コントロールの力を経験したことがあるのではないだろうか。わが子が病弱だとか、苦労しているときに何もしてやれないと、親のストレスレベルは上昇する。一〇代の子供が初めて車を運転したり、スポーツの試合や演劇に出たりするところを見るような、さほど深刻でないことでさえ、ストレスを引き起こす。親は観客にすぎず、万事うまくいくように願うくらいしかできることはないからだ。

心理学で言う「行為主体性」は、人間の幸福と満足をもたらす重要な要素のひとつだ。誰しも自分の運命は自分で決めていると感じたい。同じことは子供にも言える。二歳児が「ひとりでやる！」と言ったり、四歳児が「命令しないで！」と言ったりするのも、そのためだ。だからこそ、たとえ予定に遅れそうでも、二倍の時間がかかりそうでも、子供自身でできることはやらせるべきなのだ。

同じ理由から、好き嫌いの多い五歳児に野菜を食べさせる確実な方法は、皿の中身を半分に分けて、どちらを食べるか本人に選ばせることだ。これに関して、ネッドの生徒のカーラから聞いた話が、きわめて示唆に富んでいた。「小さいころ、両親はあれを食べろ、これを食べろとうるさくて、私はそれが大嫌いだった。だから、食べたくもないものを食べろと言われたら、テーブルに叩きつけてやった」。カーラにとって、子供時代の重要な転機は泊りがけのキャンプだったという。キャンプの参加者は、毎日いろいろな選択肢のなかから何をするか、何を食べるかを決定する。自分の行動を選択する自由を与えられたことで、カーラは好き嫌いを言わずに食べるようになった。

悲しいことに、ふだん私たちが生きている世界は、泊りがけのキャンプではない。カーラは一二、三歳のころ、不安を覚えはじめた。

「最初に不安を感じるようになったのは、みんなが私に何をすべきか指図しだしたときだった。自分をコントロールしている気がしなかったの。転校すると、まわりに合わせなきゃいけないし、ほかの人たちにどう思われているか心配だったから、ますますひどくなった。私にとっては、コントロール感があること、自分の人生を自分で決められることがとても大事なの。いまも選ばせてもらうほうが好きよ。友だちのママは、しばらくゲームをしたら、クッキーを焼きましょう、とか言う。それはそれで素敵だけど、私に何をしたいか訊かないで、『今日の予定は……』なんて言われると、ぜったい頭に血がのぼっちゃう」

たいていの子供がこうしたことを日々経験している。カーラのような子供が自分の意思で選択する場面がいかに少ないか、信じられないかもしれない。ならば、日々の生活を考えてみよう。子供たちは、自分で選んだわけでもないクラスで、勝手に割り当てられた教師が授業をするあいだ、たまたま同じクラスになった生徒といっしょに、じっと座っていなければならない。きちんと列をつくり、時間どおりに食事しなければならず、トイレに行けるかどうかも教師の気分次第だ。そして大人たちは、子供自身がどのくらい努力して練習したかや、どれくらい進歩したかで評価せず、週末の競技会でたまたま速く泳いだり走ったりしたほかの子供と比較する。周期表を理解することではなく、無作為に選ばれた問題でどれだけ得点できるかが評価の基準なのだ。

無力感を覚えるとイライラし、ストレスもたまる。多くの子供はつねにそうした状態にある。私たち大人は、子供に自分のことは自分でしなさいと口うるさく言う一方で、宿題や、放課後の活動や、交友関係を細かく管理する。子供の人生を決めるのは子供自身ではなく大人だ、と言うことすらあるかもしれない。いずれにせよ、親は子供に無力感を味わわせ、それによって親子の関係を損なっている。

そうしないですむ方法がある。過去六〇年の研究の積み重ねで、健全な「コントロール感」が、子供にとって望ましいほぼすべての結果と密接に関連していることがわかってきたのだ。コントロールしているという感覚――自分の努力で人生の方向を決めているという自信――によって、体の健康が改善し、ドラッグやアルコールの使用が減り、寿命が延びるという結果が出ている。ストレスも減少し、感情も安定し、モチベーションや自分の行動を制御する能力も高まって、成績が向上し、将来成功する機会も増えるのだ[8]。「コントロール感」は、運動や睡眠と同じように人間の根源的な欲求であり、それゆえ、ほとんどすべてのことによい影響を与えるようだ。

サウス・ブロンクス、シリコン・バレー、バーミングハム、韓国——子供たちはどこで育とうと、コントロールする「生来の力」を持っている。大人の私たちの役目は、敷いたレールの上を無理やり進ませることではなく、子供が自分に適したレールを見つけられるように、スキルを発達させる手伝いをすることだ。子供たちはこの先の人生でずっと、自分なりのやり方を見つけ、主体的に進路を修正していかなければならないのだから。

スイート・スポットを叩け —— ストレスを深く理解する

ひとつはっきりさせておきたい。私たちは子供をストレスから守ることができるとは考えていないし、そうしたいとも思っていない。じつは、子供を不安にさせる環境からつねに守っていると、不安が強くなる傾向がある。子供には、ストレスの多い状況をうまく切り抜ける方法、つまり高いストレス耐性を身につける術を学んでほしい。そうすることで、回復力が養われる。ストレスの多い状況でコントロールできていると感じることができれば、のちの状況で実際にはコントロールできていない場合でも、脳はストレスによりうまく対処できるようになっている。[9] その子は事実上、ストレスに免疫ができているのだ。

ビルは小学一年生の最初の週、クラスメイトを誰も知らなかったので、毎日泣いていた。担任の先生は控えめに見守るタイプで、ほかの子から「ロウ先生、ビルが泣いているよ」とささやかれても、「ビルはだいじょうぶ。ここが好きになるから心配しないで」と答えていた。たしかにビルは、未知の状況のストレスに対処する方法を見出した。そこで学んだ対処法を一般化することも学んだらしく、新たな未知の環境でも泣かなくなった（少なくとも、いまのところ）。先生が出しゃばってビルにみずから対処できないという感覚を与える代わりに、本人に解決させたことは正解だった。

〈子供の発育に関する全国科学評議会〉は、子供のストレスを三つに分類している[10]。

1　適度なストレス　子供（および大人）が成長し、挑戦し、高いレベルの活動をするきっかけになる。たとえば、劇の練習をしている子供。舞台に上がるまでは神経が高ぶり、いくらかストレスを感じているが、終われば達成感と誇りに満たされる。このストレスは、緊張、興奮、期待といったことばで表現される。緊張が大きすぎなければ、子供の演技はかえってよくなる。適度なストレスを感じている子供は、活動しようがしまいが、最終的に自分がコントロールできることを知っている。また、何かを無理にやらなくてもいいいとわかっているときに、ストレスに耐えて潜在能力を最大限発揮しやすくなる。

2　許容可能なストレス　比較的短い期間に生じ、抵抗力をつけることにもなる。それには大人の協力が不可欠で、子供のほうには、対処して回復する時間が必要となる。たとえば、離婚しかけて口論ばかりしている親を持つ子供。それでも親が子供と話をして、喧嘩も毎晩するのでなければ、子供には回復する時間がある。これが許容可能なストレスだ。別の例としては、子供同士の争いがあるかもしれない。ただし、長期間、頻繁ではなく、思いやりのある大人がサポートする場合にかぎる。家族の死も許容可能なストレスと言えるかもしれない。

ある有力な研究では、大学院生が生まれたてのラットを母親ラットから一日一五分引き離し（ラットにとってはストレスとなる）、そのあと母親のもとに戻すと、母親はなめて毛づくろいをする。ラットが生まれてから二週間これをくり返したところ、短時間引き離された赤ん坊ラットは、母親といっしょにケージにいた赤ん坊よりはるかにすぐれた、成獣並みの抵抗力を示した。[11] 研究者らは、ストレスに強いこのラットを「余裕のカリフォルニア・ラット」と名づけた。これはおそらく脳が状況に適応するからであり、その適応が抵抗力のもとになっている。[12]

3　有害なストレス

支援のない状況で、ストレスが長期にわたって頻繁にかかる状況を指す。有害なストレスには、暴行を目撃するような激しいものや、来る日も来る日も思い出す慢性的なものがある。発達段階の子供が対処できない状況に遭遇することを最小限にする親切な大人は、いつもいるとはかぎらない。子供は、まわりの出来事を自分がほとんどコントロールしていないことに気づく。救済もなく、助けてくれる人も現れず、終わりも見えない。

これが今日、アダムのように明らかに危険な状態の子であれ、ザラのように一見恵まれている子であれ、多くの子供が生きている世界なのだ。有害なストレスにさらされると、子供は現実の世界に対応する準備ができず、成長が妨げられる。[13] ラットの研究に話を戻すと、生まれたてのラットが一日一五分ではなく三時間、母親から離されると、ストレスが大きすぎて、母親のもとに戻されても近づこうとせず、その後も容易にストレスに影響されるようになった。[14]

有害なストレスを避け、適度なストレスや許容可能なストレスを利用するにはどうすればいいか。理論上は簡単だが、実行するとなるとむずかしい――子供には、協力的な大人と、ストレスの多い出来事から回復する時間が必要なのだ。そして、自分の人生をコントロールしているという感覚を持たなければならない。

すべては頭のなかに

この仕組みを理解するには、脳の働きについていくつか知る必要がある。子供がひどい自己不信に陥ったときでも、多くの行動が「性格」ではなく「化学作用」によるものだとわかれば、気が楽になるだろう。現代の子供はハイテクに精通しているが、自分の頭のなかのハードウェアや、それを動かすソフトウェアについてはほとんど知らない。脳科学を少し学ぶと、コントロールが困難な思考や感情について多くの説明がつく。脳の働きについてすでにご存じのかたは、基本的な説明にしばらくつき合っていただこう。

脳の主要な四つのシステムが、健全な「コントロール感」を発達させ、維持する――すなわち、「実行制御」、「ストレス反応」、「モチベーション」、「安静状態」だ。それぞれ簡単に説明する。

操縦士（実行制御システム）

実行制御システムはおもに、計画、秩序化、衝動制御と判断の中枢である「前頭前皮質」が司っている。

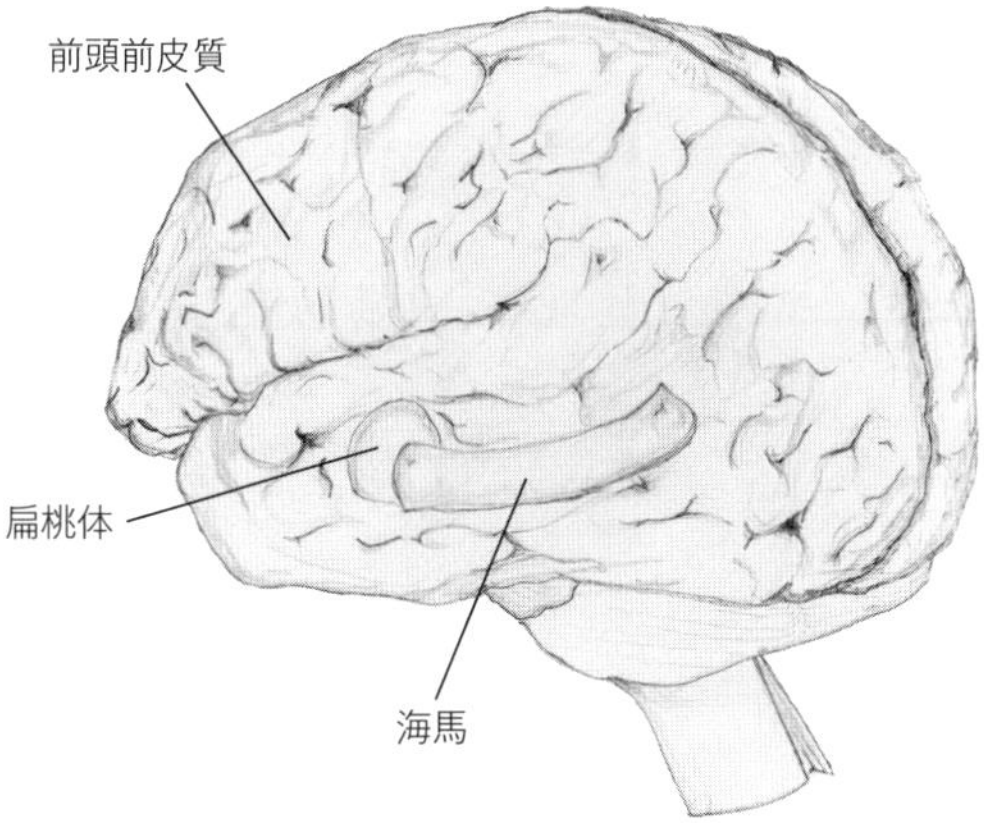

ストレスと衝動を制御する三つのもっとも重要な脳の構造は、
前頭前皮質、扁桃体、海馬である。

完全に落ち着いて自分をコントロールしているとき、つまり健全な精神状態のときには、前頭前皮質が脳の大部分を監視し、秩序立て、統制している。ふだんの生活で感じるストレスの大きさを決定する主要な変数は、前頭前皮質によるコントロールがどれだけ効いているかだ。

　前頭前皮質は「脳のゴルディロックス」と呼ばれる〔ゴルディロックスは『三匹の熊』の童話に出てくる少女で、三種類のお粥のなかから、ちょうどよい温度のものを選ぶ〕。効果的に働くには、ドーパミンやノルエピネフリンのような神経伝達物質の「ちょうどいい」組み合わせを必要とするからだ。[15] その状態は、ストレスによって簡単に「オフライン」になる。

　目覚め、軽度のストレス、興奮や試験前の軽い緊張は、これらの神経伝達物質のレベルを高め、結果として集中力が研ぎすまされ、思考が明瞭になり、効率が上がる。しかし、睡眠不足や過度のストレスがあると、前頭前皮質はドーパミンやノルエピネフリンを過剰に生成してしまう。それがオフラインの状態だ。そうなると、脳はどんなにがんばっても学習したり、はっきり考えたりすることができなくなる（くわしくは第7章）。前頭前皮質がオフラインになると、人は衝動的な行動や愚かな決定をしがちになる。

ライオン猟師（ストレス反応システム）

ストレス反応システムは、捕食動物のような重大な脅威に直面したとき、あるいは脅威を想像しただけで、優勢になる。差し迫った危機から自身を安全に保つための仕組みで、扁桃体、視床下部、海馬、下垂体や副腎がかかわっている。

扁桃体は、恐怖や怒り、不安に対して非常に敏感な、原始的な感情の処理中枢であり、恐怖を知覚するシステムの鍵だ。脳のこの部分は、意識的に考えるのではなく、感じて反応する。強いストレスにさらされると、扁桃体が支配権を握る。扁桃体の影響下では、人の行動は防御的、反射的で、柔軟性に欠け、攻撃的になることもある。[16]習慣的なパターンか本能に身をまかせ、ヘッドライトをまえにした鹿のように、動物的本能にしたがって、立ち向かうか、逃げるか、フリーズする。

扁桃体が脅威を感じると、視床下部と下垂体にシグナルが送られる。そこからあわただしい伝言ゲームのように副腎が目覚め、アドレナリンを分泌する。アドレナリンは、わが子が車の下敷きになったときに車を持ち上げさせるホルモンだ。この複雑な一連の警告は、意識的な思考より速く伝達される。脅威を感じたときには激しいストレス反応が必要だ。生き残れるかどうかは直感的な反応速度にかかっているから、進化の過程で、私たちはストレス下で明確な思考ができなくなるようにつくられてきた。

健全なストレス反応は、ストレスホルモンの瞬間的な増加とその後の急速な回復と定義される。問題が起きるのは、回復に時間がかかるときだ。ストレスが長引くと、副腎はコルチゾールを分泌する。これは出てくるのが遅いので、長期戦の軍隊を迎え入れることにたとえられる。シマウマがライオンに襲われて逃げ延びると、コルチゾール値は四五分で正常化する。一方、人間の場合には、コルチゾール値の高い状態が数日、数週間、ときには数カ月続いて問題となりうる。慢性的に高いレベルのコルチゾールは、記憶が生まれて蓄えられる海馬の細胞を傷つけ、やがて死滅させるからだ。激しいストレスにさらされた子供の学習が困難になるのは、そのせいである。

海馬にはストレス反応を止めるという別の役割もある。「なあ、このまま遅刻してドキドキしたのを憶えてる？　たいしたことじゃなかっただろう？　落ち着けよ」と呼びかけるのだ。それはまるで、訪ねてきてなだめてくれるやさしい友人のようだ。このバランスのとれた見方は、人生のあらゆる局面で計り知れない価値を持つ。ＰＴＳＤ（心的外傷後ストレス障害）に苦しむ人々は、海馬に不調があって、この見方ができない。過去に経験した状況と多少なりとも似た状況（たとえば、簡易爆発物が炸裂したバグダッドの市場ではなく、混み合ったショッピングモール）に出くわすと、海馬が過去の記憶と区別できず、パニックに襲われるのだ。

ストレスは脳を混乱させる。脳波を乱し、新たな考えを生み出したり、問題を独創的に解決したりする願望を減らす。前頭前皮質を操縦席から蹴り出し、自制や学習に必要な柔軟性を抑えこむ。脳のなかのライオン猟師が優勢になると、ライオンだらけのサバンナでは本能が研ぎすまされるかもしれないが、高校二年生の英語のクラスではあまり役に立たない。体が生存をかけて闘えと言っているときに、シェイクスピアや数式に集中できるだろうか？

ただ、ストレス反応システム自体が悪いわけではない。いささか「過剰な」反応を強いられるのが問題なのだ。困難なときだけ利用したいと思っても、つねに働いてしまう。慢性的なストレスは扁桃体を肥大化させ、ライオン猟師の存在が大きくなって、恐怖、不安、怒りに弱くなる。
残るふたつについては、ここでは簡単に触れ、のちの章でくわしく述べる。

チアリーダー（モチベーション・システム）

モチベーション・システムは、神経伝達物質ドーパミンを放出する脳の「報酬中枢」にあたる。スポーツの試合で勝つ、金を稼ぐ、性的な喜びを味わう、他人に評価されるなど、満足のいく経験をすると、ドーパミン値が上昇する。逆にドーパミン値が低いと、積極的に何かをする気になれず、倦怠感を覚える。ドーパミンが最適な状態が、いわゆる「フロー」体験だ。これについては、きわめて重要なモチベーションの問題を扱う第5章で改めて説明する。著名なストレスの研究者ロバート・サポルスキーによると、「ドーパミンは、何かを得ることより欲することに関連している」[17]。いわば、「やる気」の鍵なのだ。慢性的なストレスのもとでは、ドーパミン値が落ちこむ。何かをしたいと思うことが困難になり、モチベーションが失われる。

ブッダ（安静状態）

長年、科学者たちは脳の活動をＭＲＩで調べ、一〇〇〇を逆から数えるといったタスクを与えられたときに、脳が何によって活性化されるのか、研究してきた。しかし、二一世紀になると、ただ座って考えて

デフォルト・モード・ネットワーク

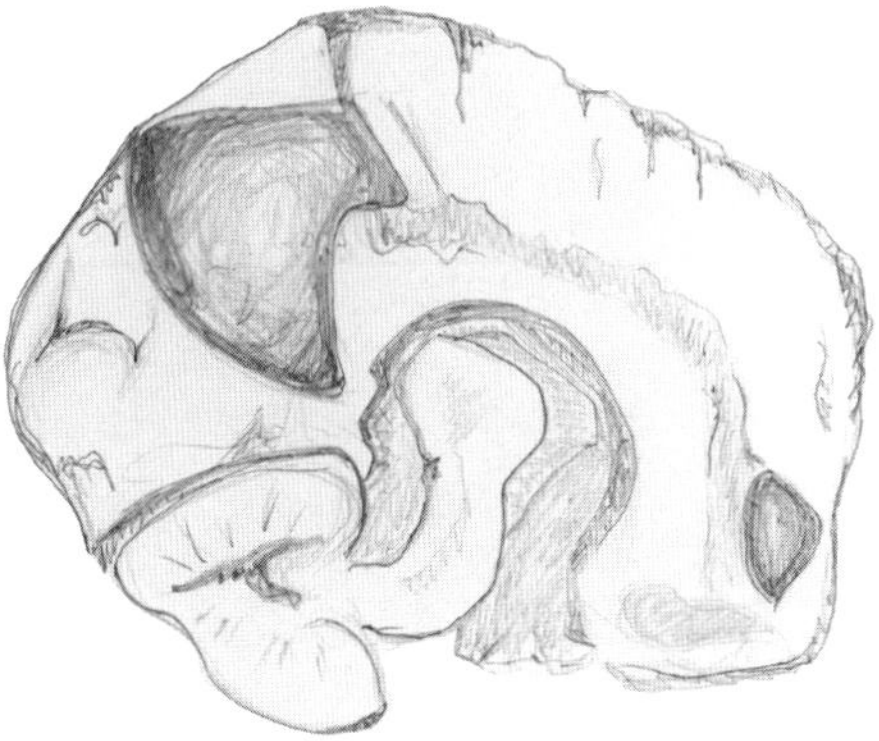

「デフォルト・モード・ネットワーク」は、脳の前部と後部の影の部分に集中しており、過去や未来について考えるとき、自己や他者について考えるとき、あるいはただ心が自由にさまよっているときに活性化する。

いるときの脳の働きに注目しはじめ、「何もしていない」ときにだけ活性化される、複雑で高度に結びついたネットワークがあることを発見した。これが「デフォルト・モード・ネットワーク」だ。
「デフォルト・モード・ネットワーク」の機能が理解されるようになったのは最近だが、脳のエネルギーの六〇から八〇パーセントを使うことから、非常に重要なものと考えられている。[18]
待合室に座っていたり、夕食後にくつろいだりして、読書やテレビや電話から離れているとき、デフォルト・モード・ネットワークは未来の計画を立て、過去の情報を整理している。つまり人生を「処理」している。それは空想や瞑想をしているときか、ベッドに横たわって眠りにつくまえに活性化する。内省や他者について考えるためのシステムであり、ひとつのタスクに集中していないときに脳の一部がさかんに活動するのだ。私たちの一部は「オフライン」で働いている。

健全なデフォルト・モード・ネットワークは、人の脳が活発に働き、情報を長続きする場所に蓄え、大局観を与え、複雑な考えを処理し、真に創造的になるうえで不可欠だ。若者にとっては、強い自意識と共感能力の発達にもかかわってくる[19]。驚くまでもないことだが、ストレスはデフォルト・モード・ネットワークの魔法の力を損ねる。テクノロジーに囲まれた若者が、デフォルト・モード・ネットワークを活性化させる機会をあまりにも失うと、内省の機会も失われることを科学者たちは危惧している。


ある日、テストのあとで生徒のひとりがやってきて、失敗したと言った。「またパニックになって教室から出ました。いつもひとつの問題に気をとられて時間を無駄にしてしまうんです。試験官が『あと五分』と言うのを聞くと、頭のなかが真っ白になる。途中までうまくいってたのに、ひとつの問題にかかりきりになって、すべてがパーです」

「その問題を見たとき、きみはどう思った?」私は訊いた。

「次の問題を解こうとしたけど、まともに考えられなくて。何を読んでいるのかも、どこから手をつければいいのかもわからない感じでした」

彼の「ライオン猟師」が優勢になり、すべての答えを知っている「操縦士」が姿を消してしまったのだ。

——ネッド

脳科学の知識をいますぐ詰めこむ必要はない。憶えておくべきことは、慢性的にストレスにさらされた子供の脳には、高度な機能や感情の反応を鈍らせるホルモンが日常的にあふれるということだ。記憶や論理的思考、注意力、判断力、感情の制御に関連する部分が弱くなり、やがては損なわれる。徐々にこうした部分が縮小する反面、脅威を認識する部分は肥大化する。最終的に活発になりすぎた脳のシステムは、子供の不安障害、うつ病、その他の精神的、身体的問題を引き起こす可能性がはるかに高い。

ストレス、不安、うつ病

東のワシントンDCから西のパロアルトまで、裕福で学力の高いコミュニティの高校で自殺が増えていることはあまりにも有名だ。自殺が発生すると、マスコミは悲嘆と心配と不信が混じり合った特集を組み、次のようなコメントを延々と流す。「まったく理解できません。彼は学年の優等生で、上級レベルのクラスを四つとり、成績も文句なしでした。地域社会のリーダーで、サッカーの代表チームの人気選手でした。なぜみずから命を絶つようなことを……」

こういうコメントの裏には、自殺をするのはなんらかの落伍者だという思いこみがある。

力を出し切り、完全に集中した脳は、高い能力を持っていても有害なストレスの影響を受けている脳とはまったく異なる。頭と体に休息する機会を与えないと、慢性的なストレスは不安に変わり、サバンナでしか見ないはずのライオンが至るところに現れる。差し迫った状況ではなく、ゆっくりと草を食べているほうがいいときにさえ。扁桃体は必要以上に大きく敏感になり、前頭前皮質の働きを封じ、脅威になるものとそうでないものの区別がむずかしくなる。[20] ようこそ、不安の世界へ。

慢性的なストレスは無力感を生み出す。何をしてもうまくいかなかったら、何かをしようという気になるだろうか？　この無力感によって、実際にはとてもうまくできることでも、できないと感じてしまう。[21] 慢性的なストレスは、睡眠障害や過食、先延ばし、自暴自棄などの問題行動につながり、ドーパミン、ノルエピネフリン、セロトニンの値を低下させる。[22] こうしてストレスは、うつ病へと悪化していく。

意外にも、この精神的、感情的苦痛はかなり防ぐことができる。遺伝の影響が大きい若年性糖尿病や自閉症の場合と異なり、不安、うつ病、依存症には「経験」が大きな役割を果たす。つまり、ふだんの行動を変えれば、その数を減らすことができるのだ。

なぜストレスが重要な問題なのか

有害なストレスはどの年齢でも悪さをするが、人生でとくに悪影響を受けやすい時期がある。摂食障害が成長期の体に重大な影響を及ぼすように、慢性的なストレスは若者の発達段階にある脳に壊滅的なダメージを与えるのだ。

脳がもっともストレスに敏感な時期は、（1）出生前（大きなストレスを感じた妊婦の子供は、ストレスの影響を受けやすい）、（2）神経回路がとくに影響されやすい幼年期、そして（3）子供と大人のあいだの、力強いが傷つきやすい思春期である。[23]
活発な思春期の脳をくわしく見てみよう。一二歳から一八歳のあいだ、人の脳は、生後数年間を除くどの時期よりも発達する。この時期に重要な新しい経路やつながりを形成するが、判断の中枢となる前頭前皮質の認識機能は二五歳ごろまで成長を続ける（さらに、感情の制御機能が完成するのは三二歳ごろ）。そこでストレス反応システムが「オン」になりすぎると、前頭前皮質は望ましい発達ができなくなる。若者は小さな子供や大人に比べてストレスに弱いので、これはなおさら問題だ。
一般的な若者は、特別なストレスを引き起こす要因がなくても、ストレスに過剰に反応する。コーネル大学のB・J・ケイシーらによる研究では、おびえた表情の写真を若者に見せると、扁桃体が小さな子供や大人より大きな反応を示した。若者たちはまた、公衆の面前で話をするときにも、ほかの世代より高いストレス反応を示した。動物を用いた研究では、長期にわたるストレスのあとで、成獣の脳は一〇日以内に回復したが、若い個体の脳は回復に約三週間を要した。さらに、若者は大人よりストレス耐性がなく、風邪や頭痛、腹痛などのストレスに起因する病気になりやすい。[24]
年齢にかかわらず、不安は不安を呼ぶが、二〇〇七年のある研究によると、一〇代ではその傾向がさらに高いようだ。[25] THPと呼ばれるステロイドは、ふつうストレスに反応して、神経細胞を落ち着かせ不安を和らげるために放出される。しかし、大人のマウスを用いた実験で脳内のTHPは精神安定剤のように働いたが、若いマウスではほとんど効果が見られなかった。つまり、若者は大人に比べてストレスに対処する方法が少なく、その影響を受けやすいということだ。希望も安らぎもあまりない状況で、不安は勝手に増殖していく。

これはうつ病にも当てはまる。うつ病は、脳に「傷」を残し、だんだん小さなストレスでその後の症状を引き起こすようになる。そして最後には、外的なストレス要因がなくても症状が悪化する。若いうちに一度でも大きなうつ状態を経験すると、大人になっても仕事や人間関係で長期的な問題を抱え、人生を楽しむことがむずかしくなりがちだ。[26] 一〇代をすぎて完全に回復したように見えても、悲観主義や睡眠食欲の問題といった軽い症状が続き、のちの人生でうつ病になりやすい。[27]
ビルは、ジャレッドが一〇歳のときに、ADHD（注意欠陥多動性障害）でないことを確かめるために初めて検査をした（実際にはADHDだった）。ジャレッドは明るく、ユーモアがあって、まわりを楽しませていた。両親も教師もその前向きな性格をべた褒めし、ジャレッドはみんなに好かれていた。問題を寄せつけないので、まわりから「テフロン・キッド」と呼ばれていた。
ビルが次にジャレッドの検査をしたのは、一六歳の高校二年生のときだった。とても優秀な生徒で、デューク大学をめざして勉強に励んでいたが、高校に入ったころからうつ病になり、抗うつ薬を服用しているというので、ビルは心配した。ジャレッドは、学校に関して大きなストレスが重なり、いつも疲れていて、ついに「限界を越え」、落ちこんで悲観的になったと語った。薬は効いているものの、まだ強いストレスを感じ、疲れきっているという。いつも夜中の一二時半や一時ごろまで宿題をしているのも理由のひとつだった。そのくらいは起きていなければと感じていたのだ。「もし早く寝たら、一時まで起きてるアイダホの子にデューク大の席を奪われてしまう」と。
ジャレッドが今後の人生で重いうつ病を患うと決まったわけではないが、つねにそういう状態になりやすくなるだろう。彼の話からはっきりわかるのは、子供が長いあいだ疲れ、ストレスにさらされると劇的な変化が起き、生まれつき大らかだった性格も容易に損なわれるということだ。ビルは仕事柄、ジャレッドのような子供と数多く接して、過度の疲労とストレスが長期化すれば、ほぼかならず不安とうつの症状が出ると結論づけた。

コントロールに関する注意

私たちの社会は、「一生懸命努力すれば、なんでも可能である」と考えがちで、「うまくいかないのは、努力が足りなかったせいだ」という危険な推論にすぐ飛びつく。だが、人の生来の適性や脳の働き方は、千差万別だ（それぞれ異なった処理速度、記憶力、ストレス耐性を持っている）。一生懸命がんばっても、望みの結果が出ないこともある。重要な問題は、そのときどうするかだ。自分の価値はここまでと受け入れるか、ちがうやり方を試してみるか、それとも別の目標を見つけて挑戦するか。

こうした活動が鮮明に表れるのが大学入試の領域だとネッドは言う。入学者の選抜過程は純粋に実力主義であるという考えは、ストレスになるばかりか、事実に反している。大学が学力を重視するのは確かだが、同時にたいてい、入学させたいアスリートや卒業生の子息、反映させたい多様性（社会経済的、地理的、民族的な要素や、大学に入る第一世代であるかなど）を考慮している。ハーバード大学の入学生はみな富裕層に属し、GPA（成績平均値）が4・0、SATスコアが1400を超えるマサチューセッツ州出身の白人だと思うかもしれないが、実際にはそうではない。

第一志望の大学に入れなかったのは、努力が足りなかったせいか？　もちろんちがう。受験する側がコントロールできない要素があまりにも多いのだ。その年の志願者の傾向もあるし、審査をする人の虫のいどころが悪かったのかもしれないし、アイオワ州の黒人居住地帯に住み、ロシア語を話す私立学校生の応募書類を見るのにうんざりしていたということも考えられる。すべてを自己責任と考え、自分でコントロールできないことをできると信じたときに、人は危険な領域に足を踏み入れる。

本書の大きな目的は、子供のストレス耐性を高めたい親を手助けすることだ。ストレスの多い状況でも、子供が実力を発揮し、不満を蓄積せず、やりすごせるようにしたい。ストレス耐性は、人生のあらゆる局面での成功と深く関連している。子供を苦しめたり、傷つけたりすることなく、試練を与えて成長をうながしたい。適度なストレスと、許容可能なストレスを経験させたいが、それはあくまで正しい方法にしたがい、適切な支援のもとでやらなければならない。子供の脳が力強く成長するのに必要な、支援と余裕を与えるのだ。

これらすべての方法を考えると、かならず「コントロール感」の話に戻ってくる。親としてどうすべきかということは、次章で説明する。親には、子供の「上司」や「監督」ではなく、「コンサルタント」になってもらいたい。

今晩すること

● 子供が自分でできることを箇条書きにする。そこに新たに加えられるものはないだろうか。
● いまは決めていなくても、今後自分で決めたいことがあるかどうか、子供に訊いてみる。
● 計画を立てるときに、子供にどう話すべきか考える。「今日はこれとこれをするよ」と伝えているか、それとも選択肢を示しているか。
● 子供が一〇歳以上なら、次のような話をしてみる。「とても興味深い本を読んだよ。人生でストレスを感じる状況が四つあげられていた——経験したことのない状況、予測できない状況、自分が傷ついたり、批判されたり、困ったりするかもしれない状況、起きていることをコントロールできないと感じる状況だ。おもしろいよね。パパも仕事でいちばんストレスを感じるのは、何かすることを期待されてるのに、それに必要なすべてをコントロールできないときだから。どう？　ふだんストレスを感じていることはある？」

自分の生活におけるストレスを特定して話すことで、「ストレス認識」の模範を示すのだ。これはストレスの影響を少なくする重要なステップである。ことわざにあるように、「まず名前をつけて、飼い慣らせ」だ。
●子供がひどい不安を感じていると思ったら、小児科医に相談して、専門家のなんらかの介入が必要かどうか判断する。研究によれば、不安を初期に治療すると、問題再発の危険性は大幅に減る。
●不安を抱えた子供に、自分がついているからだいじょうぶと伝える。ただし、安心感を与えすぎないこと。子供が人生のストレスに対処できると信じていることを伝えつつ、子供の感じていることを軽視したり、子供の代わりに対処しようとしてはいけない。
●意図的に、または不注意によって、乗り越えれば成長できる軽いストレスの経験を子供から奪っていないか、確認しよう。過保護ではないだろうか。もっと子供を自立させ、選択肢を与えられる環境はないだろうか。
●「コントロール感」を評価するために、長年のあいだに多くの尺度がつくられてきた。なかでも定評があるのは、一九六六年に臨床心理学者のJ・B・ロッターが開発したロッター

I－Eスケールだ。自主性という観点から自分の強みと弱みを知りたいなら、ぜひ試してみるといい。子供には、生物学者スティーブン・ノウィッキと心理学者ボニー・ストリックランドが開発した評価尺度がいいだろう。「自分の力で風邪を引かずにいることができると思いますか？」、「誰かに嫌われたとき、あなたのほうからできることがありますか？」といった質問が並んでいる。子供の答えを聞けば、驚くかもしれない。

第2章 宿題は誰の責任？
――コンサルタントとしての親

ビルはかつて、宿題が大嫌いだった一五歳のジョナから相談されたことがある。ジョナが嫌がったのは、宿題そのものより、親からガミガミ言われ、つねに監視されていることだった。ふだんの家でのすごし方を訊くと、こう答えた。「いつも六時から六時半のあいだに夕食を食べて、六時半から七時まではテレビを見る。そして七時から八時半まで、宿題をしてるふりをするんだ」

一時間半も宿題をしているふりをする？　つまり、何もしないことにたいへんな労力を費やしていた。ジョナが宿題をまえに、手をつけない理由をあれこれ考えているところを想像してみてほしい。なぜそんな馬鹿げたことをやめてしまわなかったのか？　理由のひとつは、親から次のような小言をくり返し聞かされて、うんざりしていたことだった。

「いい大学に入るチャンスは一度きりなのに、きみはそれを台なしにしかけている」

「大人になったら、私たちに感謝することになる」

「やりたくないことをやるのを学ばないと」

「学校でさえうまくやれない人間が、人生でどうやって成功する？」

両親はよかれと思って言っていたが、ジョナを取り囲む耳障りな声からは、ひとつのメッセージがはっきりと聞き取れた――「君にとって何が正しいことか、私たちは知っているが、きみは知らない」。もし配偶者からこんなことを言われたら、あなたはどう思うだろう。

「今日の仕事はどうだった？　プロジェクトは好評だった？　まじめに働くことがどれほど重要か、わかってる？　簡単で楽しいことばかりじゃないのはわかるけど、昇進したら将来の選択肢が広がることを肝に銘じておかないと。つねにベストを尽くしているようには見えない。もう少し本腰を入れて働けるかも」

おわかりだろう。こんなことを言われたら頭にくる。ジョナもそういう状態だった。彼が自己を主張できると感じた唯一の方法が、宿題をしないことだったのだ。

ジョナの両親の気持ちは理解できる。息子をこよなく愛し、彼が勉学に身を入れないことに胸を痛めていたのだ。能力の高さがわかるだけに、彼が自滅的なことをして将来の道を狭めていると感じていた。きちんと勉強するには、まだ頑固だし手に負えない、しょせん一五歳なのだから、と。自分たちは大局を見て考えることができるが、ジョナにはできない。いま彼を押さえつけ、やるべきことをやらせれば、きちんと軌道に乗せて、予測できない困難な結果から守ってやれるだろう。こうするのは、ジョナに成功してほしいからではなく、親としての義務だからだ……。

多くの愛情に満ちた親がこのように考える。だが、やめてほしい。第一に、無益である。自滅的な行為から守ってやろうと大人が多大な努力をしたところで、ジョナは自分と大人の時間を無駄にしつづける。なぜなら、まわりから「これはきみの仕事であり、きみの人生だ。自分で努力した分だけ成果が得られる」というメッセージを受け取っていないからだ。親として支援することは必要だが、同時に、本人が望まないことは誰も強制できないということを理解し、それをジョナに知らせなければならない。長年、ビルはジョナのような子が大きな成功を収めるケースを数多く見てきたが、それは両親や教師が、成功させようとするのをあきらめ、子供みずから考えるチャンスを与えられたときにかぎられる。

この章では、子供をコントロールしようとすると、望むような結果が得られず、つねに命令されなければ行動できない子になる危険がある理由を説明する。子供自身のモチベーションが、外からのプレッシャーによって発達できないか、損なわれてしまうのだ。また、親が「強制者」ではなく「コンサルタント」になる発想の転換についても考えてもらいたい。

ビジネスの世界で優秀なコンサルタントがすることを考えてみよう。まずクライアントの問題点を洗い出し、どれがいちばん大切か尋ねる。そして、クライアントが望む目標のために何に集中し、何を犠牲にしたいか問いかける。コンサルタントは、助言はするが、変化は強要しない。最終的にはクライアントの責任だと理解しているからだ。

「私の子供はクライアントではない」と思っているかもしれない。たしかにそうだ。しかし、問題になるのが子供の人生であって、親の人生ではないのも事実である。

私たちは通常、親として子供に最善なことを知っているという前提に立って、本能的にわが子を守り、導こうとする。幼児期なら、だいたいそれでまちがいない。親は生活のあらゆる場面で子供の面倒をみなければならないが、それでも、赤ん坊ですら、非常に控えめながら怖ろしい手段で人格を主張する。眠ろうとせず、食べようとしない赤ん坊を思い出してほしい。新生児学や幼児の発育に関する専門家は、赤ん坊の個性と欲求を受け入れることが重要だと強調する。

子供のやる気のなさや、同級生との不和、成績不振を心配して私たちを訪ねてくる親には、まず簡単な質問をしてみる。「それは誰にとっての問題ですか?」

答えるまでもない質問なのだが、親はたいていいぶかしげな視線を送ってくる。わが子が友人ふたりから仲間はずれにされたり、クラスメイトのまえで教師に叱られたりして泣いているとき、それを自分の問題でもあると感じるのはたやすい。わが子が傷つくのを見るのはつらいものだ。子供がひどい扱いを受けているのを見ることほど、親を激怒させることはない。傷ついた気持ちは、本人が忘れても親はずっと憶えているかもしれないが、それでもこれは最終的には親ではなく子供の問題なのだ。

子供に最善のことをして苦しみから守ってやりたいと願う多くの親にとって、このように考え方を変えることはむずかしい。だが現実には、子供の「コントロール感」を増やしたいなら、親がいくらか手放す必要がある。クライアントの業績の浮き沈みにコンサルタントがわれを忘れてしまうようでは問題だ。親の仕事は子供の問題を解決することではなく、生き方を学ぶ手助けをすること。これを忘れないように。

子供を導き、支援し、教え、手伝い、しつけるとしても、人生は本人のものであるということを、親子のあいだで明確にしておく。考え方を変えるのだ。エックハルト・トールは次のように言っている。「子供はあなたを通してこの世にやってきたが、あなたのものではない[1]」

容易なことだと言うつもりはない。子供に多大な投資をしているのに、こちらからほとんどコントロールできないというのは、ぞっとする状況だ。しかし、長年の経験でわかったことがある。親が子供にとって最善と思うことを無理にさせようとすると、親子関係が損なわれ、ほかの方法で子供が成長するためのエネルギーを無駄に使ってしまうのだ。

宿題戦争

「夕食から寝るまでの時間が怖いんです。その間ずっと闘っているので」と、ある親が言った。

「交戦地帯にいるみたい」と別の親が言った。

「毎晩、わが家は第三次世界大戦です」

親が子の宿題について話すとき、たびたび戦争の比喩が使われることに驚かされる。そこで「宿題戦争」の規模を知ってもらうために、同じ週にビルのもとを訪れた三組の親のことばを引用した。「親はコンサルタント」モデルに対する親の側からの疑念を説明するのに、緊張をはらんだ宿題ほどうってつけの話題はないと考えたのも、そういうことがあったからだ。この章のテーマは宿題だが、実際にはそれ以上のものを含んでいる。

宿題について親子で争うことは、次の三つの理由から意味がない。

第一に、親が押しつけているのは、自分でも正しいと信じていないルールや態度かもしれない。ある父親は、一〇歳の娘に州都をすべて憶えることがいかに重要か説いている自分にあきれた。彼自身、「大学からロースクールにも行ったけど、たとえ頭に銃を突きつけられてもワイオミング州の州都はわからない」のだ（答えはシャイアン。でも、どうかほかの四九の州都は訊かないでほしい）。親はみな宿題をきちんとやらせることが使命だと思いこんでいるが、根本的な目的を忘れている。宿題の本来の目的は、好奇心旺盛で自発的な学習者を育てることなのだ。

第二に、親が本人以上に必死になって子供の問題を解決しようとすると、子供は強くなるどころか弱くなる。子供の成功に必要なエネルギーの九五パーセントを親が出せば、子供は五パーセントしか出さない。親が苛立ったり不安になったりして努力を九八パーセントに上げ、さらに圧力を強めれば、子供はそれに応じて二パーセントの努力しかしなくなる。ジョナのケースでは、家庭教師、セラピスト、スクール・カウンセラーが、ジョナの手つかずの宿題について両親と頻繁に連絡をとっていた。ジョナは自分からは何もしなかった。この非生産的な状況は、エネルギーの配分が変わるまで変わらない。それはたいてい、親が心の底から腹を立て、「もう手に負えない。勝手にしなさい」と投げ出したときだ。

子供に宿題や、ピアノの練習や、スポーツをきちんとやらせることを親の仕事にしてしまうと、本人以外の誰かにそれらの最終責任があるという誤った考えを補強することになる。子供は心のどこかで、結局誰かに「やらされる」ことがわかっているので、自分で考えなくなってしまうのだ。

第三に、おそらくこれがもっとも重要な点だが、子供が断固拒否することは、親からは強制できない。親が無理にでもやらせなければならないと考えると、うまくいかなかったときにイライラが募るだけだ。「平静の祈り」というのを聞いたことがあると思う。「神よ、変えられないものを落ち着いて受け入れる力を与えてください。そして、変えられるものを変える勇気と、そのふたつのちがいを見分けられる賢さを」。親はこれを心に刻むべきだ。次のようにまとめると、さらにはっきりする。

1　子供の意思に反して何かをやらせることはできない。
2　子供がしたくないことを、したいと思わせることはできない。
3　子供がしたいことを、したくないと思わせることはできない。
4　少なくともいまは、子供がしたいこと、したくないことをそのままにしておいて問題ない。

講演などで、人の意思に反して何かをやらせることはできないと言うと、多くの聴衆は、自明のことだとうなずく。だが、なかには激しく反対する人もいる（ビルが支援するある精神分析医は、「それを私の子供たちに言わないで！」と反論した）。

強制に関するこの問題は、極度に感情的な反応を引き起こす。ビルが教師や家庭教師のグループにこれを話したときには、ひとりの教師が憤慨して言った。「当然できるさ。私はいつも生徒たちにやらせている」。だが、それは真実ではない。子供が出された食事を食べたがらないとしよう。それを「やらせる」には、どうすればいい？　口をこじ開けて食べ物を押しこみ、顎を上下に動かす？　それが食事と言えるだろうか。子供は食事をしているのではなく、無理やり食べ物を詰めこまれているにすぎない。宿題をさせようとして、子供が本気で抵抗したらどうする？　たとえ無理にやらせることができたとしても、それは子供にとっていいことだろうか。本当に学んでいると言えるだろうか。

ネッドのある生徒は、母親から、もし第一志望校に入れなかったらシカゴ大学に入れると言われた。

「でも、お母さん、私はシカゴなんて行きたくない」と彼女は言った。

「そんなこと問題じゃないの。とてもいい大学なのよ」と母親。

「私は応募しない」

「お母さんが応募しておくから。小論文はお姉ちゃんに書いてもらう」

ありがたいことに、この子は誰かの決断の真価が問われるまえに第一志望の大学に合格した。ただ、この家族がいまどうなっているか、気がかりである。

ときには物理的な制限を加えたり、報酬を提案したりして、子供に何かをやめさせることもできる。暴れる子を歯医者に引きずっていくように、直接強制することも。あるいは、協力や同意を得るために、別の提案をすることもあるだろう。褒美をちらつかせたり、脅したりして、子供のモチベーションを高めることも考えられる。しかし現実には、子供に何かを強いることはできないのだ。

私たちは、人間を機械につないで行動を支配する『時計じかけのオレンジ』のような全体主義の世界に住んでいるのではない。できるのはせいぜい、子供がしたがうまで不愉快な思いをさせることぐらいだ。短いあいだなら、うまくいくと思えるかもしれないが、長期的にはまったく効果がない。恐怖と同じで、短期間速く走らせることはできるものの、長期的には悪影響が出る。実際、そんな状況で生きていける人がいるだろうか。

子供を思いどおりにできない現実を受け入れると、親も心が軽くなる。プレッシャーから解放されるのだ。次の機会にわが子に何かを強制しそうになったときには、一度冷静になって、「この状況はまちがっている。子供にやらせることができるようにふるまっているけれど、実際にはできない」ということを思い出すといいだろう。

ビルは、ジョナの両親にこのメッセージを伝えた。両親がコントロールしようとすると、ジョナは、たとえそれが自分にとって最善ではないとわかっていても、みずからコントロールしたがった。最終的に宿題に責任を持つのは彼自身だと両親のほうから伝えることで、ジョナは、支配をほのめかすあらゆることへの抵抗から解放された。ビルはまた、ジョナの行動が心配だからといって、つねに非難めいた口調で話さないように、と両親を説得した。ジョナといっしょにいる一分一秒を深刻にとらえず、リラックスして楽しむことができるし、そうすべきなのだ、と。

「どういうことですか？」と両親は尋ねた。「ジョナが失敗するのをただ見ていろと？」

この質問は、典型的な誤解にもとづいている。親は子育てにふたつのやり方があると考える──「独裁」と「寛容」だ。独裁的な子育ては従順さを重視し、寛容な親は子供の幸せを強調して、わが子の望みを叶えようとする。

しかし、マデリン・レバイン、ローレンス・スタインバーグといった高名な心理学者や著作家を含めて、子供の発育の専門家はほぼ全員、第三の選択肢を提唱する──「民主的」子育てだ。この子育てでは、支援はするが、支配はしない。民主的な親は、子供を愛し尊重するので、子供が親に協力しつつ、みずから経験して学ぶことを望む。少なくとも、六〇年にわたる研究では、民主的子育てがもっとも有効な方法であることが証明されている[2]。それは自主性を重視し、服従より成長に価値を見出して、「きみの成功のために手伝えることはなんでもするが、何かを強制したりはしないことを誓う」というメッセージを送るスタイルだ。

民主的な親は、子供を野放しにはしない。制限を設け、正しくないと感じれば伝えるが、支配はしない。民主的な子育てなら、子供の発達中の脳は、莫大なエネルギーを費やして、いちばん自分のためになることに反抗しなくてすむ。

ジョナの両親はビルの助言を受け入れたが、容易ではなかった。母親は、「今日の宿題は終わった？」と訊く代わりに、「今日は何か手伝うことがある？　知っておけば、私の夜の予定を入れられるから」と言うようになった。手伝えることがあれば手伝いたいし、ジョナが望むならその時間はあることを明確にしたのだ。そして、勉強中に気が散らないように、静かな環境をつくるよう心がけた。

母親はまた、家庭教師や高校の上級生を呼んで手伝ってもらってもいいと提案した（宿題の時間中に親と争う子供の多くは、家庭教師や高校生とは熱心に勉強する。ちなみに、こうした宿題の先生は比較的安く雇うことができる）。同時に、「あなたに勉強させることが、自分たちの仕事だとは思いたくない。そんなことをしたら、あなたを弱い人間にしてしまうから」とも伝えた。そして、（またあとで触れるように）これは成功した。

なぜ脳はコンサルタント型を好むのか

脳の発達の研究にくわしい親のなかには、「子供が自分の教育に責任を持つなんて、どうして信じられる？　まだ脳は成長過程なのに」と言う人もいる。ある意味ではそれは正しい。子供の判断力はまだ発達中だ。しかしそれは、たんに成長するための余地が必要であるということにすぎない。子供には、自分に見合う以上の責任が必要なのだ。多くの若者にとって、また小さな子供にとってさえ、宿題をひとりでやって期限どおりに提出するくらい成長するまで待って親からの強制をやめるのでは、遅すぎる。すでに述べたとおり、感情を制御する前頭前皮質の一部は三〇代の初めまで成長しつづけるが、そこまで待ってから「子供」にみずから意思決定させようと思う親はなかなかいないだろう。

脳の発達は、使い方次第で変わる。幼いころから意思決定の機会を与えれば、子供の脳がストレスからの回復に必要な回路をつくるのに役立つ。自分で服を選んだり、部屋の模様替えをするといった、環境をコントロールする小さな経験を積み重ねることで、子供の前頭前皮質は活性化し、効果的に反応することができるようになる。[3]脳の「操縦士」は、こうした「コントロール感」で鍛えられ、ストレスの兆候で優勢になる「ライオン猟師」よりもたくましく成長する。五歳の女の子が派手な色の服を選んだなら、着る機会をつくってやれば、ほかのあらゆる状況に（試験会場でテストを受けたり、人間関係がうまくいかなくなったりという、本人がコントロールできない状況も含めて）うまく対応していく練習になるだろう。

たしかに、前頭前皮質を活性化させる道はつらいこともある。「なんであれ、やる価値のあることは、最初にひどく失敗する価値がある」という、モチベーションに関する格言を思い出そう。能力の四つの段階を示した有名なモデルも、それより少し長いバージョンだが、同じことを言っている。[4]
第1段階——無意識的無能力　子供が「算数なんて勉強しなくてもだいじょうぶ。わかってるから」という段階だ。実際には、手がかりすらつかんでいない。コンサルタントとしては、いちばんまちがった対応をしやすい段階である。絶望的なテストの結果が想像でき、子供にその未来を回避してほしいと思うが、援助の手を差し伸べて子供にきっぱり拒絶されると、無能力について教えることができなくなる。だから、助けるべきではない。この子は確実にひどい目に遭うが、そのときに前進する。失敗は一時的なつまずきであり、そこから学ぶことができるというメッセージを受け取れば、それは本人にとって貴重なレッスンになる。
第2段階——意識的無能力　子供は次にこう考える。「そうか、これは思っていたよりたいへんだぞ。どうやら算数を勉強する必要があるらしい」。まだ問題は解決していないが、そのことは知っている。そして通常、次の段階へ進む。つまり、勉強するのだ。
第3段階——意識的能力　子供はこう考える。「一生懸命勉強した。テスト範囲の算数は理解したし、今度のテストはだいじょうぶだ」。彼は正しい。子供がこの段階に到達するのは喜ばしいことだ。これはみんなの夢である。

第4段階——無意識的能力　二〇年後、子供は親になっている。算数に長く親しんできて、もはや考える必要さえない。自分にとっては呼吸をするくらい楽な問題に、娘が悪戦苦闘する理由が理解できない（ついでながら、年長の子供が親より教えるのがうまい理由はここにある。九九を学んでからそれほど時間がたっていないので、完全に習得するまでのステップをすべて憶えているのだ）。子供は家庭ですごしているあいだに、読書や靴ひもを結ぶことなど、ある場面ではこの無意識的能力を身につけているかもしれない。だが多くの場合、第4段階について心配する必要はなく、自分がそこにいるかもしれないということだけ、心に留めておけばいい。

親は子供に、第3段階の意識的能力まで到達してほしいと思うが、そうなるには子供自身がそのまえの段階を乗り越えるしかない。ただ、親がその過程で何もしないわけではない。いつでも支援と助言を与えながら、子供を後押しすべきなのだ。
ジョナと同じように、両親が譲歩すれば充分な子もいる。学業を自分でコントロールしさえすれば、困難にもうまく対処できるのだ。多くの子供は、ジョナのように最初は苦労する。ジョナと両親の日常的な関係は改善されたものの、成績の不振は数カ月続いた。
ある日ジョナは、進路指導の先生から、卒業に必要な条件を満たしていないので留年しなければならないだろうと指摘された。そこでふと気づいた。つまり、友だちといっしょに卒業できないということだ。

もっと勉強しなければと思い、両親に援助を求めた。予定どおり卒業できるように、二年間、昼間の授業に加えて夜間学校に通い、順調に大学に進んで心理学を専攻した。それは一時期、両親があきらめかけていた成功だった。

ジョナの話には別の教訓がある。教師は教え、コーチは指導し、進路指導員は卒業要件を説明できるが、親だけにできることがひとつある――わが子を無条件に愛し、家庭を安心できる場所にすることだ。学校などの外の生活でストレスを受けた子供にとって、家は休息し、回復する避難所であるべきだ。喧嘩をしているときでさえ深く愛されていると子供が感じると、抵抗力がつく。宿題の提出日や、課題のプリントをなくしたことで子供と言い争うと、学校で受けたストレスが家で根づいてしまう。だから、文句を言ったり、口論したり、絶えず注意をうながしたりする代わりに、「あなたが好きだから、宿題のことで言い争いたくない」という呪文をくり返すといい。

鬼ごっこで、安全に休息をとって再出発するために、子供たちは「基地にいる《アイム・オン・ベース》」と叫ぶ。家が安全な基地であれば、小さな子供もティーンエイジャーも、健全な方法で家の外の可能性を追求する気持ちになり、自信と安心を得るために定期的に戻ってくる。家が安全だという感覚がないと、ティーンエイジャーはふたつの方向に進みやすい。自分のなかに引きこもるか、どんな手段を使っても家から出て、ほかの場所に安全な基地をつくろうとするのだ。そして、似たような仲間とつき合う。家でストレスが多いと、子供が危険な行為に近づく可能性はずっと高まる。

最近、ある親から聞いた話では、喧嘩をしないと決めたことで「家の温度が二〇度下がった」。一方が固執しなくなれば、ふつう喧嘩は長く続かないからだ。著名な心理学者が言ったように、「親が喧嘩をしないと決めると、子供は拍子抜けして落ち着く[5]」。

安全な基地という考え方と、「あなたが好きだから、宿題のことで言い争いたくない」というメッセージによって、家族の生活が劇的に変わった——そう語る親は、昔から大勢いる。


神経心理学者として働きはじめて数カ月のころ、同じ週にふたりのADHDの子が訪ねてきた。ひとりは聡明な小学二年生の女の子で、学校のある日は宿題が終わるまで外に遊びにいかなかった。もうひとりは、大学一年の後期の授業を受けている快活な男子学生で、前期の四つの講義のうち三つの単位を落としていた。おもな原因は、ほとんど勉強せず、授業にも行かなくなったことだった（彼の両親は、仮進級の通知があるまでそのことを知らなかった）。

三月下旬に私が会ったとき、両親は大学生の息子から、すべての授業に出て、毎晩図書館に行き、教授たちにも追加で教えてもらっていると聞かされていた。ところが、本人と一対一で話してみると、実際には三週間授業に出ておらず、すべての単位を落としそうになっていた。

家族とさらに話し合ったところ、多くのADHDの生徒と同様に、彼は大学の授業のほとんどで集中的な個人指導と監督を必要としており、両親であれ、教師や家庭教師やコーチであれ、誰かが注意するまでほとんど勉強しなくなっていることがわかった。若者ならではの多大なエネルギーを費やして、やりたくないことをやらされるのに抵抗していた。言い換えれば、おそらく本人にとってもっとも有益なことに抵抗していたのだ。

このふたりの子の態度や成績のちがいは、脳や感情の成熟度ではない（女の子は八歳で、男子学生は一八歳）。また、どちらもＡＤＨＤが理由で相談に来たのだが、その診断はここでは関係ない。本当の問題は、誰が何の責任をとるかという感覚が身についているかどうかだった。女の子は宿題を自分の責任と考え、自発的にこなすことで、習熟と自立の感覚を強めていた。一方、男子学生はそれまでずっと、宿題とは強制されるものであり、いずれは誰かが注意してくれるから自分で考える必要はないととらえていた。その考え方が大学で通用しなかったのだ。彼の大学生活に対する「コントロール感」は非常に低く、大きな不安や睡眠障害、うつの発症もともなっていた。なんとか回復はしたが、時間がかかり、再挑戦を決意するまで休学せざるをえなかった。

――ビル

「でも……」。コンサルタントとして親がなすべきこと

コンサルタントとしての親のモデルは、口で言うほど簡単ではない。そこは私たちも理解している。多くの親がこの考えを受け入れながらも、気づくと「コンサルタント」から「警官」に近づいているという話はたびたび耳にする。以下に、よくある心配と私たちの回答を示そう。

「子供が宿題を自発的にするように一週間努力しましたが、結局何ひとつしませんでした。明らかに失敗です」

むしろ逆で、充分成功している。彼は言われないと宿題をしなかったが、いまは問題をどう解決しようか考えている。責任を委譲すれば、子供が冷静に受け取るという考えは誤りだ。子供にとっては（親にとっても）大きな変化なので、これまでとちがったやり方を開発するのには時間がかかる。だから、長い目で見る必要がある。つまり、最初から完璧にはできないし、数十年の経験を積んだ親と同じくらいうまくもできない。能力をみずから得る必要があることを憶えておいてほしい。意識的能力を身につけるには、知らなかったことを直接自分で学ばなければならないのだ。

「あなたの提案は、子供がやりたいことをなんでもさせる自由放任主義のように聞こえます」

まったくちがう。親は制限を設け、問題解決にかかわるべきだ。このふたつについては、次の章で扱う。子供は自分で責任を負えない問題を大人が引き受けてくれるとわかっているとき、安心し、より自発的になる。親は肩をすくめて「おぼれるか、泳ぐかだ」と言うべきだ、などと勧めるつもりはない。あらゆる段階で、助言という救命ボートを提供すべきだ。何が心配か子供に話し、きちんと要点を伝える。そうすれば、親として支え、かかわっているが、支配権を握ることはない。ところが、これまでじつに多くの親が、「完全にコントロールしなければ無責任だ」という方法に頼ってきた。

「楽器の練習にも同じことが言えますか？　うちの子は自分で練習しませんが、親としては、練習して音

楽のよさを理解することは大切な気がします」


子供が音楽の練習をすることは大いに支持する。音楽ほど脳の発達に役立つものはなかなかないからだ。しかし同時に、ビルは、小学三年生のときに両親がピアノのレッスンをやめさせてくれた（その結果、音楽嫌いにならなかった）ことにつねづね感謝している。

ビルの両親は、息子に音楽の才能があると思い、彼が演奏したい楽器（なぜかわからないが、アコーディオン）をやらせようとした。だが、まずすでに家にあったピアノで練習しようということになった。ビルは音感がよかったので、わざわざ楽譜を読むことにもどかしさを感じ、ピアノを四カ月習ったあと、やめさせてほしいと頼んだ。両親は同意した。

六年後、ビートルズがアメリカにやってくると、ビルはベースとオルガンを習いはじめ、ギターも独習した。すべては自分の好きな音楽を演奏するためだった。いまでもビルはロックバンドに入って、毎週かなりの時間を演奏や歌に費やしている——子供のころ練習させられた友人のほとんどよりはるかに長い時間を。ビルが支援してきた子供のなかにも、両親の賛同を得てレッスンをやめ、その後強制されていないと感じたときに、同じ楽器や別の楽器を熱心に練習しはじめた子がたくさんいる。

楽器を弾くのが大好きで、自主的に練習し、学校のバンドやオーケストラで演奏するのが人生最高の楽しみという子供は多い。好きでなくても練習しようとする子供も大勢いる。親がそれを望んでいることを知っているからだ。ある曲が好きになったとか、演奏できる自分を誇らしく思うといったこともあるだろう。むずかしいのは、練習したがらない子、レッスンや楽器の練習を本気で嫌がっている子をどうするかだ。本当に嫌がる子に練習させることはできないし、喧嘩しつづけることも家族にとって健康的ではないから、宿題と同じ手法をとることを勧める――相談にはのるが、強制はしないのだ。
音楽が家族みんなにとっていかに大切かを説明し、多くの人にすばらしい幸せと満足をもたらすということを納得させる。演奏を学ぶのはたいへんだが、価値があることだと伝える。演奏できるようになってほしい、練習するならレッスン代は喜んで支払う、楽しい経験となるようにできるだけサポートする、と。だが、宿題と同じく、音楽の練習に関して言い争いたくないとも伝えよう。あなたが好きだから、家でしょっちゅう口論したくないし、練習のせいで音楽嫌いになってほしくもない、と。
子供がレッスンを始めたら、練習のスケジュールづくりを手伝う。練習しているあいだ、そばにいるつもりだと言っておく。練習したいが心が決まらないようだったら、ちょっとした褒美を提供する手もある。もし子供がレッスンや練習を激しく拒む場合には、三カ月間休ませて、演奏できないことを寂しく思っていないか確かめる。もし寂しそうなら、いつでも再開すればいい。そうでなくても、別の機会に興味をかきたてられて演奏したくなるかもしれない。どちらでもなさそうなら、こう考えよう。大人の多くは楽器を演奏できないし、演奏しなくても音楽で人生を豊かにすることはできる。

「スポーツはどうですか？　運動は大事だし、とくに男の子にとってチームプレーは貴重な社会体験です。でも、うちの子は強制しないとやろうとしません」

多くの子供はスポーツが好きで、可能なら一日じゅうプレーしている。だが、スポーツが嫌いな子もたくさんいる。親のほうは、チームの一員になるという社会的側面が大事なのを知っているので、困ってしまう。しかし、無理やり子供にスポーツをさせても、みんなが苦しむだけだ。

運動が健康に欠かせないことを親から子に教えるのは大いにけっこうだし、子供が本当に楽しめる運動をぜひ見つけてやってほしい。たとえば、こんなふうに言えばどうだろう。「うちの家族はみんな何かの運動をしている。あなたもいろいろやってみて、向いているものを探しましょう」。子供が小さいころに興味を示したら、サッカー、Tボール〔野球やソフトボールに似た屋外球技〕、体操、水泳などを習わせてみてもいいだろう。
多くの子供、とくに運動神経があまり発達していない子は、団体競技が好きではない。一部の子にとっては、チームに入ってがんばる社会体験になるが、別の子にとっては、退屈な練習も、つねに命令されるストレスも、友だちのまえでうまくできない恥ずかしさも、つらいだけだ。後者の子供には、家族みんなが何かの運動をするというルールを適用し、同時に参加する子が少ないフェンシングのような個人競技をやらせてみるといい。それなら同世代の多くの子と比べても、すぐれた才能を発揮できるかもしれない。水泳、ロッククライミング、乗馬、武術なども推奨できる。どれも練習すればするほど上達するし、たいてい競争相手は自分の過去のベスト記録だからだ。

「宿題のことは娘にまかせ、もし必要なら手伝うことにしましたが、娘は手伝わなくていいと言います。いまでは担任の先生から、親としてもっと協力するようにと言われています」

これは非常にストレスを感じる状況だ。ことに子供の宿題を一〇〇パーセント把握していない親は自分ひとりだと感じていれば、なおさらだ。
まず、教師がそんなふうに言う理由から考えてみよう。子供の成績がよくないと、親は（しばしば学校も）教師を非難する。もとより教師は、誰かが子供に勉強させなければならないと考えている。通知表に悪い評価をつけたと親たちから文句を言われて傷ついているかもしれないし、生徒の成績がふるわないと自分の職が危うくなると怖れているかもしれない。そこで、次のように説明することから始めてはどうだろう。
(1)子供の勉強の責任を引き受けることで、弱い子にしたくない。
(2)本人の意思に反して課題をチェックしたり、宿題を無理やりやらせたりすることが有用とは思えない。
教師は、親がコンサルタントの手法を用いることにショックを受けるかもしれないし、喜ぶかもしれない。私たちの経験では、宿題を子供と学校のあいだの問題と位置づけると、たいてい効果的だ。学校には、親として手伝う意思はあるが、最終的には本人の責任だとわからせようとしている、と説明する。

ネッドは、勉強について息子にもっと責任を与えようと夫婦で決めたときに、これと同じような状況になった。息子の成績が下がり、教師から次のようなメールが来た。


ここ数カ月、マシューが始業前のホームルームの時間にあわてて宿題を終わらせ、大きなストレスを抱えているように思います。朝、家を出るまでに宿題を終わらせていなかったり、そもそも忘れていたりして、授業前に大あわてで片づけていると感じたことはありませんか?

自宅で宿題を終えられるように、なんらかの指導が必要ではないでしょうか。課外活動で忙しいことも承知しています。たんに夜や週末に宿題を完了する時間が足りないのかもしれません。

マシューが時間に追われないように、私にできることがあればお知らせください。中学校の最後の一カ月をできるだけ楽しくすごせるよう願っています。

これにネッドは、次のように返信した。


ご連絡をありがとうございます。マシューがぎりぎりまで宿題をしているのは、家で終わらないからです。私たちは今年、できるだけ「宿題はどうした？」とか「もう終わった？」と訊かないようにしてきました。代わりに「宿題で何か手伝う必要がある？」、「計画は立てた？」、「わかっているか？」などと尋ねます。多くの少年と同じように、マシューもプレッシャーがあるときにだけ行動するようです。夜にぐずぐずして朝にあわてるのは、それが最終期限だからでしょう。

私たちのやり方に賛成していただけるなら、マシューに、「宿題をぎりぎりにするのはストレスみたいだね。どうすればもっと楽になるか、いっしょに考えてみないか」と訊いてみていただけますか。

先生が八年生〔日本の中学二年生に相当する〕の終わりを楽しく、ストレスの少ないものにしようとしているのは、すばらしいと思います。マシューにとってもそうなることを願います。私たちに特別な助言があれば、ぜひお聞かせください。


「子供には自分で宿題をやらせてきました。しかし、高校でもそれを続けるのは危険すぎます」

正しい意見だ。とくに一一年生〔高校二年生に相当〕になると、危険は大きくなる。だが、それは大学入試があるからではない。

親としての難問は、本人にいちばん有益な行動をとれるように子供を育てることだ。親が管理を強めれば、「いままで信頼してきたが、本当に大事な局面でおまえにコントロールをゆだねるのはまちがいだ」というメッセージを送ることになる。そうなると子供は、大学で監督されることなく、突然自分の時間を管理するようになったときに、よけいに苦しむ可能性が高くなる。

「七時から八時まで娘の勉強の相談にのっていますが、娘は集中せず、時間の大半を無駄にしています。そして八時になり、私が別のことをしはじめるとあわてるのです。もう少し長くサポートの時間をとるべきでしょうか」

時間を延長してもいいが、それは子供のがんばりに報いるときだけだ。もし割り当てた時間で彼女が一生懸命勉強しても、課題がむずかしすぎるのであれば、ぜひとも終わるまで手伝ってほしい。だが、もし一生懸命でなければ、また明日の夜七時から八時まで喜んで手伝うので、できればもう少し集中してほしい、と言ってみよう。
同様に、もし手伝う予定の時間に子供が宿題をせず、夜の九時か一〇時に来たら、こう言う。「宿題の時間は終わり。ベッドにいく時間だよ。明日はっきり考えられるように、休まなければいけない。それは私も同じだ」
娘が宿題を終えるために早起きするのはかまわないが、そのとき親は手伝うべきではない。相談にのる時間は決まっていて、彼女はそれを利用することもしないこともできる。ただ、ときどき遅れる程度であれば、例外として手伝ってもいい。

「息子のバスケットボールのコーチはあなたの言う独裁モデルに近いのですが、私の子供からは大きな成果を引き出しています！　なぜ私が同じことをしてはいけないのでしょうか」
それはすばらしい。けれど、親の役割を忘れないように。あなたの子供はバスケットボールをやろうと決め、それによってそのコーチから命令されることを選んだ。スポーツのチームでプレーするのは制御可能なストレスの範囲内である。コーチは多くの子供を見守り、相互の（比較的短期の）目標に向けて、全員を向上させようとする。教師は教え、コーチは指導することができる（あなたの子供をチームから締め出すことも）が、安全な基地になれるのはあなただけなのだ。

「もし成功できないと、息子は自分を責めて、うつになってしまわないか心配です」
どうやら、息子を彼自身から守らなければならないと感じているようだ。むしろ彼は、失敗の経験より「コントロール感」のなさでうつになる可能性が高い。失敗したあとで親が支援すれば、なおさら心配する必要はない。失敗したから「終わり」ではなく、学習の機会だと思えるようにしよう。

「学校で好成績をとることは、将来の成功のためにいちばん重要です」
これには賛成できない。つねに好成績をとるより、誰が何に責任を負うのかという明確な感覚を育てることのほうが重要だ。それが「自分で考え行動する子供」を育てる鍵となる。

「娘は小学二年生ですが、クラスメイトの親はみな、学校のシステムにログオンして子供の宿題の状況を

「チェックしたいと思っています。これはまちがっていますか？」

親の支援を子供がありがたく思い、かつ自分でログオンして宿題をチェックできないのであれば（二年生ならできないだろう）、宿題の管理を手伝っても問題ないが、監視してはいけない。つまり、娘のログオンを手伝って、「あら、明日が期限の算数の宿題があるみたい。手伝ってあげましょうか？」と言うのはかまわないが、そこで無理に宿題をやらせたり、あとでやったかどうか確かめたりしてはいけない。彼女に情報を伝え、手伝おうかと提案するだけでいいのだ。
また、娘が成長して自分でできることが増えたら、いつまでもその役割を続けてはならない。親が手伝わなくても子供が服を着たり、靴をはいたりする時期が来ることは、みな知っている。同様に、子供が自分で宿題の管理をしはじめる時期にも気づくべきだ。

「自分と同じまちがいを子供にしてほしくありません」

ビルがよく聞く意見だが、たいてい彼は、あなた自身はまちがいから学びませんでしたか、と尋ねる。また同じことをするときには、同じまちがいをしない道を選ぶのではありませんか？　それはまちがいから学んだということでしょう、と。親が、自分のようになってしまうのが心配なのです、と言うこともある。そこでビルは尋ねる。「お子さんがあなたのようになってもいいでしょう？」。もし答えがノーなら、ビルが本当にやるべき仕事は、親にもっと自分自身を受け入れさせることだ。

「つねに子供のそばにいないと潜在能力を発揮できないのではないかと心配です」

子供はつねにうながされて潜在能力を開花させるわけではない。実際は、その逆だ。親を自分から遠ざけるのに必要なことだけをして、それ以上はしなくなる。人は自分の問題だと思えば何キロもよけいに進めるが、他人の問題なら進まないものだ。

全体像

コンサルタントとしての親のモデルは、ある程度わかっていただけただろう。次の章では、親が一歩引いて子供に決定をまかせるとどうなるか、さらに深く考える。だがそのまえに、憶えておいてほしい大局的な考えがいくつかある。

親として支配権を失うことは、たとえ最初はそう思えなくても、朗報だ。ネッドの息子のマシューが五年生で、宿題が終わらなかったとき、「お母さんが思い出させてくれなかった」と母親のバネッサを責めた。いつものように母親が宿題をチェックしてくれると信じこんでいたらしい。そこで家族で話し合い、今後それはバネッサの責任ではなく、もはやそのようにふるまうべきでもないと決めた。ネッドとバネッサは、宿題を思い出させてほしいのなら喜んでそうするし、本当に手伝いが必要なら手伝うが、宿題は結局マシューの責任なのだということを明確にした。

親が宿題に関するすべての不安や争いから解放されると、ときに驚くようなことが起きる。マシューは宿題の責任を負ったとき、最初は混乱した。得意科目の科学のテストでひどい点をとったこともあった。

なんと完全にまちがった範囲を勉強していたのだ。しかし喧嘩はなく、「だから言ったでしょ」もなかった。ネッドかバネッサが、次のテストのためにまた監視役に戻ることも（自分を抑えるのにはいささか苦労したが）。代わりに、マシューの考え方のどこに問題があったのか、どうすれば失敗しないかについて率直に話し合った。

結果的に、テストでは失敗したが、マシューはそこで扱われたテーマ（生命の生物学的原理）に魅了された。続く週末に家族でハイキングに出かけたとき、ネッドは歩きながら、マシューに学んだ内容についてさらに尋ねた。マシューはテストのテーマについて熱心に話しつづけた。テストのあと、自主的に長い時間をかけて、そのトピックを調べていたのだ。トップの成績をとるためではなく、本当の好奇心を満たして学ぶために。

もちろん、テストで失敗したり、宿題を忘れたりすることをめざすわけではない。だが、つねに全体像を忘れないことが大切だ。

子供には、思慮深い学習者になってもらいたい。よくしつけられた子ではなく、自分で自分をしつけられる子になってほしい。本来子供に責任を負わせるべきことを親が管理すると、貴重な時間が奪われ、家が安全な基地でなくなってしまう。一〇代の息子の母親から最近聞いた話だが、息子と喧嘩したことを、二〇代の息子を持つ友人に話したところ、その友人はこう言った。「喧嘩する価値なんてないわ。私がいまとても後悔していることは、息子が家にいた最後の数年間、宿題について喧嘩ばかりしていたことだから。あのころに戻れたら、息子を楽しませたい。いまはすべての喧嘩が無意味に思えるし、彼を失った気がする」

今晩すること

●「これは誰が責任を持ってやること？」、「これは誰の問題？」と問いかける練習をする。
●自分の家が安全な基地かどうか確認する。食事やテレビの時間について口論ばかりしていないだろうか。感情的になることはないか。親が子供に苛立っているのなら、おそらく子供のほうも同じだ。本人に訊いてみよう。
●子供が宿題を嫌ったり、手をつけなかったりするときには、学校でやってみてはどうかと提案してみる。いっしょに勉強してくれる年長の子を探したり、先生に宿題を減らしてもらうよう相談してもいい。もし子供が宿題に対して、ふだんとちがう極度にネガティブな反応をするなら、学習障害などの問題がないか調べてもいい。
●子供が効果的な学習環境をつくる手伝いをする。必要なら、目標を達成したときの独自の報酬を決める。目標を達成できなくても、思いやりを持って接する。「今晩は目標を達成できなくて残念だったね」。怒ったり、罰で脅したりしないこと。親の仕事は、子供自身がやる気を出すのを支援することだ。
●子供に、自分で問題を解決できる能力があると信じていることを伝える。

第3章 「それはきみが決めること」
——意思決定者としての子供

マットは高校時代に断固として自立を求めた。ルールを設ければ破り、門限を決めればその時刻から三〇分すぎるまで家のまえの道路に座っていた。性格が悪いわけではないが、誰かの命令にしたがうのが我慢ならなかったのだ。マットは不安障害に苦しみ、コントロール感の欠如で激しいストレスを感じていた。

両親は、息子との関係を重視し、彼が日々おこなう選択にはほとんど口を出さなかった。たとえそれがマットの将来に影響することでもだ。当時のことをマットはこう語った。

高校三年の途中で一八歳になったとき、母は学校に、ぼくをぼく自身の法定後見人にするという正式な通知を送った。それによってぼくは、その年の残りのあいだ、気が向けばいつでも学校を辞められたし、両親は成績を含むぼくのあらゆる個人情報にアクセスできなくなった。なぜ母がそれに同意したのかは本当にわからない。おそらく、ひとりの人間として信頼していること、大人の世界がすぐそこに迫っていること、そこではやりたいことを自分自身で決めるべきだということを知らせたかったんだね。ともかく、ぼくにとって大きな変化だった。だから、決してその特権を乱用することはなかった。

というのは嘘で、思う存分特権を乱用した。本当にすばらしかったよ。学生課で働く女性が毎日ぼくのために書類をつくってくれて、ぼくはそこで待つ学生の列を素通りして、彼女から書類を受け取り、立ち去る。それがどのくらい気分のいいものか、母はきっと知ってたんだね。初めて人生をコントロールしている感じだった。


両親がマットにこの自由を与えるのには勇気がいったが、息子に必要なことだというのはわかっていた。マットは無事卒業し、いくつかの大学に通って学位を取得した。二〇代のなかばには不安も克服し、数年後のいまは、ワシントンDCのシンクタンクで順調に働いて、子供時代の教訓を生かしつつ、自分の子供を育てている。

長期的に成功したのは親のおかげだとマットは思っている。「学位を取得するまでに大学を変えたりしたけど、もし両親が、自分で考える手伝いをしてくれなかったら、大学には行かなかったと思う。うるさく言われなかったのが、かえってよかった」

そろそろお気づきだろうか。第2章が親をコンフォートゾーンの端まで追いやったとすれば、この章は端から突き落としてしまうかもしれない。これまで、親のコンサルタントとしての役割について述べてきたが、ここからは子供の視点に立って、意思決定者になるというのはどういうことか、考えてみよう。

もうパニックになった？　だいじょうぶ。まず基本として、子供に関する三つの前提を受け入れるところから始めよう。

1　きみについていちばんくわしいのは、きみ自身だ。
2　きみの頭には脳がある。
3　きみは人生で成功したい。

この三つを受け入れると、子供に対して、「それはきみが決めることだ。きみは与えられた情報にもとづいて自分の生き方を決めることができ、まちがいから学ぶことができる」と言うことがはるかに容易になる。コツは、これを言うだけでなく、行動で示すことだ。子供の決定が好ましくないと思うこともあるだろうが、どうしようもなく常識はずれな場合を除いて、とにかくやらせてみる。

ビルは最近、聡明な一二歳の女の子の父親であるグレッグと話をした。その子は新しい私立学校になじめず、もとの公立学校に戻りたがっていた。ビルは、どちらに行くか娘に決めさせてはどうかと提案した。するとグレッグは、笑いだしそうになりながら、そんな重大なことを小さな子に決めさせるわけにはいかないと言った。よくある見解だ。

「一二歳の子にこういう決定はまかせられません」とグレッグは言った。子供にとって何が正しいか知っていると思いこんでいて、娘の決定が気に入らないだろうという予感から、判断をまかせたくなかったのだ。ほかの多くの親たちも、若者は人生経験や知識が足りず、慣れや友情を優先させるだろうと考えて、似たような結論に至る。

それは正しい。しかし、子供たちに決定させてほしいというときに、私たちが本当に望むのは、彼らに「情報にもとづいた」決定をしてほしいということだ。できるだけ子供が最良の決定をできるように、親が持っていて子供に欠けている情報と客観性を与えることは、親の責務である。適切な情報があれば、子供はたいてい自分のためになる決定をし、それはほぼつねに、親以上にすぐれた決定だ。

この章ではまず、「意思決定者としての子供」という考えに当てはまらないケースを示し、まだ決定する準備ができていない子供（つまり例外）について説明する。そして、なぜ親が子供に情報にもとづいた決定をさせるべきなのか、また、あまりに常識はずれなものは別として、なぜその決定を尊重すべきなのか、説得力のある議論（反論は不可能！）をする。さらに、子供が二歳だろうと二二歳だろうと、この戦略を実行できるように、成長していく子供が意思決定者としてどのように見えるかを説明する。そして最後に、まえの章に続いて、なぜコントロールを手放すのがこれほどむずかしいのかという理由を示し、この話題で親から聞くおもな質問や懸念を紹介する。いくつかは身に覚えがあるはずだ。

「それはきみが決めること」ではないもの

「それはきみが決めること」とは、子供が家庭内のすべてを決め、家族がいちばん若いメンバーに支配される（「毎日夕食はチョコレートケーキ！」）という意味ではない。親としての権利と感情は残っているし、放棄すべきでもない。五歳の子がどうしても動物園に行きたいと言っても、親が疲れているなら、連れていかなくていい。一六歳の子が夜に車を運転してよその町のコンサートに行きたがっても、親が不安を感じるなら、その直感を信じるべきだ。親として正しいと思うことをしなければならないし、それを子供に理解させるべきである。「正直なところ、その決定には賛成できない。正しいことだとは思えないから」とか、「今晩はお姉さんが映画に行く番だよ。きみは来週にしなさい」と言うのは、とても理に適っている。

「それはきみが決めること」は、制限を設けることと矛盾しない。それは子育てでつねに重要な部分だ。もし幼い子供が楽しんでいる（たとえば、公園で遊ぶ）ことをやめたがらなかったら、落ち着いて共感を示し、選択肢を与えてみよう（「そろそろ終わりにする？　もう行かないといけないけど、あと五分遊びたい？」）。子供がぐずるなら、「手をつなぎたい？　それとも抱えて運ばなきゃならない？」と言う頃合いだ。そこで手をつなごうとしなかったら、たとえ暴れたり叫んだりしても、抱え上げて車に連れていく。次に公園に行くまえには、「帰る五分前に注意するから、それにしたがえるなら公園に行きましょう。最後に追いかけっこや喧嘩はしたくない。もしまた帰るときに大騒ぎをしたら、この先何日か（あるいは一週間）公園には連れていきません」と言ってみよう。

暴れる一〇代の子供を抱え上げることはできないが、必要なら制限を設ける方法はある。子供のためにしていることを制限するのだ。あまりにも長い時間、携帯電話でメールをしているなら、素直にその電話代は払いたくないと伝える。究極の目的は、不満だらけの子供ではなく、どう行動すべきかを理解し、世間で認められるようにふるまう子供を育てることだ。それを心に留めて、明確な基本原則を定める必要がある。

「それはきみが決めること」は、子供に無限の選択肢を与えることではない。そんなことをすれば、確実にストレスでまいってしまう。第1章で述べたように、子供は、自分でまだできない決定をしてくれる大人がいるのがわかっていると、非常に安心する。自由放任主義の子育てがあまりうまくいかない理由のひとつは、まだ準備ができていないことをしなければならないときに、子供がストレスを感じるからだ。まわりの世界が安全だと感じると、子供は大きな安らぎを覚える。予測可能で確かな環境を親がつくってやれば、世界はもっとも安全だと感じられる。

最後に、「それはきみが決めること」は、親が嘘やごまかしを用いて、本当は自分がやらせたいことを子供に決めさせることではない。正直な子育てが信頼を生むのだ。子供を尊重していることを示すべきである。子供の自主性を育みたければ、少しずつ、子供に本当のコントロールを渡さなければならない。

結局、「それはきみが決めること」とは、どういう意味だろうか。単純にまとめれば、子供の人生において、子供が自分で決められることを親が決めるべきではない、ということだ。そのためには、まず親が、子供にコントロールさせてかまわない範囲を定める。そして、その範囲外では譲歩し、子供が正しい決定をするのに必要な情報を学ばせるのだ。

もしそこで対立が生じるようなら、ロス・グリーンとJ・スチュアート・アルボンの提唱する、協力して問題解決にあたるテクニックを用いてみよう。まず共感を示し、次に、子供自身が望まないことを無理強いするつもりはないことをわかってもらう。親子で話し合って双方に快適な解決策を見つけ、そこに至る方法を考える。子供のした選択が無分別でなければ、親の意に沿わなくてもやらせてみることだ[1]。

もちろん、「無分別」の定義は人によってさまざまだ。基準として、分別があるとされる人々（おじやおば、先生、コーチなど）に、その選択がおかしいかどうか訊いてみるといい。私たちは、グレッグの一二歳の娘が公立学校に戻ると決めたことが無分別だとは思わない。その学校は、親が決めた私立学校より教育施設や授業の面で劣るかもしれないが、心にゆとりが持てて、まわりの友人も協力的なら、成績も上がり、幸せになるかもしれない。もちろん、彼女が家を出てサーカスに入ると決めたら、それはまた別の問題だ。

子供が正しい決断をすることを当てにできない状況はいくつもある。もしグレッグの娘が賛否両論を聞こうとせず、助言を求めないなら、本人に決めさせてはいけないだろう。子供は進んで選択肢を聞き、考えなければならない。これに尽きるのだ。

それとは別に、もし子供が重いうつ状態に陥ったり、自滅的になったりしたら、すべてを白紙に戻す必要がある。子供の論理的思考が損なわれては、自分の人生をよりよくしたいという基本地点から始めることができないからだ。うつの症状のひとつは思考の混乱だから、うつに陥った人は合理的に考えることができない。同様に、アルコールや薬物に依存し、自傷傾向がある子供も、賛否両論を充分に考慮して良好な決断をすることができない。ときには、合理的な情報にもとづく判断が一時的にできなくなった子供のために、親が決めてやる必要も生じるが、それはあくまで一時的な措置である。

私たちが正しい六つの理由

1　科学的根拠がある。

自分で決定する余地を与えられると、人はほかの状況でも責任ある行動をとるようになる。脳はむずかしい選択をすることを学び、無力感というストレスから自分を守りつつ、自主性から生まれるモチベーションの恩恵を受ける。子供がストレスを管理し、困難を克服する経験を積めば積むほど、前頭前皮質は扁桃体を制御できるようになるのだ。

私たちのクライアントの多くは、若者の脳の発達に関する研究に精通していて、ティーンエイジャーが、とくに仲間といっしょにいるときに、一見愚かなリスクを冒すことも、子供の前頭前皮質が成熟していないことも知っている。しかし、第2章で指摘したように、脳が成熟する二〇代後半から三〇代前半まで待って、決定をまかせたのでは意味がない。脳の成長は、どう使われたかによって決まる。幼い子供に決定をうながし、若者たちに決断を要求すれば、彼らにとって、自分に必要なことを誠実に考慮し、感情やモチベーションに注意を払い、ことの良し悪しを判断して、できるだけ最善の決定をするという貴重な経験になる。むずかしい選択をして実行するための脳の発達に手を貸すのだ。これはたいへんな仕事だが、将来の見返りも大きい。

2 子供は親の言いなりになる身代わりではない。

子供の人生を導こうとするとき、親は短期的な利益をめざすが、長期的には損失となるかもしれない。子供は何かをやらされていると感じると、自分のためになることでも反抗しがちだ（門限を破るためにわざわざ道に座っていたマットを思い出そう）。反抗せずにしたがうタイプの子供であれば、それも問題だ。その後の人生で成功しても、本人は詐欺師のような気持ちで、自力で成功したのではないかのように感じるだろう。

セラピストで作家のロリ・ゴットリーブは、アトランティック誌の記事で、なぜ彼女の二〇代の患者の多くが原因不明のうつ病にかかったのかという記事を書いた。みなすばらしい両親を持ち、表面上は人もうらやむ生活をしていたが、ゴットリーブはなかなか適切な質問と答えにたどり着けなかった。「大学院時代、臨床上の焦点はつねに、子供に対する親の情動調律〔相手の行動や状況から感情を推察して反応する行動〕がいかに欠けていたかだった。情動調律が多すぎたら子供はどうなるのかという疑問は、私たちの誰の頭にも浮かばなかった」と彼女は書いている[2]。

ゴットリーブは、転んだときに何が起きたのかを理解するまえに親が助け上げる幼児の例から、この問題を考えた。子供が苦しんでいないことを親が必死で確かめようとするのはなぜだろう。子供の苦しみは、見るのはつらいけれども抵抗力を培うのには欠かせない。あまりにつらすぎて見ていられないのか？　あるいは、必要とされていると感じたいのか？

このタイプの「ヘリコプター・ペアレント（過保護な親）」の子育てとその結果は、四六時中目にする。ネッドの生徒のセイラは、一学期のあいだ海外に行くまえに、両親とやってきた。父母は、次の学期の目標と懸念について説明し、「セイラが授業を受けられない数学について、私たちはどうすべきですか？ SAT対策はどうしましょう」などと質問した。話すのはほとんど両親で、セイラは計画に同意したものの、穏やかな気持ちではないだろうと想像せずにはいられなかった。そこでネッドは、次にセイラだけと話をしたときに、本当はどう感じているのかと訊いた。

「計画に文句はないけど」とセイラは言った。「問題は『私たち』ってところ」

「どういう意味？」

「いつも、『私たちはこれでいい点数をとらないと』、『私たちは今年、いい成績をとらないと』、『私たちはもっといい小論文を書かないと』なの」。セイラは明らかに不満をためこんでいたようだった。「小論文を書くのはお父さんやお母さんじゃなくて私よ。『私たち』じゃない。そんなふうに言われると頭がおかしくなりそう。私の人生で、私の成績のことなのに。小論文を書くのも私」

魔法のことばを思い出そう。「きみは与えられた情報にもとづいて自分の生き方を決めることができ、まちがいから学ぶことができる」。セイラの両親は、正反対のメッセージを伝えていた。幼児がぜったいに転ばないようにする母親とまったく同じだ。セイラは賢くてやる気のある少女だが、親が彼女の決定を信用していないことや、彼女の代わりに決定しようと考えていることばかり聞かされていた。

3　子供に「コントロール感」を与えることは、意思決定の能力や、学習中のスキルを使いこなす能力を育む唯一の方法である。

「知恵は経験から生まれ、経験はまちがった決定から生まれる」という格言がある。子供には、大人として物事を決定しはじめるまえに、そのための訓練をさせなければならない。口でいくら正しい決定方法やためになる行動のとり方を説明しても不充分だし、実地で見せてやってもまだ足りない。子供が実際にやってみて、訓練する必要があるのだ。コートを着なかったせいで不快な風邪を引くことから、勉強しなかったせいでひどい成績をとることまで、自分の選択のありのままの結果を経験しなければならない。重要な事柄を決める機会をあまり持たないまま、大学に進む若者が大勢いる。自分の時間をどう使いたいのか、何にエネルギーを費やしたいのか、そもそも大学に行きたいのかといったことをみずから考えて、決定したことがないのだ。彼らが入学後に目標を定めて達成したり、講義や専攻、日々のすごし方などを決めたりすることで苦心するのも、当然である。

これはほかのさまざまな人生のスキルにも当てはまる。ネッドの指導を受けるために子供ふたりを連れてきた母親が、顧問料を小切手で支払えるかどうか尋ねた。クレジットカードのほうが便利なことは承知していたが、彼女は子供に小切手を書く経験をさせたかったのだ。そのときネッドは、いつだか路肩にハザードランプをつけて停まっていた車を思い出した。タイヤがパンクしたのに、乗っていた若者たちは誰もタイヤの交換のしかたを知らなかったのだ。自動車の教習でやり方を教わったはずだが、タイヤ交換のビデオを一〇〇回見ても、実際に交換したことがなければ意味がない。たしかにAAA（米国自動車協会）は一時間で来てくれるだろう。しかし、おそらく自分でできるのに、暗い道端で一時間を無駄にすることになる。「行為主体性」には訓練が必要なのだ。

4 親がいつも最善のことを知っているわけではない。

受け入れるのはむずかしいかもしれないが、本当にむずかしいのは、子供にとって何が最善かを知ることだ。なぜか？　理由のひとつは、親はわが子がどのような人間になりたいのかを知らないからだ。それは子供自身が発見しなければならない。親としては、そこで支援できるのが理想である。また、大失敗に思えたことが、結局はいい結果につながることも多々ある。成功に至る道はひとつではなく、ちょっと道に迷うことで正しい道が見つかる場合もあるのだ。

親が子供のために完全に合理的に思える決定をして（たとえば、演劇の代わりにサッカーをやらせて）、あとで自分たちが痛い目に遭うことがある。同じことが親自身の人生にも言える。多くの人は働きすぎ、食べすぎ、睡眠をあまりとらず、まずい投資をして、自分の人生が計画どおりいかないことに気づく。謙虚さを忘れてはならない。何が正しいのかわからないこともあるのだ。

大学一年生の最初の数カ月、ネッドは一年間休学したいと思っていた。両親はネッドが復学しなくなることを心配し、彼の考えを受け入れなかった。ネッドはひどい状態で一年間をすごし、二年生になっても憂鬱なままだったので、また休学したくなった。今度は両親も同意した。休学によって、ネッドはベルトコンベアーからおりることができ、プレッシャーから解放されて、本当にしたいことについて考えた。答えをすべて見つけたわけではなかったが、よりよい状況で大学に戻った。二度目の二年生のときにアカペラのグループに入り、メンバーの数名とはいまもいっしょに歌っている。何より重要なのは、三年生のときに現在の妻であるバネッサとつき合いはじめたことだ。人に教える仕事をネッドに勧めたのは彼女だ。休学しなければ、ネッドはいまこの本を書いていないだろうし、すばらしい生徒たちに巡り会うこともなかった。まさに『素晴らしき哉、人生！』だが、この映画が古典になった理由がある。偶然の出会い《セレンディピティ》は人生の本質なのだ。親の計画がつねに優秀とはかぎらない。

5　子供はやればできる、本当に。

一九八五年にビルが神経心理学者として働きだしたころ、子供が幼稚園や一年生をやり直すのは珍しいことではなかった。ビルを驚かせたのは、やってくる大学生がよく、何年生かという質問に、「大学二年生です。本当は三年生のはずだけど、親に小学一年生を二回するように言われたので」と答えたことだった。彼らはずっとわだかまりを抱いていた。人生をコントロールしようがなかった六、七歳の時期になされた決定だからだ。

ビルは最初悩んだが、やがて幼い子を持つ親たちに、子供も意思決定に参加させるよう助言しはじめた。子供にこんなふうに言ってみるのだ。「誰も一年生を二度しろとは言わない。それはきみが決めることだ。でも、正しい決定ができるように、情報はしっかり与えたい。それをもとに二年生に進学するプラスの面とマイナスの面を考えてほしい」

そうしてわかったことがある。幼い子供でも、少なくとも大人が彼らのためにするのと同じくらいのことを矛盾なく決められるのだ。また、問題に直面したとき、子供は親が考えてもみなかった解決法をしばしば思いつくこともわかった。子供によっては、「ぼくはまだ二年生になれない。そのことでからかう友だちがいても相手にしないよ」とか、「やれると思う。でも、勉強がたいへんになったら家庭教師に手伝ってもらいたいんだけど」などと言った。

三〇年以上前に、九歳から二一歳までの子供の意思決定能力を調べる興味深い研究がおこなわれた[3]。家族と会話をせず、数週間部屋から出ようとしない少年という、慎重な扱いが必要な事態にどう対処するか尋ねたところ、一四歳が決定することは、一八歳や二一歳とよく似ていることがわかった。しかもその決定は、多くの専門家が推奨するもの（少年が外来の心療内科で言われる内容）と類似していた。興味深いことに、九歳児の半数もその意見を選んだ。全般的には、一四歳、一八歳、二一歳はほぼ同じ意思決定をし、九歳児のスコアはそれよりわずかに劣るだけだった。つまり、九歳児は意思決定の能力を持っているのみならず、知識が足りないだけで、かならずしも判断力に欠けるわけではないと考えられる。

サイコロジー・トゥデイ誌の元編集長ロバート・エプスタインは、若者の能力と可能性について数多くの著作がある。同僚のダイアン・デュマとともに、恋愛、リーダーシップ、対人スキル、責任能力に関して質問する「成人試験」を開発し、このテストで、一般的にティーンエイジャーには大人と同程度の能力があることを発見した[4]（ちなみに、私たちふたりはこのテストで合格点だった）。アメリカでは若者を子供扱いしている、とエプスタインは主張する。みな若者には責任ある決定ができないかのようにふるまっている、と。

ティーンエイジャーが衝動的な選択をすることを完全に止めることはできないが、彼らに充分な情報を与え、自分にとって重要な決定をまかせることはできる。一般的に、一四、五歳になるころには、大人のレベルの理性的な決定をする能力があることが、研究で明らかになっている。認知過程の多くは一三歳から一五歳くらいで大人のレベルに到達するのだ[5]。

6　すぐれた意思決定には「心の知能」が必要。子供は自分にとって重要なことを学ばなければならない。

すぐれた決定には知識の裏づけがあるが、それだけではない。ディズニー／ピクサー映画『インサイド・ヘッド』では、少女の頭のなかで、ヨロコビ、イカリ、カナシミ、ムカムカ、ビビリがコントロールパネルを操作する。私たちの感情が、思考や意思決定や行動を導く重要な役割を果たしているという基本的な科学上の事実が反映されている。あることが善いか悪いか、正しいか誤りか、有益か有害かを、感情の導きなしで評価することはできない。脳の感情中枢が損傷を受けると、夕食を外食にするかどうかといった簡単な決定もできなくなる。自分が何をしたいのかわからなくなるからだ[6]。

子供には自分の感情に注意を払ってもらいたい。衝動的、感情的に行動してほしいという意味ではない。たとえば、怒っているあいだは決定には向かない。充分な情報にもとづいて意思決定をしてほしいということだ。ほかの人が何を必要とし、何を欲するかを考えるために、自分のなかの妬み、罪悪感、同情、憧れといった感情を知らなければならない。怒りや嫉妬、恨み、憎しみを感じさせる原因についても。

意思決定の過程で、子供たちがどう感じ、何を欲するかは、厳然たる事実と同じくらい重要だ。子供のネガティブな感情をいかに抑えこもうとしても無理な話である。ホラー映画を見たあとで子供が怖がっていたら、ただの映画だとわからせ、その反応は本物だが、また怖い映画を見てもだいじょうぶであることを伝える。子供が怒り、裏切られたと感じているときには、苦痛を減らしてやり、報復するまえに一歩引いて、相手のことを考える習慣をつけさせる。子供には、自分の感情と向き合い、何が自分にとって正しいのか問いかけるようになってほしい。

「コントロール感」が得られるとき

親は子供のそばで見守り、指導しながら、情報にもとづく決定をするよううながさなければならない。たとえば、次のように言う。「きみがいい決断をすると信じている。最終的には自分で決めることだけれど、できるだけ最善の決定をしてほしい。だから、両方の選択肢の良い点と悪い点を考える手助けをしたい。経験を積んだほかの人たちとも話して、意見を聞いてほしい。あと、きみの決定がうまくいかなかったときの代替案をいっしょに話しておくことが大事だと思う」

この「スピーチ」には多くのメッセージが含まれている。何よりもまず、子供への信頼を伝えている。子供のそばで支援することを明確にし、いい決断をするにはどんな情報が必要か考えさせ、つまずきを失敗ではなく、ほかのプランに変える合図ととらえることで、心の準備をさせている。

あらゆる年代の子供にこういうスピーチができないのは明らかだが、基本的な原則は幼い子でも理解できる。年代別に、「それはきみが決めること」の例をあげてみよう。

幼児　二着の服のどちらかを選ばせてみる。意欲的な子なら、自分で服を着させてみる。手伝ってもいいが、強制してはいけない。ズボンをはくのに長い時間がかかるかもしれないし、まちがったり引っかかったりして本人もイライラするかもしれないが、彼らは大切なスキルを学んでいる。もっと大きな枠組みで行為主体性を与えることもできる。「ブロックで遊びたい？　それとも絵を描きたい？」

未就学児　すぐれた保育士は昔から、時間をどのように使い、自分にとって何が重要かを子供自身に決めさせることがきわめて重要なのを知っていた。未就学児の世界で「自由選択の時間」が非常に大切なのは、そのためだ。

未就学児には、ゲームやスポーツといった大人向けの活動をやらせるより、わくわくする演劇を見させるほうがいい。指示されずに遊ぶとき、彼らは時間の使い方を自主的に決定している。頭のなかでは、こんなふうに考えている。この箱で列車と城のどっちをつくろう。この服はこの人形とあの人形のどっちに着せよう。レゴで飛行機をつくろうか、動物病院にしようか。着せ替え遊びをする？　それとも塗り絵？

小さい子供には、やることの多くが自分でコントロールできることとして映る。保護者の指導員を二〇年間している私たちの聡明な友人は、未就学児にカレンダーを与え、大事なイベントをすべて書かせるといいと言う。時間の流れと、毎日がどうすぎていくのかがわかるようになるからだ。日常をコントロールしていると子供に感じさせるツールとして、カレンダーの重要性はいくら強調してもしすぎることはない。

大人がするように、子供にも一日ずつ消す線を引かせてみよう。一日をどうすごすか考える時間を設け、スケジュール内で可能なかぎり子供に選択させる。このやりとりは敬意の表明だ。子供には、親の予定や計画にただだしたがっているだけでないことがわかる。そして、何がいつ、なぜ起きるのかを理解する。成長するにつれ、自分にとって大事なことを書きはじめるだろう。それが彼らの「コントロール感」の発達に役立つ。

小学生　子供が大きくなれば、どのような活動に参加するか、健康を維持するために何を食べるか、睡眠を充分にとるためにどういうスケジュールを組むかといったことについて、さらに選択肢を与えることができる。「それはきみが決めること」がいっそう意味を持ちはじめる時期だ。

こんなふうに言えるかもしれない。「きみが心から今晩の映画の封切りに行きたいのはわかる。私も行きたい。行くかどうかは自分で決めていいけれど、まず良い点と悪い点を考えてみよう。今日は初日だから行列はとても長くなる。早く行って待たなければならないが、外は寒いから待っているあいだはつらい。でも、映画を心待ちにしていた人たちと初日に見るのは楽しいだろうね」

子供が映画に行くと決めたら、こう言ってみる。「すばらしい。でも望みどおりにならなかったときのために、代替案も考えておこう。もし並んでいるあいだにきみが疲れたり、いい席がなくなったりしたら、どうすべきだと思う？」

映画を見にいくのは当たり障りのない決定だが、小学生になれば、もっとむずかしいことでもきちんと決められる。ビルは最近、一一歳のアンディの両親と会った。アンディは学習障害で、両親は夏休みに家庭教師をつけようと考えたが、本人はあまり乗り気ではなかった。ビルは、アンディに情報を与えて、どちらにするか本人に決めさせましょうと両親に提案した。つまり、がんばって家庭教師と勉強すれば、楽に読んだり書いたりできるように脳が変わるかもしれない。家庭教師がつく時間は、一週間一六八時間のうち二、三時間だし、学校でのストレスを忘れて楽しむ時間はたっぷりある。これが良い点。だが、悪い点も認めるべきだ。学校から完全に離れて、ストレスなく脳が成長できる休息時間はなくなる。ビルはこれらを本人に説明するよう提案した。

結局、両親はこう言った。「良い点と悪い点を考えると、むずかしい決定だと思う。どちらを選ぶことも可能だし、この状況できみ以上に正しい決定ができる人もいない。だから、自分で決めてほしいと思っている。きみが正しい決断をして、どちらを選ぼうとそこから学ぶと信じている」。両親はビルのアドバイスにしたがい、アンディは家庭教師なしですますことにした。それは両親が選ばないであろう道だったが、無分別でもなかった。彼らは約束どおり、アンディの決めたことにしたがった。

もし両親が選択権を与えず、無理やり家庭教師をつけたらどうなっていただろう。

楽観論。すばらしい家庭教師が来て、アンディのやる気に火がつき、両親の主張にあとから感謝したかもしれない。あるいは、ほんの六週間か八週間ほどでアンディが学習の習慣を身につけ、一生懸命勉強し、成績が上がって自信がついたかもしれない。もっとありそうなこととして、家庭教師と学んだあと少しだけ（大幅にではない）得るものがあったかもしれない。嫌がって必要性を感じていない勉強から子供が得るものはあまり多くないからだ。

悲観論。子供がしたくないことを親が強制すると、親子の緊張関係が生じる。実質上、「私はきみよりわかっている。きみの意見は重要ではない」ということだから、ネガティブな結果をもたらす。アンディは自分の将来のために最善のことを考え、成長する機会を失って、親の助言も聞かなくなる。結局、両親にとってとても残念なことになる。

中学生　私たちが暮らすグレーター・ワシントンDCでは、子供をどこの学校に行かせるかが、親にとって重大決定のひとつだ。長年、多くの親がビルに相談している。「うちの子はどこに行かせるのがいちばんいいですか?」という質問に、ビルはいつもこう答える。「私見を述べれば、よりよい質問のしかたは、どうすればうちの子が最高の学校を見つける手伝いができますか、ですよ」

ビルのところにマックスという少年がやってきた。重度の学習障害で、一年生から八年生まで、彼のような生徒を対象とする特別な学校へ通わなければならなかった。小規模な学校に通う多くの子供たちと同じく、マックスも支援体制の整ったその小さな学校から飛び出して、幅広い社会的選択肢がある大規模な高校に行きたがった。自分には学習障害者向けの学校は必要ないことを証明したいとも思っていた。

当然ながら、マックスの両親は、支援体制が少ない学校に行くことを心配し、いまの環境にとどまることが本人にとって最善だとわかってもらうにはどうしたらいいかとビルに尋ねた。ビルは、最終的に決定するのはマックスだと伝えるように勧めた。両親がいちばんいいと思う助言も含めて、よい決定に必要なものを可能なかぎり与えたうえで、そうすべきだと。

ビルはマックスと会い、彼のレベルに合いそうな二、三の私立学校について説明した。公立に進んだ場合に受けられる支援について、学校の心理カウンセラーと話した内容も伝えた。マックスはこの意思決定に真剣に取り組んだ。学校を変えた場合にどういう経験をするか、両親や私立学校の入学事務責任者やビルに思慮深い質問をした。そして最終的に、それまで学校で受けてきた学習支援が必要なので、そこにとどまるという結論に至った。その後マックスは自信を深めながら、順調な（そして幸せな）高校生活をすごした。現在は大学三年生で予想以上の成果を出し、大学院に進む計画を立てている。

この例では、マックスは両親の意見にしたがったが、それを決めたのは彼自身だった。意思に反してもとの学校に通わされていたら、そこに自分の居場所はないと思いつづけ、無理強いした両親を恨んだことだろう。

高校生　「それはきみが決めること」は、多くの高校生の親にとってむずかしい。ティーンエイジャーはつねに大きな危険にさらされ、とりわけ仲間からの圧力に弱いことで知られる。親の誰もがドライブやデート、学校のパーティでの悪ふざけを憶えているだろうが、それは今日でもあまり変わらない。とはいえ、朗報がある。若者の脳の発育を調べた最近の研究で、ティーンエイジャーは自分を不死だとは思っていないことが示されたのだ。彼らは、自分の行動が引き起こすリスクに充分気がついている。ただ、潜在的なリスクより将来のポジティブな結果を強く意識するのは確かだ。専門家はこれを「超合理性」と呼ぶ。[7]
ティーンエイジャーと共同で問題解決にあたるときには、彼らにこのバイアスがあることを忘れず、ネガティブな可能性をきちんと考えさせるよう、とくに注意しよう。彼らがそうせず、いっしょに問題を解決しようとする親の姿勢に乗り気でないなら、「わかった。無理していっしょに考える必要はない。その結果、きみは三日間車に乗れなくなるだけだ」と言ってみてもいいだろう。きっと子供は話し合いに応じる。
ティーンエイジャーは大人にもっとも近く、「きみは与えられた情報にもとづいて自分の生き方を決めることができ、まちがいから学ぶことができる」という親のメッセージをいちばん必要としている。それは、彼らがまちがわないという意味ではない。彼らはまちがう。だが、ひとつまちがうたびに、直感と自己認識が発達するのだ。ことに、親が「だから言ったのに」などと責めたりせず、まちがいに至った過程を見直す手伝いをすれば。
それより年上の若者　子育ては子供が一八歳になっても終わらない。大学生や若年成人のわが子の選択を見ていると、ひどくつらくなることもある。数年前、ビルは親友のキャサリンと、彼女の息子のジェレミーについて話した。大学一年生のジェレミーは、ある女の子とつき合いだしたが、その子が次第に支配的で乱暴になってきた。キャサリンはさまざまな方法でふたりを別れさせようとしていて、どうすべきかビルにも助言を求めた。ビルは言った。「それは失礼だと思うよ。ジェレミーが自分でこの状況を解決できないから、母親が割って入る必要がある。きみがそう考えているというメッセージを伝えるわけだから」。キャサリンはとびきりやさしい人なので、ジェレミーと相手の子（彼はさらに相手が好きになっていた。誰でも強制は好きではない）を別れさせようとしたのは、たしかに失礼だったかもしれないと考え、後悔した。ビルとキャサリンは、ジェレミーにこの問題を解決する能力があると信じていることをどう伝えるか、相談した。

キャサリンは息子に、あなたを信用していて、いまの状況もよくわかると伝えた（健全な関係ではないが、彼は相手をいろいろな点で愛していた）。そのうえで、どんなかたちでもジェレミーの望む方法で支援すると言った。その後数週間で、ジェレミーは、休学して別の州に住む父親と働く決心をした。それで彼女と自然に別れることができ、次の学期に戻ってきて大学を卒業し、法律関係の仕事を順調に開始した。

こういう方法がいつもうまくいくわけではないが、キャサリンは、息子がみずから決断し、まちがいから学んでくれると信じていると伝えることで、協力者であるとともに相談役になったのだった。

むずかしい理由――よくある質問

想像がつくとおり、私たちはコントロールを手放すのに苦労する数多くの親たちと話をしている。親だからこそ、感情（とくに恐怖心）が思考を抑えこむこともある。恐怖心は心配を生む。子供がまちがった選択をしたらどうしよう。怪我をしたら？　不幸になったら？　あの子を失うことになったら？
私たち自身も親なので、その懸念はわかる。私たちだって怖い。よってこのセクションでは、親が本当に切羽詰まっている状況を取り上げよう。私たちの回答を読めば、「それはきみが決めること」が現実世界でつねに活用されていることがわかるだろう。

「先週、一五歳の娘が、飲酒をするパーティで飲みすぎて意識を失い、脳震盪を起こして床に頭をぶつけました。どう考えても、分別のある決定をしていません。娘がそのように愚かな判断をするときには、『あなた自身で決めてほしい』なんて言っていられません」

選択肢をいろいろ考えてみよう。まず、彼女は分別のある決定ができないから、きちんと判断できるようになるまで厳しく監督する必要がある、と結論することもできる。だが、一般的にこのやり方はうまくいかない。というのも、私立探偵を雇いでもしなければ、子供の非行を完全に知ることはできないからだ。ティーンエイジャーを毎日朝から晩まで監視することはむずかしい。
そこで子供には、一、二カ月、パーティに行くことを禁じながら、経験から学ぶ力があると信じていることを伝えてもらいたい。彼女の健康が心配だと知らせ、過度の飲酒が発達中の脳に与える影響についての記事や、ユーチューブの動画を見せる。親が人生のあらゆる危険から子供を守ることはできないのを思い出させよう。したくないことをさせられると感じたら、いつでも車で迎えにいけるし、タクシーやウーバー〔配車サービス〕を向かわせてもいいと伝える。しかし、あの夜愚かな判断をしたから信用できないというメッセージを送ってはいけない。失敗から学ぶことを支援するのだ。
そして、ここからが本当にむずかしいところである。もし彼女が同じことをしてしまったら？　愚かな決定をしつづける子供はどうすればいい？　信じられないかもしれないが、それはまれなケースだ。子供には「充分な情報にもとづいた」決定をさせ、それがあまりに常識はずれなときだけ親が覆す――私たちが望むのはこれだけだ。だが、もし子供がまちがった決定をくり返すなら、事態を改善するために、親の支援のもとで判断の訓練をすることがいっそう重要になる。
ただし、頻繁な薬物摂取のようにリスクの高い行動が問題なら、すべてを白紙に戻して親が介入しなければならないことを憶えておいてほしい。それを除けば、ほとんどの判断の失敗に対して、テレビ司会者のフィル博士の質問、「それはあなたにどんな意味がある？」を思い出し、次回によりよい決定をするための方法を検討しよう。

「子供の不品行をきつく叱っているとは思いません。厳しくしなければ、あやまちを見逃された子供がまちがった教訓を得てしまいます」

これはかならずしも事実ではない。子供が世の中で正しい行動を学ぶには、失敗するたびにネガティブな結果を示される必要はない。ビルは娘が六歳のときに、託児所のプログラムに参加したことを忘れない。帰る時間に娘は片づけをするのを嫌がった。ビルは、責任を果たすことが大切な理由を論理的に説明して、片づけさせようとした。次に、片づけるまで家に帰れないと娘に告げた。七、八分、膠着状態が続き、ボランティアの親のひとりが、「ビル、あんたの負けだ」と言った。ビルはしかたなくおもちゃを片づけ、娘を連れて帰った。しつけはいつも思いどおりにいくわけではない。

「息子が本当に愚かな決断をしたら、人生を棒に振ってしまいます」

二一歳の若者がビルのオフィスに来て、八年生のときに（または高校で）愚かな決断をしたせいで人生が台なしになり、すべての可能性は閉ざされてしまったなどと言ったら、ビルはこう答えるだろう。「そんなことは乗り越えられる。人生を築く可能性がまだいくらでもあるんだから」。一見克服できない失敗でパニックに陥っている子供と、うろたえている両親に、ビルが示す仮説である。

この問題は、そもそも前提が怪しい――人生は終わりまで一直線のレースだという前提だ。これはまったく正しくない。子供の心と体の発達のスピードはそれぞれ異なり、ほかのあらゆる発達についても同じことが言える。

たとえばモリーは、頭はいいものの、高校までかなり過保護に育てられ、大学で初めて自由の楽しさを知った。前期はひどい成績で、両親から、成績が上がらなければ授業料を払わないと宣告された。その半年のGPAの損失を取り戻そうと、モリーは大学の残りの三年半、必死に勉強した。それは容易ではなく、楽しくもなかった。医科大学の入学の面接では、一年前期のひどい成績についてくり返し質問された。彼女は、少しレールからはずれてしまったけれど、瀬戸際から苦労してやり直せたことが誇らしい、と強調し、あれは人格形成にもっとも有益な体験だったと語った。いまは何ができるかわかっている、と。ご想像どおり、彼女はすぐれた医科大学に入学した。

壊滅的に思えるつまずきも、じつはちょっとした波風にすぎないことが多い。親は、「いま行きづまれば、この先ずっと遅れをとる」などと心配しがちだが、それは事実ではない。子供の脳の大部分は年齢とともに発達する。親が助けてやれるあいだ、ときどき行きづまりを感じることも成長には必要なのだ。

「強制しないと何もせず、どこにも行こうとしない子はどうすればいいでしょう。夏休みのあいだじゅう、家でゲームばかりしているティーンエイジャーは？」

経営コンサルタントのスティーブン・R・コヴィーの有名なことばがある——「まず理解に徹し、そして理解されよ」（聖フランシスコの有名な平和の祈りの言い換え）。子供の抵抗の裏にあるものを理解するために、質問してみよう。彼女は出かけるより家のまわりで静かにすごすのが好きなのか。「目新しさ」や「予測不可能性」を経験するのが不安で抵抗しているのだろうか（第1章のN・U・T・SのNとU）。本当は何が不安なのか聞き出すのだ。
ただそれは、彼女の思いどおりにするという意味ではない。親としては、ぜひとも家族でハイキングに行きたい、みんなでいっしょにすごしたいと思っているかもしれない。要するに、彼女の不安に対処しながら、どうしてそのように考えるのか理解し、可能なら譲歩するのだ。ひとつの健全なやり方である。
そして、こういうふうに言うのも親の権利だ。「あなたが夏じゅう何もせずに座っていたら、私はひどい親みたいな気がする。いい親だったら、そんなことはさせない。だから決めてほしいの。ひとつでもいいから、課外活動をしてほしい。意見を出し合いましょう」

「わが家では信仰がとても大切です。子供たちが確実に私たちの信仰と宗教上の習慣を受け継ぎ、かつ強

い『コントロール感』を養うにはどうすればいいでしょう」

私たちの経験では、たいていの子が親のあとについていく。たとえ宗教が好きでなくても、いつも家族でいっしょに行くなら、大喧嘩をしてまで教会やシナゴーグ、モスクを拒む子供は少なく、やがておおむね親の信仰を当然のことと考えるようになる。こうしてポジティブな宗教的価値観を形成し、「わが家はこの信仰と習慣を守っている」という態度をとることは、まったく適切な出発点だ。もし子供が宗教の教えや基本的な信仰に疑問を持ったら、できるだけ誠実に答えるべきだ。子供が教会やシナゴーグに行くのを嫌がったら、その意見を尊重し、互いに心地よい解決策が見つかるように協力しよう。

「うちの子はすぐれたアスリートですが、スポーツを続けたがらず、そのせいで大学の選択の幅が狭くなりそうです」

まず、子供がスポーツをすることがなぜ重要なのか考えよう。ほかの大学に行かせる金銭的余裕がないから？　だとしたら、協力して問題を解決しよう。そのスポーツを続けることの利点と、家計上、通える大学の選択肢が広がることを説明する。本人も働きながら大学に通わなくてすむかもしれない。悪い点は、彼がそのスポーツを楽しんでいないことと、学業以外の時間をすべてそれに振り向けなければならないこと。どちらがいいか、いっしょに検討したうえで、本人に決めさせよう。
金銭的な問題でない場合、なぜスポーツが重要なのか自問してみる。理由が本人のためでないなら、結局彼のためにはならない。親はしばしば「シザーハンズ」になって、子供を木のように刈りこもうとする。しかし、子供は育ちはじめたばかりで、実際にはどんな種類の木なのかさえわからない。彼はスポーツの木ではないのかもしれない。

「心配性で決定を嫌がる完璧主義の子はどうすればいいですか？」

長年ビルは、まちがった決定をすることを怖れて、決定の責任を引き受けたがらない児童やティーンエイジャーを数多く見てきた。そういうときには親たちに、子供にこう伝えるよう助言する。「きみが大きくなったら、自信を持って決定できるようになってほしい。けれど、いまそうするのが不安だというのはわかるから、きみのために喜んで決定しよう。でも、そのまえに教えてほしい。もし自分で決めるとしたら、最善の道は何だと思う？」。子供に正しい決定をさせるのは長期的な目標だ。準備が整うまえに強制する必要はない。

「良い点と悪い点を話しているときに、理性的に考えようとしない子はどうしたらいいでしょう」

もう一度言うが、子供には、充分な情報にもとづいて分別のある決断をしてほしい。関連する重要な情報を子供が考慮しないなら、決定させないほうがいい。

「前頭前皮質が未成熟なADHDの子供についてはどうですか？　あるいは、ほかの障害や問題を持っている子供は？」

いくら親が望んでも、つねに本人の意思に反して子供を守りつづけることはできない。ビルは、二四歳の女性の親と話をした。彼女は全日制のコミュニティ・カレッジで五年目を終えたところだが、まだ二五単位も取得していなかった。ADHDと情緒不安定を併発していることが原因らしく、両親は当然ながら、娘の人生のかなりの部分をコントロールし、さまざまな方法で娘を彼女自身の行動から守ろうとしてきた。

ビルは、娘の人生における彼らの役割について、考えを改めてはどうだろうと提案した。

「私たちが一歩引いたときに、確実に前進したいと娘に思わせるには、どうすればいいでしょう」と両親は尋ねた。「もしあの子ががっかりして、前向きな行動をとらなかったら？」

ビルは、親のほうから、子供がやりたくないことをやりたいと思わせたり、無理にやらせたりはできないと念を押した。子供の人生の成功に親が責任を負うこともできない、と。親の仕事は、子供を支援し、共感を示し、必要なら制限を設け、自分に自信を持つ模範になることなのだ。

「現実の世界では、子供が自分のことをすべて決定するわけではありません。しろと言われたことを、責任を持ってする態度も教える必要があるのでは？」

そのとおり。子供が（大人も）自分のことを決定できない状況は少なくない。しかし、この問題は次のように考えるべきだ。できるだけ子供に選択肢を与えていれば、権威を受け入れる必要が生じたときにも、受け入れやすくなるのだ。

「要するに、すべてが交渉になるということではありませんか？　子供を黙ってしたがわせたいときもあります」

よくわかる。親は忙しい。朝食をつくって、家族を時間どおりに送り出さなければならないときに、一二歳の子と協力して問題解決をしたり、雨の日にサンダルをはくことの是非を論じたりはしたくないだろう。

憶えておいてほしい。概して交渉は、子供が物事の進め方を知るすばらしい手段である。自分のために主張することを学び、そのスキルを現実の世界でも生かしてほしい。もし親に「勝つ」ことができなければ、その経験は内部化される。自分の意見は聞いてもらえないと思いこみ、こそこそして、嘘をつき、欲しいものを手に入れるために不正を働き、権威者に言い返すことをあきらめてしまうかもしれない。信頼されるためには、話を聞いていることを子供に示さなければならない。子供の主張に説得力があったら、親として譲るところは譲り、考え抜いた議論をする価値はあるのだと理解させよう。

また、こう言ってもかまわない。「すごい交渉力ね。あなたがいま自然にやっていることで大金を稼ぐ人もいる。でも、ときどき私は疲れてしまうの。とくに時間に追われていたり、やることが次々とあるときなんかは。そんなときには、議論しないで流れにしたがってくれるとうれしい。そうしてくれたら、朝のドタバタも減るし、協力してくれたことに感謝するから」

今晩すること

- 子供にこう言ってみよう。「きみのことは、きみがいちばんよく知っている。きみが自分のことをどう感じているかは、誰にもわからないのだから」

- 以前に子供のためにした選択を、子供自身にやらせてみるか、意見を聞いてみよう（もし子供がまだ小さいなら、「この方法でする？　それともあの方法でする？」と訊いてもいい）。
- 必要な家庭の仕事と分担について、問題解決のための家族会議をしよう。子供に選択肢を与える。夕食の皿洗いと犬の散歩はどちらがいい？　トイレ掃除とゴミ出しは？　土曜か水曜か？　朝か夜か？　つねに計画にしたがうが、計画自体は子供に立てさせること。
- 子供が担当したいことのリストをつくり、そのうちのいくつかの責任を親から子に譲る計画を立てよう。
- 生活でうまくいっていないことがあるか（日々の宿題、就寝時間、電子機器の管理）、そしてそれを解決するために名案はないか、子供に訊いてみる。
- 親は子供のためと思っているが、子供はそう思っていない決定の費用対効果を分析する。
- 親がした決定で、思い返すと最善ではなかったことと、そこからどう学んで成長したかについて、話してみよう。
●話をして、子供が善良な心を持っていることを指摘する。子供がすぐれた決定をしたり、強く感じていたことが正しいとわかったりしたときを振り返る。本人がその気になったら、子供が自分のためにしてうまくいった決定のリストをいっしょにつくる。
●ティーンエイジャーには、大学に行くまえに自分の人生を自分で決める訓練をたくさんして、決定できるようになってほしいと伝える。
●論理的で自然な結果を重視する。家族のルールや方針（平日はゲーム禁止など）についてもっと頻繁に話し合うために、家族会議を積極的に開く。

第4章 「不安のない存在」になる

——親子の「コントロール感」を高める方法

初めて車を運転した日のことを憶えているだろうか。少し怖かったが、爽快だったはずだ。車の運転は、歩くことを学びはじめて以来、一回で一〇年分以上の価値がある全能感の頂点である。初めて自分の足で歩いていると認識した幼児について考えてみよう。突然あらゆる場所で、不安定ではあるが、思うがままに競走しはじめる。あるいは、自転車に乗ってひとりで漫画を買いにいくことを許された一〇歳の子供はどうだろう。町全体が自分のものになった気がする。ティーンエイジャーが初めて運転を学べば、気分はレーシングドライバーのマリオ・アンドレッティ。道路は、走りだした彼のものだ。

では、こうした瞬間を親の視点から見てみよう。幼児があらゆるところで競走しはじめると、親は階段をバリケードでふさぎ、バルコニーに非常線を張って、それまで以上に気を配らなければならない。一〇歳の子が自転車で買い物に出かけるときには、イライラしながら窓から首を伸ばし、あとを追わないように懸命に自分を抑えるかもしれない。運転免許を取ったばかりの子供の母親は、映画『テルマ&ルイーズ』のシーンを思い浮かべ、子供が崖から飛び出そうとしているのに何もできないところを想像するのではないか。

親の心配性はいまに始まったことではない。子供ができて以来、子供のことを心配してきたが、以前よりいまのほうがひどくなっているようだ。なぜか？　ひとつには、以前より多くの情報があるせいだ。昔の親は起きているあいだずっと子供のことを把握できなくてもよかった。しかしいまは子供のあらゆる行動を知ることがほとんど義務と化している。一流の社会学者で『アメリカは恐怖に踊る』（草思社）の著者バリー・グラスナーは、「ほとんどのアメリカ人は人類史上もっとも安全な時代に、もっとも安全な場所で生きている」と結論づけたが、とてもそのようには感じられない。なぜなら、誘拐、薬物過剰摂取、異常犯罪といった怖ろしい話が、年中無休のニュースやソーシャルメディアを通して次から次へと押し寄せ、それらを日常茶飯事のように見聞きしてしまうからだ。[1]これが訴訟好きな文化と結びついて、「危険」という概念が劇的に変わってしまった。六歳の子に木登りをさせたら注意が足りない親だと思われ、八歳の子を徒歩で登校させせたら育児放棄と見なされる。

親たちも変わった。つまるところ、かつてのように自分たちの生存の心配がなくなったので、子供の心配ができるようになった。私たちの曽祖父母の恐怖は、ポリオやコレラのような病気、旱魃、世界大戦、大不況などだった。ジミー・ジュニアが平均以下の成績で志望大学に入学できるのか、なぜ彼がスージーの誕生日パーティに呼ばれなかったのかといったことを心配する余地はあまりなかった。多くの家庭はいまだに食べ物の心配をしなければならないが、充分な食べ物がある家庭にも、夜眠れなくなるほどの心配事がある。

親の不安は子供に染みこむ。子供に完璧な親は必要ないとはいえ、親が「不安のない存在」であれば、子供は多くの恩恵を受ける。過度のストレスや不安、怒り、疲れを感じていない親は、はるかにうまく幼児を安心させ、子供の問題行動に対処し、ことばや行動で傷つけずに未成熟なティーンエイジャーを指導することができる。子供に対して不安のない存在になれれば、怖がらせたりしなくても、言いたいことを伝えられる。その証拠に、最近の研究では、子供に愛情を示すこと以上に、親自身のストレスを管理することが、効果的な子育てにいちばん重要であることがわかっている。[2] 一年生の子供を持つある母親は、家庭教師をつけるかどうか話し合うたびに叫んでいたので、子供が言った。「お母さん、話し合うまえに落ち着いて」

これに困惑するのはわかる。子供にもっと人生のコントロールを与えよと助言して、親をコンフォートゾーンから追い出しておいて、今度は、それでひどく不安になるだろうから冷静になれと言っているのだ。親をいじめているように思われてもしかたがない。だが、前進する方法やツールを示さずに読者を放っておくつもりはない。この章では、不安のない存在がなぜ重要なのかを理解してもらうだけでなく、そうなる方法も示すつもりだ。ひと言で言えば、「見せかけは通用しない」。

不安のトリクルダウン

まず悪い知らせから。不安は家族間で伝染する。不安障害の親の子供の半数が、同様の症状を訴える。親が不安障害になると、治療しても子供に伝わると思うかもしれない。

かならずしもそうではない。不安に対する子供の感受性はさまざまだ。ある子供は不安に悩まされず、「タンポポ型」と呼ばれる。タンポポのように環境にあまり左右されないからだ。別の子供は「ラン型」と呼ばれ、環境に対して非常に強い生物学的な感受性を示す。とくに育て方の影響を受け、落ち着いて熱心な親のもとではすくすく育ち、緊張した親のもとでは苦労する。ラン型の子育てには、ポジティブな面とネガティブな面がある。感受性の強い子はネガティブな環境の影響を受けやすいが、穏やかで愛情に満ちた環境では健康に育つのだ[3]。

親の不安が子供に伝わる方法のひとつに、「エピジェネティクス」と呼ばれるものがある。まだほんの一部しか解明されていない遺伝学の新しい研究分野だ。エピジェネティクスとは、DNA配列の変化はないのに、経験が特定の遺伝子の機能をオンまたはオフにして、形質に影響を与えることを言う。つまり、子供がある遺伝的素因を持って生まれても、うつや不安を発症する特定の遺伝子は、経験によって「オンになる」のだ。

こうした問題のある遺伝子が「オンになる」のはじつに簡単であり、少なくともふたつの原因が考えられる。

1　セカンドハンド・ストレス

そこにいるだけで他人を緊張させるタイプの人がいる。大人の場合、威圧的な上司や完璧主義の親戚、つねにパニック状態の同僚などがこれにあたるだろう。小学生やティーンエイジャーの場合には、厳格な教師、課題のすべてに苛立つ友人、あるいは、親かもしれない。

ストレスは感情のウイルスのように伝染する。馬鹿げて聞こえるかもしれないが、「ストレス伝染」と呼ばれ、科学的な証拠もかなりある。風邪や伝染病のように、ストレスはまわりのすべての人に作用し、感染しながら集団に広がっていく。ストレスに感染したオフィスで働き、つねにストレスでイライラしているたったひとりの影響力の大きさを感じた経験は、誰しもあるだろう。家族のひとりの不安は、家族全員が緊張状態になるまで広がっていくことを、みな知っている[4]。

いわゆる「セカンドハンド・ストレス」は、自分自身のストレス以上に長くとどまる。「コントロール感」のレンズを通して見ると、そのことがよくわかる。ストレスは、出来事や自分の暮らす環境に「コントロール感」があまり得られないときに、いちばん生じやすい。そして、「コントロール感」が少なければ少ないほど、ストレスは大きい。

もしあなたの姉が、腕のほくろをがんかもしれないと考えたら、当然ながら心配だ。とはいえ、あなた自身の恐怖を抑えるために、彼女を無理やり皮膚科医に連れていき、生体検査を受けさせることはできない。お姉さんのストレスは大きいが、少なくとも部分的に自分でコントロールできる。一方、あなたは自分のストレスを和らげることができない。

赤ん坊は子宮にいるときから環境に影響され、母親のストレスに敏感に反応する。その時期から生後数年にかけて、親が強いストレスを感じていると、子供の遺伝子は、インスリンの産生や脳の発達にかかわる遺伝子も含めて影響を受ける。ストレスは、「メチル化」と呼ばれる過程によって、胎児や幼児の遺伝子の発現に影響する。ある化学物質（「メチル基」と呼ばれる）が、ストレス反応を「オフ」にしているはずの遺伝子を「オン」の状態で「固定する」のだ。[5] 遺伝子の発現の変化は青年期まで続くこともある。[6]

胎児期と生後一年間のストレスは、脳の発達にもっとも決定的な影響を持つが、最近の研究では、セカンドハンド・ストレスが長く持続することが示された。たとえば、親が算数に不安を抱いている場合、子供も算数に不安を覚えやすいが、それは親がたびたび宿題を手伝ったときにかぎられる。[7] 言い換えると、算数に不安を感じる親は、子供の宿題を手伝わないほうがよさそうだ。逆も真なりで、子供が興奮しているると、親の扁桃体も反応し、落ち着かせるのがいっそうむずかしくなる。だから多くの親は、癇癪を起こした子供に怒鳴り散らすのだ。皮肉であり、しばしば滑稽でもある。

どうしてこんなことになるのだろうか。どこで、どうやってウイルスを拾ってしまうのだろうか。

まず、第1章で述べたように、扁桃体は脅威を察知し、他者の不安、恐怖、苛立ちを拾い上げる。ストレスにさらされた人の汗のにおいに含まれる恐怖や不安さえ感じ取るのだ。第二に、脳の操縦士である前頭前皮質には、ミラー・ニューロンと呼ばれるものが含まれる。名前が示すとおり、ミラー・ニューロンは見ている対象を模倣する。共感のような感情にとって重要と考えられるゆえんだ（自閉症の人は、このニューロンの働きが不規則で、他者を模倣するのがむずかしい）。ミラー・ニューロンは、子供が観察を通して学ぶのに役立つが、同時に親の不安も拾ってしまう。文字どおり、見ているものを映すその機能は、幼児のころから働きだす。親がストレスを感じていると、赤ん坊は、親が落ち着いて自信に満ちているときよりも泣いて大騒ぎする。

　子供から不安を隠すことができると思ったら大まちがいだ。心理学者のポール・エクマンは、人の顔の何千種類もの表情を識別、分類することをライフワークにした。自分がどう感じているかを意図的に示す表情が多くある一方で、感情を分け合いたいか、そうでないかの信号を無意識に送る表情もある。

　マルコム・グラッドウェルによるインタビューで、エクマンは説明した。「誰かがあなたの表情についてコメントしたとき、自分ではそんな表情をしているつもりはなかったという経験があるでしょう……たとえば、『何をそんなに怒ってるの?』とか、『どうしてにやにやしてるの?』とか」。エクマンの指摘は、当たりまえと言えば当たりまえだ。つまり、自分の声を聞くことはできても、表情を見ることはできない。「もし自分の表情を知ることができたら、もっとうまく隠せるでしょうね[8]」

　知られたくないと親が思っても、子供は親の感情を知っている。そして、親が感情を投影していると思っていなくても、子供はそれをそのまま受け取り、同じように感じはじめる。そうなる理由のひとつは、見ているものを正しく解釈することがとりわけ苦手だからだ。

　大人であれば、機嫌の悪い夫と夜いっしょにすごしても、「機嫌は悪いけど、私に怒ってるわけじゃない。そっとしておこう」と考えるが、子供は、「お父さんの機嫌が悪いのは、きっとぼくが悪いことをしたせいだ。父さんはぼくに腹を立ててる」と考えがちだ。そのようにストレスを感じると、未完成の解釈能力がさらに混乱を来す。子供はすぐれた観察者だが、解釈は不得手なのだ。たとえば、ネッドの娘のケイティは、近くに怒っている人がいると、かならず彼女に対して怒っていると感じる。ケイティは典型的なラン型の子供だ。
人の成熟の多くは、感情の自己調節に表れる。自分が何をし、何に責任を負っているかを、前頭前皮質が意識するのだ。大人は自制することができるが、子供には、脅威を察知したとき（たとえば、父親がストレスを感じて不機嫌なとき）に、「たいしたことじゃない。乱気流はすぐ去る。しばらく別の高度で飛ぼう」と命じる熟練の「操縦士」がいない。その代わりにパニックになり、扁桃体が優勢になって、自分もストレスで不機嫌になる。これが頻繁に起きると、扁桃体は肥大して、さらに反応しやすくなる。神経科学者のロバート・サポルスキーによれば、ストレスが長時間続くと、扁桃体はどんどん「ヒステリック」になるのだ。[9]
誰かのことばが明らかに感情と一致していないのがわかるときの認知不協和を想像してみてほしい。親としてしっかり注意を払っていれば、子供が本当は具合が悪いのに「だいじょうぶ」と言ったときに、決して見逃さない。だから子供に対しても、感じていることとは別のことを言うときには、相当の注意が必要だ。子供にくわしく話しすぎて、まだ彼らが扱いきれない感情を押しつけてしまう心配はあるが、親が言おうと言うまいと、子供には親の感情や怖れ、不安、疑念を読み取る能力があることを忘れてはいけない。そこで説明がないと、人は勝手に話をつくるものであり、子供の場合、そのシナリオは事実より憂慮すべきものになることが多い。
ネッドのところに通う子供の母親が、がんと診断された。親は子供に知らせないでほしいとネッドに言った。一六歳で心配性の娘のアイシェを、これまでどおり支援できなくなりそうだったからだ。母親は治療に行かなければならず、父親は母親を支え、アイシェの妹の世話をしながら、母親がしばらくできなくなる役割も引き受けることになる。「でもアイシェには言わないでください」と両親は言った。「娘には心配させたくない」

ネッドはしばらく考え、アイシェは彼らの心配を察しているかもしれないと指摘した。アイシェはずっと両親の顔色をうかがって生きてきた。知り尽くしているその領域によからぬ変化が起きたとき、気づかないなどということがあるだろうか。もし悪いことが起きていると感じているのに、親がまったく問題ないと言い張ったら、アイシェはどう思うだろう。離婚が迫っている？　私に腹を立てている？　推測するのはむずかしい。

最終的に、両親は病気のことをアイシェに教えた。何が起きているのかわかり、治療方法も理解したことで、アイシェの不安と疑念は和らいだ。同時に、彼女は進んで行動するようになった。家事の分担を増やし、親の都合がつかないときには、妹を車でサッカーの練習に送って、両親を助けたのだ。いまは小康状態を保っているものの、がんはまだ予断を許さず、つねに彼らの生活の一部となり、不安がつきまとうだろう。しかし、親が正直に話し、娘が知ったことは、家族全員のためになった。両親が胸に秘める真実と、子供に知らせる真実という、ふたつの真実を持たなかったことで、家族はミラー・ニューロンのレベルまで同調した。

私の娘が一歳をすぎたころ、家族でシカゴの友人を訪ね、帰りの飛行機で、夏の旅行者をよく苦しめる滑走路前での地上待機命令に捕まった。私たちと同じく、娘もその状況を楽しんでおらず、たいていの幼児のように不満をあらわにした。それは、だんだん暑くなる機内で二時間半をすごした二〇〇人ほどの幸運な人々にとって、プラスの体験にはならなかった。いまも忘れられないのは、娘が騒ぐことで感じた大きなストレスと、わが子をおとなしくさせることができない「ありがちな家族」になってしまったという困惑だ。

私は絶望的な気持ちで娘をあやそうとしたが、無理だった。私自身もストレスを感じていたからだ。「機内の気圧が下がった場合には、ご自身のマスクをつけてからお子さまの手伝いをしてあげてください」と案内されるが、それはストレスにも言える。機内（あるいは、学校や人生）の気圧が下がったら、自分のストレスに対処してからほかの人を手伝うべきなのだ。

――ネッド

2 行動

子供の不安遺伝子をうっかり「オン」にしてしまう二番目の原因は、親の行動である。たとえば、親の不安が社会変種にかかわるもの（きわめて一般的な不安の形態）だったとしよう。まわりにいる人々から綿密に調べられ、ネガティブに評価されるのではないかという不安だ。ジョンズ・ホプキンズ大学の研究により、この種の不安に苦しむ親は、不安の少ない親よりも、温かく愛情に満ちたコミュニケーションがむずかしく、批判的で、総じて子供の能力に疑念を示す傾向が強いことがわかった。支配的で、自主性をあまり認めない傾向もある。これらは子供の不安を増やすことで知られる行動だ[10]。

身に覚えがあるとしても、克服できないという話ではない。特定の行動が、望ましくない遺伝子を「オン」にするのだから、その行動を避ければそれらの遺伝子の活動は阻止できる。ジョンズ・ホプキンズ大学では、不安障害のリスクが高いと判断した子供を対象に研究をおこなった。ひとつのグループは、家族向けのセラピーを受けた。不安を持つ親から子への影響など、子供と親の不安を引き起こす要因を減らすことに焦点を当てた介入プログラムである。翌年、介入グループで不安障害を発症した子はわずか九パーセントだったが、不安を管理する書面の指示のみを与えられた家族の子供では二一パーセント、セラピーも書面の指示もなかった家庭の子供では三〇パーセントだった。

二〇一六年の研究でも同じ結果が再現された。ただし、このとき不安障害を発症した子供は、介入グループで五パーセント、対照グループでは三一パーセントだった[11]。

親が手に余る不安を抱えている場合には注意が必要だ。その不安によって、適切な時期に子供にコントロールを譲ることがむずかしくなるからだ。その結果、子供は反抗的になりやすく、それで不安になった親はさらにコントロールを増やし、子供はいっそう反抗して……負のフィードバックの連鎖がわかるだろうか。本書でもツールをいくつか提供するが、同時に、不安に苦しむ親には、セラピストと話し合うことを勧める。負のフィードバックの連鎖を避け、潜在的な不安の原因を取り除くために、心の健康を保つ方法がいくつかある。

科学的な話はここまで。今度は常識から考えてみよう。親が子供を心配すると、子供の自信が損なわれる。ビルは最近、一六歳のロバートという社会不安障害の少年を診察した。ロバートに社会生活について尋ねると、友人といっしょにやって楽しいことをいくつかあげた。また、家族といて楽しいことも多いと答えた。だがすぐに、ときどき彼らから「逃げたく」なるとつけ加えた。

ロバート　母さんはいつもぼくのことを心配しています。何か悪いことをするかもしれないって。ある夜、居場所を伝えなかったら、本当に心配しました。父さんは、「楽しむのはいいが、逮捕されるなよ」と言っただけでした。
ビル　お母さんがそんなふうに心配するようになったのは、いつからかな？
ロバート　けっこうまえからです。去年、ぼくのほうからちょっと避けようとしたときまで気づかなかったけど。ぼくがもっと小さかったときには、ほかの子と仲よくやっているか確かめるために、教室の近くまでよく歩いてきたそうです。
ビル　それはいつごろ？
ロバート　四年生から六年生にかけて。
ビル　それを聞いて、きみはどう思った？
ロバート　(肩をすくめて) ぼくが内気でほかの子とときどきうまくいかなくても、母さんがつねに心配する必要はありませんよね。
ビル　お母さんとは良好な関係だと思うかな？
ロバート　ぼくのことにかかりきりになっていないときには、良好だと思います。

ビルは両親ともこのような話し合いをした。ロバートの問題を話すと、かならず母親か父親が涙を流して、「ただあの子に、自分はよくやっていると感じてほしいだけなんです」と言う。ビルは、ティッシュペーパーを渡して相手の気持ちが落ち着くのを待ってから言う。「親がやたらと心配しているのに、ロバート（あるいはティムでも、エドワードでも）によくやっていると感じさせるのは至難の業です」

これは常識だ。親が子供のありのままの姿を受け入れられないときに、どうして彼らがありのままの自分を受け入れられる？

落ち着きは伝染する

子供は、親のストレスをまねるように、親の落ち着きをまねることもできる。いつも幸せのオーラを放っている穏やかな人々に心当たりはないだろうか。彼らはまわりの世界の混乱を受け入れつつ、「コントロール感」を保つことができる。こちらの気持ちを落ち着かせてくれるから、危機に陥ったときには電話で相談したいし、イライラしているときにはそばにいてほしい。説教もせず、とくに何かをするわけでもないのに、まわりの人たちと静かに、自信を持って話し合うことで、相手に自分と同じようなバランス感覚をもたらす人たちだ。

私たち自身も、多くのクライアントにとって、そういう「不安のない存在」だ。たまに、自分たちは映画『グリーンマイル』でマイケル・クラーク・ダンカンが演じた男のようだと思うことがある。ただし、他人のがんを吸い出す代わりに、ストレスを取り除くのだが。「こちらにまかせなさい。なんとかする。もうあなたにそれは必要ない」と言っているかのようだ。

最近、ある母親から、私たちの講演を欠かさず見にくるという話を聞いた。なぜなら、絶えず子供の心配をしたり、うるさく口を出したりしなくてもだいじょうぶ、というメッセージを毎回受け取るからだそうだ。そして彼女の場合には、少なくともしばらく落ち着きと自信を保つことができる。別の親はビルに言った。「前回あなたと話をしてオフィスから出たとき、私はとても穏やかな気持ちでした。娘の人生をとても前向きに考えることができて。でも、一時間もしないうちに娘の同級生の親と話して、不安のレベルがまた跳ね上がってしまいました」

ネッドが生徒と親を落ち着かせる効果は測定可能だ。指導する生徒の成績をまめに記録しているわけではないが、全国共通テストで数百点上がることもまれではない。ネッドの生徒はもちろん数学や語彙を学ぶけれども、少しばかりの数学のテクニックや、新しい単語のリストを憶えるだけで、成績が大幅に向上するとは誰も思わない。すでにほかの授業を受け、参考書を読み、試験対策をしてきた子供が、なぜネッドの数回の授業でそれほど点数を上げることができるのだろうか。

ネッドのオフィスで彼と向かい合って座る子供たちの家庭環境はさまざまだ。親から溺愛されている子もいれば、仕事中毒の親を持つ子もいる。心配性のヘリコプター・ペアレントの子も、親がまったく家にいない子も。しかし、家でどんな種類や性質の注意を払われていようと、彼らはネッドの「不安のない存在」からつねに恩恵を受けている。その副次効果として、点数が上昇しているのだ。

生徒たちはつねづねネッドに、「テストのときにいっしょに教室にいてくれたら、それだけでうまくできるのに」と言う。まさかそんな馬鹿な話が？　ネッドが同じ部屋に座って、靴ひもを眺めたり親指をいじったりしているだけで、どうしてピタゴラスの定理やむずかしい単語の意味を思い出す役に立つのだろう。

　しかし、彼はその提案を試してみることにした。子供たちに模擬テストの一部を与え、彼らがそれを受けているあいだ、ネッドは穏やかに机の向かい側に座っている。それから別のテストを配り、子供たちを静かな部屋に残して退出する。最後に子供たちは、ほかの誰かが爪先をトントン鳴らしたり、目に見えるほどに頭を悩ませたりする現実的な環境で、模擬テストを受ける。子供たちが最高の状態だったのはいつか？　もちろん、ネッドがいたときだ。彼らは穏やかな気持ちで、ネッドに吹きこまれた自信を思い出し、習った内容もたやすく思い浮かべる。ネッドが去ると、頼るものがなくなって、自分のネガティブな考えが手に負えなくなる。事態は悪化する。そこにほかの子たち、つまり他者の不安が加わると、ストレスは子供から子供へどんどん大きくなりながら疫病のように広がる。

「不安のない存在」という用語はすばらしいが、私たちが考えたわけではない。このことばは、ユダヤ教の指導者であり、複雑系の研究家にしてコンサルタントでもあったエドウィン・フリードマンによってつくられた[12]。フリードマンは、私たちがつねに不安で敏感な社会に暮らしていると考えた。そこには、「不安のない存在」となって家族や学校や組織を導く人はほとんどいない。リーダーが自分に誠実で、過度に心配したり悩んだりしていないとき、つまり過度の不安や怖れを人に伝えないとき、集団は最高の仕事をする、とフリードマンは主張する。これは家族にも、宗教組織や大企業にも当てはまる。

　科学者たちは彼を支持する。「余裕のカリフォルニア・ラット」（母ラットから引き離されたあと、戻されて、毛づくろいされる）を憶えているだろうか。のちに同じ研究者たちが、ラットの穏やかな子育てと不安に満ちた子育てを比較して、子の発育への影響を調べた。すると、ストレスレベルの低い母ラットは、長いあいだ子供をなめ、毛づくろいしてすごすことがわかった。そうしたラットに育てられた子供は、そうでない子より穏やかで好奇心旺盛だった。なぜだろう。母ラットの愛情が大きかったから？　それも理由のひとつかもしれないが、私たちを含むこの分野の研究者は、世界が安全で、まわりに興味を持って自由に動きまわっていいという感覚を母ラットが伝えたからだ、と信じている。それはまた、ラットの子のストレス制御に関する遺伝子を変化させていた。

穏やかな母ラットの赤ん坊ラットが穏やかになるのは、遺伝子の問題ではなかったのだ。あまり子供をなめない母ラットの産んだ子たちを、よくなめる母ラットに育てさせると、遺伝学的には不安になりやすい子たちも穏やかになる[13]。

こうした母ラットがしていることは、本書で主張しているように、家を「安全な基地」にすることだ。喧嘩や不安やプレッシャーと無縁の穏やかな空間である家は、子供に必要な再生の場となる。子供が外の世界に出て、不安に満ちた社会の動きや学校のストレスにうまく対応し、選抜試験やオーディションに挑戦することができるのも、その日の終わりに回復するための安全な場所があることがわかっているからだ。

家を安全な基地にすると、子供の人生は親のものではないこと、子供の問題はあくまで子供の問題であり、親の問題ではないことを思い出すきっかけにもなる。この視点は、心が穏やかなときに受け入れやすく、逆に、この視点を受け入れられると、心が穏やかになりやすい。親が穏やかなら、子供に不快なことを経験させ、自分で乗り越える方法を学ばせることができる。親があわてて割りこんで解決しなくても、苦しい感情を経験させることができる。親が穏やかなら、子供に力を与えすぎて大騒ぎすることもない。親が自分の幸せと子供の幸せを切り離すと（二一歳の子供が不幸で不安なときに、母親が幸せで心穏やかでもかまわないということを受け入れると）、子供に必要な支援をすることが容易になる。私たちはよく、非常に苦労している子を持つ親にこの点を強調する。彼らはたいてい子供の問題の原因ではないのに、家族ぐるみで反応してしまう。そうなると親の役割は、チーフ・コンサルタントから、心配する中心人物になることが多いのだ。

社会的支援がストレスを制御する重要な要素のひとつという、第1章の話を思い出そう。親が心配性で批判的だと、子供はこの社会的支援を感じない。それは不幸な二重の失敗である。親が子供を心配させ、子供を助ける役目も果たしていないのだ。

友人のローザが、産後すぐに支援グループに参加したときの話をしてくれた。その会では、参加者の女性全員が、自分の母親について、まねしたいこととそうでないことを話し合った。自分の番がまわってきたローザは、あらゆる愛情を注がれたことにとても感謝しているが、いつも母親がローザの人生にかかりきりだったので、母親を守るために距離を置くことを学んだ、と語った。すでにローザが乗り越えたことをいつまでも気にしているので、結果として支援の担い手になれなかった、と。たとえば、幼稚園でほかの子が遊んでくれなかったとローザが言うと、母親のほうが突然泣きだしたりしたのだ。

もちろん、親はその正反対にもなりうる。ローザの隣に座っていた新米ママが笑って言った。「私たちの母親は、いっしょにいたらちょうどバランスがとれるわ。うちの母はよくこう言った。『あなたを幼稚園に通わせているのは、友だちをつくるためじゃなくて、学ばせるためよ！』」

「不安のない存在」になる方法

見せかけではなく、本当に不安のない存在になるには、自分のストレスに対処できなければならない。誤解なきよう――親にも子供と同じくらい「コントロール感」が必要なのだ。そして、子供のためにそばにいすぎると、裏目に出ることもある。子供にとって不安のない存在になる仕事の多くは、親から始まる。それに役立ちそうなコツを、私たちの経験からいくつか説明しよう。

子供とすごす時間を楽しむことを、子育ての最優先事項にする

忙しすぎる競争社会では、基本的なことをすぐに忘れてしまうが、子供とともにすごす時間を楽しむことは、親にできる最高のことであり、子供のためにも、自分のためにもなる。いつも子供とすごす必要はないし、子育てがたいへんなときにたいへんではないと思いこむ必要もない。ただ、長い一日の始まりや終わりに、夢中で赤ん坊を見るひとときを想像してほしい。その赤ん坊になったところを考えてみよう。いつも誰かがあなたを見て、奇跡を目にしているかのように微笑んでいると、どのくらいうれしいか。

子供は、親が自分を見たときに幸せで顔を輝かせるのを見る喜びを味わわなければならない。この感情は、子供の自尊心と幸福感にとってきわめて重要で強力だ。ビルは、二〇代の困難なころの体験をまだ憶えている。数人の友人が、ビルを見るととても幸せになるといつも言っていた。四〇年もまえの話だが、

いまも彼の心に焼きついている。

この印象的な思い出は、ビルが子供や家族への心理療法を開始したときに、考えを形づくる役に立った。ビルは親たちに、子供との時間を楽しむことを最優先にするよう提案しはじめた。それによって子供は、喜びの源になる経験をするのだ。

ひとたび楽しむことを優先事項に定めたら、そこから根本に戻ろう。もし怒りがおさまらないせいで子供とすごすのを楽しめないのなら、怒りを取り除くことに集中する。仕事のプレッシャーが原因なら、リラックスの戦略と不安を最小にする認知的手法に集中する。夫婦間の不和のせいなら、夫婦で受けるセラピーを探す。子供の問題行動が原因なら、その行動を改善させるために専門家の力を借りる。社会的支援が充分得られていないせいだったら、もっと社会とかかわる。それとも、子供との時間を楽しめないのは、あまりにも多くの時間をいっしょにすごしているせいだろうか。親の人生の最終目標は、子供を気分よくさせることではないが、子供とすごすのを心から楽しめない理由に注意を向け、その原因を取り除く価値はある。

ビルは、仕事を始めたばかりのころ、「出だしでつまずいた」二一歳のエリックという若者の相談にのった。エリックは高校時代、学業と素行に問題があり、大学も二度退学になって、公正でまじめになるのに苦労していた。学校での問題と、一〇代のころいつも親と衝突していた話をくわしく聞いたあと、ビルは尋ねた。「高校時代に両親が何かちがうやり方をしていたら、きみの人生は楽になったと思うかい？」。エリックは、長いあいだ考えてから答えた。「両親がときどきぼくを見て幸せそうだったら、ちがっていたかもしれません」

未来を怖れない

親の不安のほぼすべては、自分であまりコントロールできない未来に関することだ。子供がどんなにつらい思いをしても、やがてうまくいくことが多いものですと説明すると、親の不安のレベルは劇的に下がる。子供がきちんとできないときに多大なストレスと苦痛をもたらすのは、「行きづまる恐怖」、わが子が抜け出すことのできない暗い場所に閉じこめられるのではないかという恐怖なのだ。

恐怖が兆したら、長期的な視点に立つことだ。人生はレースではないし、世界には遅咲きの人が大勢いる。成績のよくなかった子供が成功し、幸せになった例はいくらでもある。一〇代の子はいつまでもそのままではない。前頭前皮質は、青年期から成人早期にかけて急速に発達する。だからマーク・トウェインは、こう言った。「私が一四歳の少年だったとき、父はあまりにも無教養で、いっしょにいたくなかった。だが、二一歳になったとき、七年間で父がどれほど多くのことを学んだかに驚いた」

子供の多くは深刻な問題を抱えることなく、子供時代、思春期、青年期をすごす。たとえ問題があっても、めったに大事にはならない。慢性的に苦しむまれな集団にわが子が入ることを親がつねに心配していたら、たんに事態を悪化させるだけだ。

親自身のストレスをしっかり管理する

一九九〇年代後半におこなわれた調査で、児童とティーンエイジャーが何よりも望んでいたのは、親ともっと多くの時間をすごすことにも増して、親が幸せを感じ、ストレスを感じていないことだった。[14] しかもこれは、現代のようにスマートフォンが行き渡っておらず、生活のペースも異常に速くない時代のことだ。よく言われるように、「親は、もっとも幸せでないわが子と同じ程度しか幸せではない」。同じことは子供のほうからも言える。彼らは、怒鳴られたり、叱られたり、説教されたり、無視されたりしなくても、親のストレスと不幸を感じる。親が子供を心配すれば、子供も親を心配するのだ。

そこでまず、スピードを落とす練習をしよう。充分な睡眠をとること（ある夫妻は、息子の模範になるべく毎晩四時間しか眠らないとネッドに自慢したが、それは逆効果だ）。まだ経験したことがなければ、瞑想をすること。家族で超越瞑想を実践しているティーンエイジャーは、自分の体験として、「この瞑想法は心を穏やかにする。母さんも穏やかになった」と語った。彼の母親は、定期的に瞑想をするようになってから、以前よりずっと不安のない存在になれた。

自分の脳のデフォルト・モード・ネットワークについて考え、深い休息をとるようにする（第6章でくわしく述べる）。今日、大人がごく短い時間でも、何もしない「停止時間」を設け、注意を自分の内面に向けることは、めったにない。しかし、そうすることの利点は、多くの研究で立証されている。注意を分散するのをやめて、自分自身と子供が現在を精いっぱい生きることに集中しよう。

最悪の恐怖と和解する

不安を抱える親が自分に向けるなかでもっとも有効な質問は、「私がいちばん怖れているのは何か」だ。最悪の状況を思い描き、頭のなかで再生すると、落ち着く効果がある。「私はどうする？」と問いかけ、それでも子供を愛し支えることがわかれば、子供を自由にし、無理な状況をコントロールしようとするのをやめるきっかけになる。

「子供が行きづまってしまうのが怖いのです」

これはおそらく、子供がいままちがったことをしているのではないか、将来いい教育が受けられないのではないか、人生で成功するのに必要なスキルが身につかないのではないか、本物の友だちができないのではないか、結婚できないのではないか、といったことを心配しているのだろう。まず、自分の中学、高校時代にたいへんだったことを思い出してみよう。それらにまだ悩んでいるだろうか。そこから成長し、変わっているはずだ。子供もチャンスさえ与えられれば、成長し、変わる。
第2章の質問——それは誰の人生か——を思い出そう。心配していることのどれかが起きたとき、それでも子供を愛し、できることはなんでもする？　もちろん、するだろう。親の責任は子供を愛し、支えることであり、子供を苦痛から守ることではない。そもそもそんなことはできないのだ。

「親がなんらかの基準を示し、否認の意思表示をしなければ、子供は悪いおこないを反省しないのではありませんか？」

不安を抱える多くの親は、自分の子供に厳しくなる傾向がある。子供を向上させるにはそれが必要だし、「甘やかす」のは危険だと信じているからだ。そうなると、親はどこまでも否定的になる。しかし、すでに述べたように、同じ問題（テーブルマナー、掃除、歯磨き、宿題）をくり返し指摘しつづけるのは、逆効果だ。親が子供を変えようとし、子供が抵抗するということをくり返していると、子供はネガティブなパターンにはまりやすい。親の影響力を排除することで「コントロール感」を得るようになってしまうのだ。
あなた自身が配偶者や親、兄弟、友人などから、ある行動を変えろとしつこく言われたら、ぜったいにしたがいたくなくなるでしょう？

「もし私が少しでも油断したら、子供は怪我をしたり、命を落としたりするかもしれません」


子供が通学途中で誘拐されたり、交通事故の犠牲者になったりすることが最大の恐怖なら、ふたつのことを指摘したい。

第一に、現代はもっとも安全な時代であることを思い出そう。そうした恐怖は、世界のゆがんだ見方から引き出されるのだ。犯罪率や交通事故の死亡率はここ数十年でもっとも低い。悪化しているのは、私たちの認識のほうである。[15] 私たちはすべてを安全で清潔にしたがるが、それは無駄な努力だ。

ハンナ・ロージンがアトランティック誌に書いた、公園の遊具に関する記事を例にとってみよう。[16] たいへんな努力の末、遊び場からあらゆる危険が取り去られ、大半の遊具は、冒険心や想像力を発揮しようのないものになってしまった。ロージンの記事によれば、「安全に対する大人たちの細心の注意にもかかわらず、子供の事故の件数に大きなちがいはない」。

第二に、子供をできるだけ安全に育てたいなら、最善の方法は、彼らに経験させ、判断を教えることだ。六歳のときに木登りをして木から落ちたら、危険と体の仕組みについて重要なスキルを学ぶだろう。たとえ腕を折ってギプスをすることになっても、怖ろしい経験を生き延びて、そのあと強くなれる。ロージンの記事によると、高いところから落ちて怪我をした子は、一八歳になっても高さをあまり怖がらないらしい。通常、経験はことばよりすぐれた先生だ。次の機会にはもっと注意を払うだろう。

子供は、致命的にならない危険を乗りきる訓練をしなければならない。人生に危険はつきものなのだから。人はみな、愛や仕事や投資でつねにリスクを負っている。危険を認識して管理する方法を学ぶことは、成長の一部だ。子供には、親がいつも見守っているわけではないこと、いつも安全を保ってはやれないことをわからせよう。そうすれば、自分自身でその責任のいくらかを担うようになる。親がいつでもそばにいて当然だと思うと、子供は注意力を失う。

ネッドの親友のひとり、ジェニファーのことばを借りれば、世界に絨毯を敷きつめるより、スリッパをはかせるほうが簡単なのだ。あるいは、『ミス・ペレグリンと奇妙なこどもたち』（潮出版社）の登場人物はこう言っている。「安全だと感じさせてほしいわけじゃない……勇敢だと感じさせてくれるし、そっちのほうがずっといい」

判断抜きで受け入れる態度をとる

思想家ワーナー・エアハードは、一九七〇年代に「存在するものは、存在する」という有名なフレーズをつくった。今日なら、「それはあるがままだ」とか、「すべて問題なし」になるかもしれない。言い換えれば、世界をそのまま受け入れるのは筋が通っているということだ。人間に当てはめると、長所も短所も含めて誰かを愛するということになる。

あらゆる感情的な痛みに共通しているのは、いまの現実を変えたいという切望だ（子供が学校や社会でもっと成功し、不安が減り、もっとたくさん［あるいは少なく、あるいはもっといいものを］食べ、ゲームやソーシャルメディアに熱中しなくなりますように、など）。ゲイリー・エメリーとジェイムズ・キャンベルも、著書『*Rapid Relief from Emotional Dsitress*（精神的苦痛からの急速な回復）』で、最初にありのままを受け入れれることで、現実との和解を学ぶよう勧めている。[17] そして、ACTとして知られる手法——受け入れ《アクセプト》、選び《チューズ》、行動する《テイク・アクション》——を提唱する。子供の場合には、次のようになるかもしれない。


子供が思うような成績でないこと／友だちがいないこと／字が読めないことは、彼の人生の一部であるという考えを受け入れる。

子供を支える穏やかで思いやりのある親というビジョンを持つことを選ぶ。

手を差し伸べ、子供の強みを重視し、必要なら制限を設け、受容と自己管理の模範となるように行動する。読み書き算数や、第三者が親以上に支援できる分野で、子供に支援が必要なら、他者の力も借りる。


受容というのは、是認したり、大目に見たり、好き放題させたりすることではない。憤慨したり完全に否定したりせずに、たんに現実を認めるということだ。現実の受容は、「自分は世界／息子／娘がどうあるべきか知っている（そして実際にはちがう）」という非生産的な考えに対する唯一の解決策だ。

受容は強力な態度である。まず子供をあるがままに受け入れると、敬意が伝わる。受け入れることは、選ぶことでもある。「それはあるがままのものだ」の受け入れを選ぶと、「コントロール感」が増す。それは、変えられないものを変えなければならないという考え（なぜ息子はADHDなのか。なぜ娘は拒食症なのか。なぜ私がこんな目に遭うのか）とは正反対だ。受け入れることを始めたら、制限と規律を設けることでさらに効果が出るだろう。受容は私たちの柔軟性を高め、本能的、反射的ではなく思慮深い反応を可能にする。

子供はあるがままの姿であり、いまいるべき場所にいる。だからといって、彼らに最高の未来を望まないということではない。たんにいま、彼らがコースからそれているという証拠はないということだ。

ここで中国の賢い農夫の寓話を紹介したい。彼にはひとり息子と、土地を耕す一頭の馬がいた。ある日、馬が逃げ出した。隣人が来て、「かわいそうに！　ただでさえ貧しいのに、馬までいなくなるなんて」と言った。農夫は、「そうかもしれないし、そうでないかもしれない。どちらとも言えないね」と応じた。

次の週、農夫は息子と仕事に出、鋤を使ったが、うまく耕せなかった。仕事は単調ではかどらなかった。しかし、その一週間ほどのち、例の馬が二頭の野生馬を連れて戻ってきた。馬の群れと出会い、そのなかの二頭がついてきたのだ。隣人は、「信じられない幸運だ！　土地を耕す馬が三頭になったぞ！」と言った。農夫は、「そうかもしれないし、そうでないかもしれない。人生はとても長い。なんとも言えないね」と応じた。

農夫の息子が野生馬を馴らそうとしたところ、振り落とされて、足をひどく骨折した。「かわいそうに！」と、療養する息子を見た隣人は言った。農夫は、「そうかもしれないし、そうではないかもしれない」と言った。ほどなく、息子がまだ起き上がれないときに、中国がモンゴルに攻め入ることになり、すべての家庭は息子を差し出せという皇帝のお触れがあった。ところが、農夫の息子は歩けなかったので行かずにすみ、命拾いした〔「人間万事塞翁が馬」の故事〕。

この寓話のポイントは明らかだ――人生は長く、次に何があるかわからない。子育てでは、これを肝に銘じておくべきだ。

今晩すること

- できれば電子機器なしで、子供とプライベートな時間をすごす。子供が何人かいる場合には、順番にひとりずつ、時間を平等に割り振る。子供にとって貴重な癒しとなり、親子の時間を楽しむきっかけになるだろう。子供にも、自分が親の最優先の対象であることがわかる。
- 親自身がひどく不安なら、何かすべきである。不安への対処は、自分と家族のためにできる最善の行為だ。認知行動療法に参加してもいい。強い不安の原因となるゆがんだ非生産的な思考を特定し、「応答する」ための、非常に有効な方策を学ぶことができるだろう。ほかにも、瞑想を学ぶ。ヨガ教室に行く。運動を日課にする。自然のなかですごす。睡眠時間を増やす。気持ちを落ち着かせるのに役立つなら、友だちづき合いを増やしてみる。
- 子供を脅して決定させないこと。親として、「いまこれをしないとたいへんだ」という考えにとらわれていたら、それをやめる。しなければあとがたいへんだと感じることではなく、いま正しいと思うことをするのだ。
●子供が苦労しているなら、親が毎日子供のことを心配する時間を短くする計画を立てて、その内容を手帳に書きこむ。そうすれば、脳は一日じゅう子供の心配をしなくてもだいじょうぶだと理解する。
●誰が何に責任を負っているのかを思い出す。親の責任は、子供に関してすべてがうまくいっているのを朝から晩まで見守ることではない。
●ティーンエイジャーの子がとても心配で、何度も同じ問題を話し合っているなら、親としての心配を短い手紙にまとめ、必要な支援を提案してみる。そして一カ月間、その問題を持ち出さないと約束する。約束を破ったら（きっと破る）、謝って、再度約束する。
●紙の中央に垂直線を引き、左の欄に次のような意見を書く。「息子に学習障害があってもだいじょうぶ」、「娘に友だちがいなくてもだいじょうぶ」、「息子がいまうつ病でもだいじょうぶ」。

そして右の欄に、その意見に対する反応（反証かもしれない）として自然に思い浮かんだ気持ちを書く。そうしたうえで、自然に浮かんだ気持ちにこんな質問をしてみる。「この考えが正しいと心から確信しているだろうか」、「これを信じないとしたら、自分はどうなるだろうか」。著作家で講演者のバイロン・ケイティらが開発したこの種の自問の訓練は、ネガティブな判断に陥りがちな思考を発見するのに有効だ[18]。

●親自身のストレス解消計画を立てる。もっと運動できないだろうか。もっと眠れないだろうか。何が自分を落ち着かせ、どうすればそれをもっと実践できるだろうか。親の幸福を犠牲にして子供の役に立とうとしてはいけない。いくらかでも「自分」の時間を持つべきだ。

●自己受容の模範になり、自分が実践していることを子供に教える。

第5章 モチベーション
——子供のやる気を引き出す方法

モチベーションは扱いがむずかしい。親は子供に、楽器の練習や、数学のテストの好成績や、掃除の手伝い、ときにはテーブルのセッティングを望むが、もし子供がやりたがらなかったら？　本書ではここまでかなりの紙数を費やして、子供がしたくないことをしたいと思わせることはできない、と説明してきた。だとすると、親にはいったい何ができるというのか？

じつは、多くのことができる。

まず、重要な区別をしておこう。親としてどうしても必要なので、子供にやらせなければならないことがある。たとえば、ネッドの娘のケイティにとって、バイオリンの練習は必須ではないが、シートベルトを装着し、歯を磨き、朝時間どおりに着替えるといったことはどうしてもしてもらわなければならない。そうしないと、ケイティは学校に遅刻し、ネッドたちは仕事に遅れてしまう。

これに似た状況、つまり、家族のために子供がしなければならないことにやる気を出さない状況は、無数にある。そして、子供のやる気のなさは家族全員のストレスになる。学校のある日の朝七時半ごろ、静かな通りを歩けば、通り沿いの家々から苛立ちやストレスを感じ取ることができる。

このような「しなければならない」状況では、多くの親は「外的モチベーション」の戦略に頼る――いわゆるアメとムチだ。報酬は功を奏することがあり、よい習慣が身につくことすらある。子供が短期の目標を達成し、おこないを正し、協力的になることをうながし、新しいことへの挑戦についても、あらゆる意味で重要な第一歩を踏み出させることができる。ある種の子供（とくにADHDの子供）にとって、報酬は、退屈な作業のために脳を活性化させ、決まった時間に寝たり、宿題をしたりといった、彼らがとくに苦手とすることにまじめに取り組む助けとなる。だが、こうしたシナリオは、やる気を起こさせるためのものではなく、協力を得るためのものだ。

この短期の外的モチベーションは、この章の主題ではない。私たちの狙いは、長期的に人生で必要とされる自発性、すなわち、子供にとって望ましい「内的モチベーション」を高めることだ。全力を注いで何かをやりぬき、潜在能力を伸ばし、みずから望む人生を送る方向に足を踏み出すためのモチベーションである。四〇年にわたる研究で、子供を管理する「ご褒美シール」や「結果チャート」などは、事実上この種のモチベーションを弱らせることがくり返し指摘されている。本書では、子供が自分からやる気を出し、世の中に貢献できる重要なものを持っていると気づくように支援したい。人生をみずから切り開き、自分を有意義な存在だと感じる習慣を身につけてほしいのだ。

ダメージは即効性ではなく、時間をかけて進行する。研究によれば、成績などの成果に対する報酬は、かえって能力を低下させ、創造性を破壊し、テストでカンニングをしたり、一時的に頭を働かせる薬物を使用したりといった、よくない行為の原因になりうる。[1]こうした外的モチベーションは、自分の人生の責任をほかの誰かが負ってくれるという考えを強める。報酬は自発的な興味をむしばみ、やがて報酬自体が興味の対象になる。さらに、人間の賢い脳は、外的モチベーションの先にあるものを見抜く。その裏に何か強要したいことがあるのを感知して、抵抗するのだ。そして、仕事や課題をせずに報酬を得る工夫をしはじめる。数カ月たてばほとんど忘れる授業で子供がAをとることができるのは、こういうわけだ。
本書がめざすのは、アメとムチを大幅に減らし、その代わりに、もっと深く脳を理解してもらうことだ。幸い、やるべきことはそれだけですむ。

私たちを動かすものは何か

脳と体でモチベーションがどのように働くかを理解すると、子供を理解するうえで大いに役立つ。モチベーションを「つくる」方法に関して、心理学と神経科学は私たちと同意見であり、レシピまで提供している。おもな材料は次のとおりだ。

正しいマインドセット
自律性、有能性、関係性
最適なドーパミン濃度

すべては心がけ《マインドセット》次第

著名な心理学者キャロル・S・ドゥエックのモチベーションとマインドセットの研究は、分野の垣根を越えて長年多くの注目を集めており、ご存じのかたもいるかもしれない。
ドゥエックによれば、「硬直型マインドセット」の生徒は、失敗すると、自分の能力が足りないせいだ、そこは変えられない、と考える。対照的に、「成長型マインドセット」の生徒は、自分の努力を成功するための手段ととらえ、いっそう力を注ぐ。「成長型マインドセット」は、生徒に「コントロール感」を与える。自分の力で何かを（というより、どんなことでも）うまくやれるようになると信じているからだ。ドゥエックの研究で、「成長型マインドセット」の生徒は、好成績より学習そのものを学校での重要な目標と考える傾向があることがわかった。言い換えると、彼らのモチベーションは内的なのだ。頭がいいとか、立派だとかいった他人の評価に頼っていない。「成長型マインドセット」を育むことは、子供の「コントロール感」を増し、情緒的な発達をうながし、成績向上を後押しする最善の方法なのだ。[2]
「成長型マインドセット」を広げるために、ドゥエックは、生来の能力より、問題解決のために子供が示した努力とさまざまな方法を褒めることを勧める。「きみは本当に頭がいい」より、「きみの好奇心は本当に興味深いね」と言う。あるいは、「すごい成績だ！」の代わりに、「このテストですごく努力しているのを見て感心した」と言うのだ。ドゥエックによれば、内面の努力に注目すると、子供の無力感が減り、成功しやすくなる。[3]「成長型マインドセット」は自発的な子供を育てるMVPなのだ。

自己決定

私たちの仕事で、モチベーションは非常に強い関心の対象なので、最高レベルの文献で学んできた。ドゥエックは、この分野の偉大な教師のひとりであり、卓越した心理学者のエドワード・デシとリチャード・ライアンも同様だ。デシとライアンは、心理学できわめて支持の多い理論のひとつを生み出した。それは「自己決定理論」として知られ、人間には基本的に三つの要求があると唱える。

自律性の要求
有能性の要求
関係性の要求

内的モチベーションを育むには、この三つのなかで自律性がいちばん重要だと彼らは主張する。よって、これから始めよう。
自己決定理論によれば、子供に（さらに言えば、大人にも）やる気を起こさせる最良の方法は、彼らの「コントロール感」を増やすことだ。学校、家族、ビジネスに関する何百もの研究が示すとおり、仕事の重要性を説明し、その遂行中にできるだけ個人の自由を認めると、報酬や罰則よりはるかにモチベーションが高まる。教師が生徒の自律性を伸ばせば、内的モチベーションと挑戦への意欲が増すし、親が子供の自律性をうながせば、子供は自分の興味を追求し、できることを広げていく。子供の自発性やモチベーションを発達させる最良の方法は、上手になりたいことは何か、どんな責任を引き受けたいかと尋ねることも含めて、選択の際にできるだけ子供にコントロールさせることだ[4]。

パズルの次のピースは有能性だが、これは誤解されやすい。多くの親は、有能性の狭い定義を重視して、子供が数学やサッカーで秀でたら、内的モチベーションが働きはじめるだろうと考える。こうした親は、有能性の成果の面に集中しすぎて、あれこれ口を出したり計画を立てたりし、結局、ほかのふたつの要求である自律性と関係性を損なっている。自己決定理論は三脚の椅子のように考えよう。一本だけ極端に長い脚があっても、高い位置に座れるのではなく、倒れてしまう。

もちろん、有能性も重要だ。いつやっても下手だと感じることをしたい人はいない。しかし、ドゥエックが明らかにしたように、有能性は、本当に秀でた存在になることより、状況をコントロールできるという感覚にかかわる。自分には能力があると意識することであり、棚に一等賞のトロフィを飾ることではない。外面より内面の達成感のバロメーターなのだ。

「科学のテストでは本当にがんばったね。たとえきみが望む結果が出なくても誇りに思う。きみが向上し、目標に近づいていることは、見ればわかる」というふうに、子供の有能性の感覚を発達させるのが親の仕事である。親が子供の代わりに有能性をつくり出すことはできないし、そんな努力をしても、子供のモチベーションが下がるだけだということを憶えておこう。

最後に、関係性は他者とつながりを持ち、気にかけられていると感じることである。子供が教師とつながりを感じると、教師のために一生懸命勉強したくなる。ネッドが指導する生徒に、学校で前年にいちばん好きだった授業は何かと訊くとき、かならず追加の質問として、「好きだったのは授業、それとも先生？」と尋ねる。すると、生徒たちの答えの少なくとも半数は、「先生だよ。本当にいい先生だから」である。同様に、子供が親とのつながりを感じ、親から無条件の愛を伝えられ、「両親は成績よりぼくのことを気にかけている」と思えば、親の価値観を受け入れやすくなる。自己決定理論はこれを「統合的調整」と呼ぶ。自分のことを気にかけ、愛してくれる人の価値観と目標が、子供のものになるということだ。

教育と勤勉に価値を置き、子供にもそれを伝えたいなら、子供がテストで平均以下の点をとって帰ってくるたびに叱ってはいけない。それが価値観を伝える最善の方法だと思うかもしれないが、実際には、条件つきの愛情というシグナルを送ることになり、逆効果だ。おそらく子供はすでに成績でイライラしているのだから、親は思いやりを示そう。「今回の成績でがっかりしているのはわかる。でも、あなたは一生懸命勉強した。次のテストで私に手伝えることがないか、相談しましょうか。もしあなたが望むなら、喜んで手伝う」。この反応が、思いやり（関係性）だ。同時に、次回はもっといい結果を出す方法があることも思い出させる（有能性）。そして、「もしあなたが望むなら」と伝えることで、子供には自分がコントロールしていること、親が監督ではなくコンサルタントであることがわかる（自律性）。

ドーパミン――積極性の源

心理学者が一九七〇年以来、モチベーションについて主張してきたことを、脳科学も支持している。第1章で述べたように、脳の報酬系はドーパミンで刺激され、活性化される。何かすばらしいことが起きるとき、とくに本当にすばらしいことが起きると期待しているとき、ドーパミンの濃度は急速に上昇する。

これは動物でも同じだ。たとえば、飼い主がリードに手を伸ばしたときの犬の反応を考えてみればいい。犬はリードが首輪につながれること、それが散歩に連れていってもらえる合図だということを知っている。

犬は立ち上がり、興奮して動きまわり、散歩に行くのを待ち構える。少しもじっとしていることができない。私たちは、子供にもこのドーパミン濃度の高い状態を経験してもらいたい。仕事が退屈だと思うと、前頭前皮質のドーパミン濃度は総じて低く、やる気を引き出して努力を維持することができない。子供が宿題をする気になれないのも同じ理由からだ。

長年私たちは、親から愛情をこめて「世界一ののんびり屋さん」と呼ばれる、サバンナのような子供の話を聞いてきた。「宿題をする時間、サバンナにはすごくイライラしてしまいます」と両親はネッドに言った。「早く終えれば楽しいことができると私たちが何度言っても、ぐずぐずと先延ばしにするんです。しようと思えばできることがわかっているので、なおさらイライラする。ただやらないだけなんです。よくあることですが、昨日の夜も、お兄ちゃんは七時半に宿題を終えたのに、サバンナは七時四五分になってもまだ始めてなかった。お兄ちゃんがアイスクリーム屋にすごく行きたがったので、私たちはサバンナに、三人で〈ベン・アンド・ジェリーズ〉に行くけど、宿題を終えたらあなたもいっしょに行けるよ、と言ったんです。そしたら八時に終わらせました。一五分でやれるのに、あの子は三時間も引き延ばすんです」

モチベーションと、楽しい結果への期待に対するドーパミンの役割を考えると、この話は完全に理解できる。宿題をするという考えは、サバンナを動かすだけのドーパミン濃度の上昇を脳に引き起こさなかった。〈ベン・アンド・ジェリーズ〉は、（ADHDの児童向けのリタリンという薬のように）ドーパミン濃度を急上昇させ、つまらない仕事に集中して記録的な速さで宿題を終わらせることを可能にしたのだ。

アイスクリームの報酬は短期的な助けにはなるかもしれないが、毎晩与えるわけにはいかない。それに、前述したとおり、報酬は内的モチベーションには逆効果だ。では、子供の健全なドーパミン・システムを発達させるにはどうすればいいか。答えは驚くほど簡単だ――子供が好きなことを、思いきりやらせるのだ。

やる気のある脳をつくる

一九八〇年代のなかば以前に、脳が変化すると考える人はおらず、生まれたときに決まるものと誰もが思っていた。脳に新しい神経経路を構築する力があり、注意をどこにどうやって向けるかによって発達に大きなちがいが生じるというのは、比較的新しい考えである。[5]
好きなことに打ちこんで挑戦している子供は、「フロー」と呼ばれる状態に入る。その状態になると、時間が速くすぎ、完全に集中しているが、ストレスはない。脳内ではドーパミンを含む一定の神経化学物質の濃度が急上昇している。[6]それらの神経化学物質は、脳にとって運動能力向上薬のようなものだ。「フロー」に入った人はふだんより明晰に考え、情報を速く処理することができる。
このように完全に没頭するには、退屈でない程度にむずかしい活動でなければならないが、ストレスが増えすぎるほどむずかしくてはいけない。あなたのレベルにほど遠い相手とテニスをすることを考えてみよう。完全に退屈だ。逆に、相手があまりにもうますぎると、くたくたに疲れて、楽しくない。では、同じくらいの力量の相手なら？　そのとき、「フロー」の状態になることができる。
したがって、唇を噛みしめてレゴでお城をつくるのに没頭している八歳の女の子は、じつは脳をモチベーションの高い状態に慣れさせているのだ。脳のなかで、その強烈な楽しさを、高度の集中や訓練や真剣な努力と結びつけている。若い脳は、大きなストレスに頻繁にさらされると不健全に形づくられるが、「フロー」の状態を頻繁に経験すると、モチベーションを高めて集中できるようになる。

研究者のリード・ラーソンは、一〇代までの子供のモチベーションの開発を研究して、「フロー」が鍵となることを発見した。[7] その研究結果から、偉大な神経科学者マリアン・ダイアモンドは、次の結論を導き出した。「好きな気晴らしを夢中でしているとき、子供は興奮し、自分の抱える問題を忘れると言っている。こうした感情をともなう高い内的モチベーションは、ほかの方法では実現できないような集中的な努力、学習、成果を可能にする」[8]。多種目の運動を取り入れたクロス・トレーニングのようなものと考えればいい。最終目標は、マラソンを走るための精神的な強さと脚力を持つ子かもしれないが、縄跳びやけんけん遊びは、脚を鍛え、準備するすぐれた方法である。

スポーツと同様、心のトレーニングにも発達の段階がある。レゴのお城をつくる八歳の子は、かつて着せ替え遊びをする四歳の子だった。着せ替え遊びには高度な内的モチベーション（本人が心からしたいと思う）が含まれるが、集中力が持続しない。すぐに興味が別の遊びに移ってしまうからだ。成長して、もっと複雑でむずかしい活動に進んで参加するうちに、高度な内的モチベーションと高い集中力を持つ状態に到達する。つまり、彼女はそのときに「フロー」を経験するのだ。[9]

八歳の子のこの過程は、学校ではうまくいっていないが、スキーや絵画や楽器の演奏に情熱を傾ける一五歳の子にも当てはまる。集中させたいことに対して子供のやる気を引き出す最善の方法は、本人が集中したいことをしてすごさせることだ。

ビルは科学的視点、そして個人的な視点からこのことを理解している。彼自身は、トップの成績をとることに興味がない平均成績二・八の高校生だった。第2章で述べたとおり、中学時代にはロックンロールに夢中になり、高校ではバンド活動が世界でいちばん重要になった。ほぼ毎晩、長時間かけて曲やコード進行を学び、楽器を練習し、歌ってすごした。音楽とバンドへの情熱がすべての原動力だった。午後七時に自分の「音楽室」へ行き、少しでも宿題ができるように、八時一五分でやめようと自分に言い聞かせるのだが、八時一五分だと思ったら九時四五分だったということもよくあった――「フロー」の状態だったからだ。ビルが後年理解したのは、ティーンエイジャーのころに「フロー」の状態に慣れ親しみ、脳を形づくったこと、そのおかげで、専門分野を見つけ、のちには仕事を始めたときに、アクセルを全開にすることができたということだった。

「私の脳は中年男じゃない」

私たちは、娘にいい成績をとらせようとがんばる父親を持つ、一三歳の女の子が言ったことばが好きだ。「お父さんは頭がいいの。でも、お父さんのやり方は私には合わない。私の脳は中年男じゃないから」

彼女は同年齢の子たちより賢かった。親子のこの断絶はつねづね目にする。親は子供の勉強のしかたがまったく気に入らず、子供の脳の配線が自分たちとちがうことがわからない。自分に有効なことは一三歳の子にも有効だと信じて疑わないのだ。

ネッドの生徒のグラントは、毎日母親の車で学校に通っていた。学校は家から一時間ほどの距離だった。

グラントは好奇心旺盛で、賢く、優秀な討論者で、すばらしい知性を持っているが、同時に、ぐずぐずと先延ばしにする能力に長けていた。最後の瞬間まで何もやらず、課題も車のなかでタイピングしていた。学校に行く途中で、電話をかけながら。母親はそんな様子を見て頭がおかしくなりそうだったが、毎日グラントはぎりぎりで課題を片づけ、全教科でAをとっていた。結果はいいにしろ、母親はそのやり方が気に入らなかった。

「早めに取りかかって、毎日少しずつやっていれば、もっと楽なのに」と彼女は嘆いた。そのとおり。もっと楽だろう──あなたにとって。ネッドは（穏やかに）そう指摘した。

「どういう意味ですか？」と母親は尋ねた。

「つまり、ティーンエイジの少年の話をしていますよね？　あなたがティーンエイジだったころからだいぶたっているでしょう。グラントの脳は働き方がちがうのです。プレッシャーを受けながら宿題をすると、いちばん効率がいいことを知っている。というより、プレッシャーがなければ宿題ができないことを」

「でも、何時間も無駄にすごして、それからあわてて終わらせようとするのを見ると、本当にイライラするんです」

ネッドは笑って提案した。「だったらおそらく、見ないほうがいい」

グラントとこの母親のような緊張関係はよくある。理由のひとつは、一般の男女ではドーパミンの働き方が異なるからだ。総じて女子が関心を持ち、つねに何かを達成しようとやる気を出す場所は、学校である。男子より高い基準を設定し、自分の成績を厳しく評価し、親や教師を喜ばせようとする。[10] 一般に、女子は感情移入をする傾向が強く、教師を失望させることを男子より怖れる。ドーパミンは早めに効力を生じ、持続時間も長い。だから、期限の二日前に課題を終える子さえいる。女子は厳しい締め切りのストレスがさほどなくても、課題に取りかかれるようだ。事実、締め切りが厳しすぎると、扁桃体が活発になり、効率よく勉強ができなくなって混乱する傾向が強い。

二年前、ネッドは同じ学校の生徒たちを指導していた。彼らはみな、同じ週が締め切りの歴史の学期末レポートを提出しなければならなかった。締め切りまえの金曜日、ネッドはその学校の三人の女子に会った。「レポートの進み具合はどう？」と尋ねると、「順調です。あとは脚注を終わらせるだけ」と最初のひとりが答えた。次の子も、「書き終えたけど、あと数回見直します」と似たような答えだった。三番目の子も同じ。

翌日、男子がやってきた。「やあ、オスカー。レポートの進み具合は？」とネッドは尋ねた。「ああ、だいじょうぶ。やってるよ。いくつかアイデアはあって……」。次の男子も、「まだ全部終わってないけど、まあ、なんとかなるよ！」と言った。三番目の男子も似たり寄ったりだった。男子はストレスを感じていないどころか、まだ取りかかってもいなかったのだ。

女子と男子はちがう。もちろん例外はあるし、すべてジェンダーの型に当てはまるわけでもないが、女子は全体を管理したがる傾向が強く、遅れをとったり、やることが多すぎたりすると、ストレスを感じやすい。

当然ながらこの女子たちは成長し、多くは母親になる。息子の宿題を監督する機会が多いのは母親だ。するとどうなるか？　私たちはそれを「ドーパミン戦争」と呼ぶ。

モチベーションの働き方は、性別によっても異なるが、ＡＤＨＤ、不安障害、うつ病などによっても、まったくちがう。ADHDの子供はほかの子供よりドーパミン濃度が目立って低いので、なんらかのかたちでモチベーションを活性化させる手助けが必要になる[11]。ADHDの子供が集中して活動するための治療薬や、インセンティブ、エクササイズを第11章でくわしく紹介するので、参考にしていただきたい。

最後に、ある子供にとってモチベーションとなるものが、ほかの子供にはならない場合があることを憶えておこう。人と親しくしたり、他者を助けたいといった思いから、やる気を出す子もいれば、高いレベルに到達したり、新しいことを学んだり、新しいスキルを身につけたりすることがモチベーションになる子もいる。

同じことをやりたがっても、理由が異なることもある。ゲームやスポーツが好きという場合でも、刺激や勝利の興奮ではなく、友だちとプレーする喜びを求めている子供も大勢いる。自分の満足のために好成績をとる子も、長期的な目標に向けて学問に取り組む子も。同様に、高校の生徒会にいる子供にも、さまざまな理由があるだろう。政治について学ぶため、友人にかかわる問題を解決するため、大学の履歴書に書くため、名声を感じるため、責任感を満足させるため……。

親がこの差異に注意を払えば、子供にやる気を出させるもの、子供にとって本当に必要なものがわかってくる。その知識は、なぜ子供がときどき浅はかにも思える決定をするのか（たとえば、エリート校やレベルの高い高校に入れるのに、友だちみんなが行く地元の公立校に行く）を理解する手助けにもなる[12]。

私たちの知るある生徒は、レベルの高い高校の指導者から、宿題の時間を確保するために、大好きだった課外活動をやめるべきだと言われて、学校を辞める選択をした。「私はまだ一五歳よ」と彼女は思った。「なぜ、いましたいことをやめなければならないの？」。彼女は転校し、優秀な成績で卒業して、現在は大学で目標に向かって進んでいる。そこは超一流大学ではないが、第一志望校だった。彼女は厳しい学業にやる気を刺激されるタイプではなく、聡明なので早くからそのことに気づいたのだ。

一般的なモチベーションの問題と対処方法

私たちは、モチベーションが両極端の子供たちを見てきた。あまりに完璧主義で、成功をつかみたいと思いすぎ、ストレスでまいってしまう子の対極には、何事にも関心を示さないように見える子や、最善とわかっていることの反対の行動をとっているように思える子もいる。
どちらの側にいる子供も、「コントロール感」が乏しいことに苦しんでいた。最適な対処方法は、個人ごとにかなりちがう。モチベーションの問題のなかで上位四つをあげて、それぞれについて解決策を提案しよう。

サボタージュ型――「うちの子は、やらなければならないとわかっていても、やる気が出ないようです。わざと自分を妨害しているみたい」

こういう子は多い。学校や友だちとのバンドでうまくやりたいと思っていても、そのために時間をかけて努力することができないのだ。
子供がこのタイプなら、いま重要とは思えないことが長期的な目標達成には重要かもしれないということを理解させよう。たいていの親は、私たちに相談しにくるまえに、子供についてわかっていることをつなぎ合わせて全体像を推測しようとする。だが、それは容易なことではない。

たとえば、子供の主要な興味が友だちとつき合うことなら、それを後押しし、いつか職業を選ぶときに役に立つかもしれないと伝えよう。教師、心理学者、渉外担当、弁護士、販売部長などになって、充実した仕事ができるかもしれない。しかし同時に、人間関係を重視する多くの職業では、少なくとも学士号が要求されることも伝えよう。他者と交流して有意義な生活を送りたいなら、一生懸命勉強して学力を伸ばさなければならないということを知らせるのだ。

子供にとって重要なことについて、一生懸命努力すべき理由を見つける手伝いをしてもいい。私たちもよく、「やりたい」と「やりたいはず」のちがいを子供に説明する。一例として、ビルは、自分の娘が赤ちゃんだったときのことを話す。夜中に娘が泣いたら、おっぱいを飲ませるために妻のところに連れていくのはビルの役目だった。決してベッドから出たくはなかったが、出たいはずだった。娘がつらい思いをしない（そして結局は、夫婦が眠りにつける）ことが重要だったからだ。この論理を使えば、子供たちをこんなふうに励ますことができる。「宿題をしたくないかもしれないけれど、したいはずだよ。きみの未来にとって重要だから」。驚くにはあたらないが、子供が自分に「したいはずだ」と言い聞かせると、ほかの言い方よりやる気が湧くことが多い。

成功したコーチや、生産性向上の専門家がそろって指摘することだが、子供が自分で選んだ目標を達成している姿を思い描くことができれば、脳はだまされて、達成したと思いこむ。目標を書き留めることも、強力な動機づけとなり、同様の効果が得られる。もしそれが子供自身の手書きの文字で書かれていれば、親ではなく子供の目標であることがはっきりわかる。[13] また、目標を書いておくと、急な要求やプレッシャーに反応する代わりに、前頭前皮質を働かせて活動することに役立つ。人生が長期にわたるゲームであることを思い出させるからだ。

自分の娘がオリンピック選手になったところを想像してみよう。彼女は金メダルをとりたいと紙に書いて、壁にピンで留める。すると、空腹でピザが食べたくなっても、目標を見て、脂っこいピザより健康的なチキンと野菜の皿を選ぶだろう。オリンピック出場は、通常のティーンエイジャーの目標ではない。ほとんどの目標は、モチベーションを発動するためにもっと短期で到達できるものでなければならないが、要点はわかるだろう。というわけで、子供たちがいつでも目にできるように、紙に目標を書いてバックパックにつけたり、寝室の壁に貼ったりすることを勧めている。ネッドの生徒のひとりは、ジョージタウン大学への転入を目標にしていて、真剣に勉強する気持ちを忘れないように、いつもジョージタウン大学のロゴの入った服を着ていた。

サボタージュ型の子供には、興味を持っている分野で規律を学ばせることもできる。たとえば、野球が好きだが外で定期的に練習したがらない子には、こう言ってみよう。「野球が好きなことは知っている。もしいっしょに練習してくれる人がいれば、何時間も練習できることも。週に何日か野球をしてくれる高校生の選手をいっしょに探そうか？　それとも、友だちと練習する予定を立ててみる？」。そうして上達すれば、自分にとって大事なことでどんどん向上するために努力できる脳を発達させるだろう。

以上はかなりシンプルな提案だ。サボタージュ型の多くの子供にとって、これではまだ不充分だ。サボタージュ型に分類される子供の多くは、ドーパミン不足の問題を抱えている。目標を視覚化するなど、できることから始めても、なかなか脳は活性化しないだろう。もし子供が宿題をすることに異常なほど強い拒絶反応を示したら、ADHD、不安障害、睡眠障害、学習障害の可能性を考えたほうがいい。

サボタージュ型の子供を動かす方法を、ほかにもいくつかあげてみよう。

●**頻繁な運動**――短い集中的な運動でも、前頭前皮質でドーパミン濃度が上昇し、何かに取りかかるまで脳を活性化することが可能だ。体を動かせば、脳も活動する。
●**人間関係の支援**――宿題のコーチとして年長の子供を見つけたり、同じくらいの能力の学習グループに参加させたりすれば、集中できるかもしれない。ティーンエイジャーにはとくに同年代のサポートを勧めたい。仲間と同調しやすい発達段階だからだ。研究では、子供は大人よりほかの子供から学びやすく、年長の子が宿題のコーチになると、教わる子にドーパミン濃度の上昇が見られるという結果が出ている[14]。外部の力を借りることにはもうひとつ意味がある。親にコントロールする傾向があるか、子供がそう感じている場合、サボタージュ型の本能が活発化しやすいのだ。
●**刺激**――サボタージュ型の子供のなかには、BGMがあると、ふだんできないことができるようになるタイプがいる。音楽は邪魔なものをブロックするホワイト・ノイズとなって、退屈さを軽減し、不安を和らげることができる。一方、静かなほうを好む子供もいる。自分のサボタージュ型の子供にはどちらが合っているか、調べる必要があるだろう。また、最近の研究では、チューインガムが活性化、処理速度、生産性を改善することが示されている[15]。
●**健康的な高タンパク食品と充分な休息**――(これは耳にたこができるほど聞いているだろうから、くわしく論じないが、事実である)。
●サーキット・トレーニング——サボタージュ型の子供は、ストップウォッチで短い時間を決めて集中的に勉強し、所定の休憩をとると好結果が出ることが多い。トレーニングの「離陸」と「着陸」は記憶しやすいが、途中で私たちの脳は集中がむずかしくなる。だから、科学を二〇分、スペイン語を二〇分、社会を二〇分勉強して、休憩をはさみ、もう一度同じパターンをくり返すほうが、それぞれを四〇分続けるより効果があるかもしれない。開始と終了を増やすことで、脳は注意深くなり、やる気を出すのだ。サーキット・トレーニングをぜひ提案してみよう。時間の設定は子供自身がやってもいいし、親がコーチ役でストップウォッチを持ち、「時間だよ」と声をかけてもいい。
●インセンティブ——外的モチベーションは、内的モチベーションをうながすためにはよくないと述べてきた。だが、インセンティブを用いてもいい場合がある。(ドーパミンを増やして)脳を活性化させ、できなかったことをできるようにするという目的を、子供がきちんと理解している場合だ。六歳の子供にはこう言ってもいいだろう。「ちょっとしたご褒美がないと脳が目覚めないようだね。だったら、目覚めさせるために少しだけあげよう」。インセンティブを出すときには、少し工夫するといっそう効果があがる。〈ベン・アンド・ジェリーズ〉を持ち出すまで宿題をしようとしなかったサバンナを思い出そう。彼女の両親は次の晩、こう言うかもしれない。「サバンナ、単語テストの勉強をする気になるのが本当にたいへんなのはわかる。よかったら、勉強したくなるようにドーパミンを活性化させようか。こういうのはどうだ。ふたりで練習問題をする。もしきみが二〇問中一七問正解できなかったら、二〇回腕立て伏せをする。一七問以上正解したら、お父さんが一〇回腕立て伏せをする」

熱狂型――「うちの子は、やる気はあるんです――学校以外で」

長年ビルは、学業に対するモチベーションはあまり高くないが、工作、音楽、スポーツ、スター・ウォーズのレプリカづくりといったほかのことはやる気満々の子供を、数多く見てきた。

こうした子供の親には次のように話す。子供が何かを本当に楽しんで一生懸命取り組んでいるかぎり、心配はいらない。やがて彼らを成功に導く脳を形成しているのだから、と。ビルは子供には、「きみにとって重要な何かでどんどん上達するために努力することは、脳にとって最高にいいことだ」と説明する（例外はゲームかもしれない。テクノロジーが脳の発達に与える影響については、第9章で論じる）。この没頭する感覚を学校に応用できればすばらしいし、きみにはそれができる、と。

ケン・ロビンソンは、情熱という分野の一流の思想家で、著書『才能を引き出すエレメントの法則』（祥伝社）では、情熱とスキルが出会う場所を探すことを強調する。中学生の想像力をかならずしも刺激する本ではないが、親たちはそのなかの逸話から学ぶことができる。テレビアニメ『ザ・シンプソンズ』の作者マット・グレイニングは、学校にほとんど興味がなく、いつも熱心に絵を描いていた。振付師のジリアン・リンは、授業中じっと座っていられない子だったが、ダンススクールで才能を開花させた。こうした話は、何かを望み、そこに到達する方法について健全な議論をうながすだろう[16]。

セバスチャンは、ビルのオフィスにテストを受けにきたとき、指導が極端に厳しい高校二年生だった。GPAの平均は2・3で、「本当にぜんぜん勉強していない」ので当然の結果だと言った。セバスチャンは、及第点をとるために教師を「ごまかす」テクニックについて語った。本人は、おそらく大学に入れず、低賃金の仕事を転々とするだろうと思っていた。ただ、地元のレスキューチームには熱心に参加していた。

毎週木曜と土曜には、ほとんど徹夜で緊急事態の人々を助けていた。

高校を中退しようと考えたことはあるかとビルに訊かれて、セバスチャンは驚いた（というより、ショックを受けた）。「なんでそんなことを？」と彼は尋ねた。

「きみは時間を無駄にしているように思える」とビル。「先生の時間もだ。一日六時間、ほとんど関心がないことをしてすごし、エネルギーの大半を、先生に抵抗し、嘘をつき、だましたり操ったりすることに使っているのだから」。そして続けた。「フルタイムでレスキューの仕事をしてみたらどうかな？」

ビルはセバスチャンに、成績が悪いからといって人生を棒に振ったわけではないこと、高校で失敗しても、あとで教育を受けたいと決めたら自由に入学できるコミュニティ・カレッジがあることを話した。そこで単位を約三〇取得すれば、高校の成績証明書を提示しなくても、ほとんどの大学に入学できる。ビルは、いちばん興味があることは何か考えて、もう一度話し合おうと提案した。

翌週、テスト結果について話し合うために、セバスチャンの両親に会ったビルは、彼らがふたりとも大学教授だと聞いて、少し緊張した。セバスチャンとした話を両親が喜ばないであろうことは、容易に想像できた。だが驚いたことに、彼らは開口一番、ビルがセバスチャンに率直な意見を言ったことに礼を言った。セバスチャンは帰宅すると、いつになく快活でエネルギッシュだったらしい。両親に、コミュニティ・カレッジに入って、ゆくゆくはグレーター・ワシントンDCの有名大学で火災科学の学位をとる新しい計画を話したという。その後、セバスチャン自身が高校中退の可能性を模索したが、中退するとレスキューチームに参加できないことがわかった。これでやる気を刺激され、セバスチャンはすぐに学校で成績を伸ばしはじめた。すぐれた家庭教師と勉強し、木曜の徹夜のレスキュー活動はやめることにしたが、学校に対する考え方は変わった。

二カ月後、ビルはセバスチャンの母親から話を聞いた。彼のGPAは3・6になっていた。母親は、セバスチャンの妹にも会ってもらえないかとビルに訊いた。妹はまじめな生徒だったが、セバスチャンの方向転換のあと、自分には兄のような本物の情熱がないと悩みはじめたというのだ。

この話はハッピーエンドになったが、問題を提起している――もしわが子がセバスチャンのようだったら、親として何ができるか。

子供が学校にまったく関心がない場合には、まず検査をして、学習障害、不安障害、ADHDの可能性を除外しよう。それらでないことが確認できたら、子供に敬意を持って接する。ただ、親は現実を正確に判断する模範になるべきだ。真剣に扱われていると感じると、驚くほど多くの子供が提案にきちんと耳を傾ける。だから、息子がアスリートの奨学金を得てデューク大学で野球をしたいと言ったら、そのためにどうしたいのか尋ねてみよう。コンピュータのまえにいっしょに座り、入学に必要な条件と過去のリクルートの実績を調べてみる。目標に到達するためにやるべきことを、いっしょに探すのだ。

学業以外の分野で子供を支援するほうがいい場合には、子供の興味の対象を罰として取り上げることは明らかに得策ではない。スポーツや課外活動を控えさせたい親の気持ちはわかる。一日の時間はかぎられている。高校生が学業以外の活動で疲れきって宿題ができなくなったときに、その活動をあいかわらずやらせていたら、優先事項に関してまちがったメッセージを伝えると思うのだろう。

この考えはそれなりに筋が通っている。しかし、科学的にはまちがいだ。子供が学校でやる気を起こさないなら、そこで向上したいと彼に思わせることはできない。やる気を起こす何かを取り去っても、問題解決にはならず、むしろいっそうやる気をくじくことになるかもしれない。

イーヨー型――「うちの子は何に対してもやる気がありません。自分が何をしたいのかわからないようです」

ティーンエイジャーが、『クマのプーさん』に出てくるイーヨーのように、やる気を失う時期を経験するのは、よくあることだ。しかし、それが二、三週間以上続くとか、驚くほど急にそうなったという場合には心配かもしれない。無関心が病状でないことを確認するために、徹底した医学的検査と、必要なら心療内科や精神科でうつ病や薬物使用の検査をしてもらおう。

深刻な問題を除外できたら、イーヨーたちを奉仕活動に参加させてみたり、テレビやゲームを制限する話し合いに誘ってみたりすることができる。彼らが楽しめそうなことをさせてみよう。しかし、親としていちばん大事なのは、やりたいことを見つけられるという自信を子供に与えることだ。むずかしいのはわかるが、情熱を注ぐ対象を見つけることは、親ではなく子供自身にしかできない。

また、自己認識が大切だと言い聞かせることもできる。驚いたことに、多くの子供は自分が何をしたいかということを自問しないし、誰からも訊かれたことがない。誰かを喜ばせたり、誰かの支配に抗ったりすることで忙しすぎるのだ。しかし、自分のために、自分について考える必要がある。「ぼくが望むものは何か」、「私がしたいことは何か」と。親はその答えを与えることはできないが、質問をする手伝いはできる。親として受け入れるのがいかにむずかしくても、人生の興味とモチベーションは子供が自分で見つけなければならない。

子供が得意なことに注意を向けさせよう。多くのイーヨーは、自分の持つ才能を忘れてしまう。自分にできることは誰でもできるとまちがって決めつけ、自分の才能を見落として、他人が秀でているほかの分野に注目するのだ。その分野で自分が劣っていることがわかると、やっぱりねと悲観的な態度を正当化してしまう。

明らかにすぐれた分野を持たないと感じている子供は、「少なくとも、ほかの子と同じくらいうまくできるものは何か」と自問すべきだ。そこから、「自分の目的は何か」、「どんな助けが必要か」、「自分のしたいこと、する必要があることをするには、どうすればいいか」といった大きな質問へとつながる。見えてくるのは、興味、才能、自己認識が交わるところであり、そこでひとつの方向感覚を得ることができる。若いときに見つけるものは、最終的に進む分野ではないかもしれないが、重要なひとつのステップである。

ビルは、レットという女の子の相談を受けた。彼女は五歳から大学二年生まで、言語による学習障害を抱えていた。一四歳のときに、きちんと宿題はするし、親の頼んだこともたいていするが、人生に真の情熱を持っていないようだ、と母親が心配を口にした。ビルは母親に、ときどきは子供の興味を引きそうなものを示すべきだが、強制できることではないと助言した。情熱は自然に、しばしば思いがけないかたちで生じるものだ、と。

六カ月後、学校の問題を話し合うために、ふたたびレットの母と会うと、彼女は言った。「レットは〈ワシントン・アニマル・レスキュー・リーグ〉で働くようになって、とても楽しんでいるようです」。それから数カ月間、レットは熱心にその活動に参加し、その年の終わりには、グレーターDCのすべての収容施設と、里親を待つ犬をリストアップした。ビルは驚かなかった。絶望的と思える状況も変わるものだ。それが人生だから。機会はどこからともなく現れる。

動物に愛情を注ぐ有意義な方法を見つけたレットにとって、保護活動は真の情熱の対象となった。三年後の高校二年生のときには、幼児教育のインターンシップに参加し、動物保護に捧げたのと同じやる気とエネルギーを、小さな子供に注ぐことができるのを知った。それからレットは、児童の発育と就学前の教育を真剣に学ぶ学生になった。最近、幼児教育の学位を取得して大学を卒業し、最初の先生としての仕事を楽しんでいる。

イーヨーの多くは家にいるのが好きなタイプで、新しいことやちがうことをするのを嫌がり、コンフォートゾーンが狭い。活動的な行動より読書やひとり遊び、ゲームをしたがることが多い。通常、なじみのない状況に身を置きたがらず、多くの親は、うるさく言わなければいつまでも家から出ようとしない、と証言する。

イーヨーにくり返し小言を言わないでいるのはむずかしいが、言ったところで、彼らは新しいことに挑戦しようという気持ちにはならない。イーヨー型の子供はだいたい、新しい状況に適応するための柔軟性と自信を失っていて、新しいことに挑戦しようとすると不安になる。また、生来の社会性がほとんどないので、家や教室以外の社会に出ることを求められると不安を感じるかもしれない。彼らを助けるには、いくつかの方法を組み合わせることが必要だ。

1 落ち着いて子供と強い関係を維持することに注力する。おだてるだけでは関係は悪化する。生涯、関心も友人も少ないまま充分幸せな人もいることを憶えておこう。
2 新しい状況でも緊張せず、心地よくすごしたいかと子供に訊いてみる。もしイエスと答えたら、新しいチャレンジに自信を持って取り組むことを支援する専門家の協力を仰ぐことを提案する。
3　親として子供の世界を広げる責任があると感じること、いつも新しいことをしろと小言ばかり言いたくないことを伝え、どうしてほしいか子供に尋ねる。
4　身体的な活動は、あらゆる子供のやる気を引き出すことができる。あなたのイーヨーは、フェンシングやロッククライミング、柔道など、さほどポピュラーでない個人競技に興味を持たないだろうか（必要なら短期的な報酬を与える）。

ハーマイオニー型――「うちの子はストレスがひどいんです。彼女の頭のなかには、イェール大学か、それ以外しかありません」

学校内の競争に勝つことや、できるだけ多くの賞賛を得ることに夢中になる子供がいる。ハリー・ポッターの友人のハーマイオニーがこのカテゴリーに入る。彼らは親や教師からプレッシャーを感じることが多いが、子供同士でも互いに不安や競争心を高め合っている。
ハーマイオニーは不健全なほど懸命に他者の期待以上のことをしようとする。そのモチベーションは恐怖から発していることが多く、自分や他者が設定した高い目標に到達できないと不安を感じる。「コントロール感」が非常に低く、スタンフォード大学の元学生部長で『*How to Raise an Adult*（大人を育てる方法）』の著者のジュリー・ライスコット・ハイムズのことばを借りると「無能な存在」だと感じる傾向がある。[17]
プレッシャーが親からのものであれば、解決策はきわめてシンプルだ――子供にプレッシャーをかけないこと。わが子を自慢することでさえ、成績のおかげで愛されていると子供に思わせてしまうかもしれない。多くの場合、これはコミュニケーションの問題で、修復すれば解決する。だが、「きみの成績も進む学校も気にしない」と伝えて、それでも子供が不安や怖れを感じているなら、修復はややこしくなる。

最近、大学レベルの授業をする高校で強いストレスを受けて疲れている二年生たちに、ストレスと睡眠不足が発達中の脳に与える影響について講演する機会があった。生徒はみな礼儀正しく、ノートをとり、いい質問をし、慢性的に疲れてストレスを感じていなければ最終的にはさらに成功するという考えが気に入ったようだった。しかし講演が終わると、教師が私たちを脇に呼んで言った。「ここにいる生徒は全員、イェール大学に入れなければファストフード店で働くしかないと思っています」。ワシントンのエリート私立校の英語教師も、似たようなことを言っていた。子供たちは九年生になるころには、一流大学に入れないかもしれないという考えに「ひどくおびえて」いるのだ。

それでは、これをどう改善すればいいだろう。どうすれば、外部からの評価に依存しすぎている子供に内的モチベーションをうながすことができるだろう。

まず、怖れや不安をあまり感じず、モチベーションを高めて勉強するのに役立つ情報を知りたくないか、と子供に訊いてみる。知りたいと答えたら、どの大学に行こうと人生の成功に大きなちがいはないという真実を話す。そういう調査結果はいくつもあるのだ。

研究者のステイシー・バーグ・デイルとアラン・クルーガーが、高校の同じクラスの卒業生がたどった経歴を数十年間、追跡調査したところ、SATスコアが同等の学生では、エリート大学に行ったかどうかで収入はほとんど変わらなかった。それは、エリート大学に申しこんで入れなかった場合も、エリート大学に合格したが、選抜基準が厳しくないほかの大学を選んだ場合も同様だった。[18]
調査会社ギャラップとパデュー大学の調査では、大学生のタイプ（たとえば、公立か私立か、選抜基準が厳しいかそうでないか）がのちの職場や幸福にほとんど影響しないことが明らかになった。もっとも幸福に影響する要因は、大学時代に得られた次のような経験だった。（1）学習意欲を刺激し、自信を与えてくれる、学生に親身な教授に出会うこと、（2）大学時代に学習分野と関連したインターンシップや仕事を体験すること、（3）一学期以上の課外活動やプロジェクトに積極的に参加すること、などだ。[19]
二〇一三年におこなわれたピュー研究所の調査でも、公立大学と私立大学の卒業生の生活の満足度（家族生活、個人の財政状態、仕事の満足度を含む）は同程度であることがわかった。[20]
こうした調査は、聡明でやる気があれば、どこの大学に行くかはたいした問題ではないことを示している。これを知ることで、自分にとって本当に重要なことに目を向けることができた子供もいる。
ハーマイオニーたちには、「小さな池の大きな魚」理論を話してもいいだろう。教育心理学者のハーバート・マーシュが考えたこの理論は、自分と同程度のグループで好成績が出せれば、自分をポジティブにとらえやすいというものだ。[21]つまり、さほど有名ではない学校ですぐれた成績をとれば、競争の激しい学校で集団に埋もれてしまうより、長期的に見るとうまくいくことが多い。
マルコム・グラッドウェルの著書『逆転！――強敵や逆境に勝てる秘密』（講談社）に、ブラウン大学で科学を学ぶ決心をした成績優秀な女子学生の話がある。彼女はブラウン大学の環境でやる気を失い、科学への夢をあきらめた。競争がそれほど激しくない大学であれば、本来の興味が開花したかもしれない。グラッドウェルはこう書いている。「私たちは、立ち止まって考えることがほとんどない……一流大学かどうかが、つねに最大の関心事なのだ[22]」。小さな池の大きな魚になるほうがいいかもしれないと、子供に考えさせてみよう。

ハーマイオニーが何かに失敗するのを怖れているなら、成績が悪くても永久に扉が閉ざされるわけではないということを知らせよう。それで心が軽くなることもある。私たちの友人が高校一年生のとき、上級音楽理論の授業で落第した。最初はひどくおびえていたが、結局そのおかげで、GPA4・0をとれないことへの恐怖から解放された。最悪のケースでも未来が台なしになることはないとわかって、困難に挑戦しながら生きるようになり、最終的に成功を収めた。

ビルは、わが子が小学生だったころ、学校の成績と人生の成功にはあまり関係がないことを強調し、成績表は本人が見せたいときにだけ見ると伝えた。学生として、人としての子供たちの成長のほうにずっと関心があったのだ。子供たちはおおむね彼の言うことを信じ、両親が成績にうるさくないので喜んだ。しかしある晩、高校二年生のビルの娘が、若者の脳に関する彼の講義を聞きにきて、家に帰る途中で言った。「お父さん、高校の成績が人生の成功にとって重要じゃないって言ったけど、本気で信じてないでしょう」

ビルは、なぜそう思うのかと訊いた。彼女は、先生もスクール・カウンセラーも、（彼女のように）いい学生になることがいかに大切か、いつも話していると答えた。ビルは、かなりの数の研究にもとづいて信じていると断言し、それを証明するために、どんな教科でも彼女がCをとったら一〇〇ドルを渡そうと申し出た。成績証明書でCをとっても世界が終わるわけではないし、将来の選択肢がすべて失われるわけでもない、まだ意味のある人生は送れる。そのことを理解してもらえるなら、喜んでそれだけ支払う、と（娘はその申し出に応じなかった）。

ネッドは、ハーマイオニーに出会うたびに（このタイプの子によく会うのだ）、今後の人生で望む脳を発達させることがいちばん大事だと説く。彼女が望むのは、ストレスで疲れ果て、すぐに不安やうつになる脳だろうか。仕事のことばかり考える脳だろうか。それとも、力強く幸せで回復力に富んだ脳だろうか。
ネッドのように、「きみはこれができるくらい頭がいい。問題は、自分の長期的な成長のためになり、高い価値観と一致するかどうかだ」と言い、子供にとって重要な価値観と、本当に大事なものについて考えるようにうながそう。それらについて考えるときには、自分が正しい方向に進んでいるかどうか確認させる。子供が自分の価値観にもとづいた目標を設定するのも手伝う。自分の意思で目標を決めるのは楽しいものだ。目標の決め方については、第10章で、子供の成功に役立つメンタルづくりを論じるときに、さらにくわしく述べる。

今晩すること

- 自主性をあくまで尊重する。
- 子供の真の内的モチベーションのありかを見きわめる。日々の生活で「心から幸せだ」と感じるのはいつか訊いてみると参考になる。健全な自主性のある子供は、通常、勉強やスポーツで成果が出たとき、心地よく余暇をすごすとき、友人や家族と楽しいことをするとき、など答えるだろう。一方、無理にやる気を出している子供や、モチベーションの維持が困難な子供は、責任を負わなくていいとき、期待されていないとき、プレッシャーがないときと答えることが多い。
●子供が人生で望むことは何なのか、いっしょに話す習慣をつけよう。彼らがしたいことは何か。得意だと感じることは？　現状に満足しているとしたら、その理由は何か。
●子供が目標をはっきり言い、書き留めることを手伝う（くわしくは第10章で）。どういう方向に進みたいかをことばにしてみるだけでも、とても建設的な一歩だ。
●子供が好きなことをするのに必要な場所と時間を提供し、「フロー」を体験させる。
●困難に直面したときに粘り強く挑戦することを教え、手本を示す。小さな子がやる気を出したときには褒める（たとえば、「あきらめなかったのは偉かったよ」）。
●他人を喜ばせることばかり考えてはいけないと子供に教える。まわりの意見を気にしすぎていたら、ときにはこんなふうに言う。「成功してまわりの人から褒められるのは、誰でもうれしい。でも、いちばん賢いのは、自分のしたことを自分で評価して、正しいことがうまくできるようになることだ」
●子供に情熱が感じられないなら、多くの人や経験が彼らの人生にプラスの影響を与えることを思い出そう。異なる分野でよき師や模範を見つけ、さまざまなキャリアや人生の選択肢を示すのだ。

第6章 深い休息

古代インドのベーダ時代、「休息はすべての活動の源である」と言われていた。休み、動き、休み、動く。人のあらゆる行動は、このくり返しを必要とする。スポーツやフィットネスにもそれが表れている。たとえば、インターバル・トレーニングの大きな効果は、休んで体が回復するあいだに得られるし、ヨガの世界でも、それぞれの動きは、体を完全に静止させて横たえることで終了する。

脳の領域でも同じことが言える。空想、瞑想、睡眠は脳に休息を与え、新しい情報と、習得ずみのスキルを結びつけ、脳を健康にして活動状態に戻す。脳には休眠中のネットワークが四〇以上ある。本書でそのすべてに触れることはできないが、脳の多くは体が休んでいるときに活動しているので、休息はしっかりとるべきだということがわかる。この休息を「深い休息」と呼ぼう。

私たちの休息と活動のバランスは、最適とは言いがたい。人類の文化は容易に気持ちを落ち着かせてくれないのだ。最近の一連の研究で、六四パーセントの若い男性と一五パーセントの若い女性が、六分間じっと座って静かに考えるより、軽い電気ショックを受けるほうを好むことがわかった。[1] 私たちは何もせずにすごす方法を知らない。ティーンエイジャーと大人は（そして次第に小さい子供も）、睡眠と内省の時間を充分とれず、感情に負担をかけすぎている。親たちは口を開けば忙しいと言い、子供の多くもストレスやプレッシャーで疲れ果てている。

休息には多くのかたちがある。ガーデニングや読書が人をくつろがせ、元気を回復させることはまちがいないが、生活のペースが速くなるにつれ、休息を根本的にとる必要が生じている。「深い休息」とは、ゲームをしたり、ユーチューブの動画を見たり、携帯電話でメールのやりとりをしたり、スポーツや団体活動をすることではない。意図的に何もしないということだ。高度な集中が必要なことは何もしない。じつは、これほど脳に役立つことはないのだ。毎日、朝から晩までテクノロジーやマルチタスクに振りまわされ、麻痺した心の解毒剤として、とてつもなく重要である。

「深い休息」は、未処理でたまった刺激の処理を可能にする。日常生活の多くの活動、仕事、人間関係を、脳に絶えず降りかかる雪だとする。やがてそれは手に負えないほど積もり、方角さえわからなくなる。「深い休息」は、雪を平らにする除雪車だ。おかげで人は深い穴や雪崩を避け、なめらかな雪の上でスキーをすることができる。この章では、「深い休息」のふたつの効果的な形態である「空想」と「瞑想」についで、くわしく見ていく。睡眠は「深い休息」の巨大な一部なので、第7章のすべてを使って、現代生活におけるその重要性と、とらえどころのなさを説明する。

さすらう心――空想の恩恵

脳を研究する科学者たちは、脳が仕事に集中したり、外部の刺激を処理したりするときにどう働いているのかという疑問にかかりきりだった。休んでいるときに何が生じているのかを真剣に考えるようになったのは、ごく最近のことだ。

一九九〇年代なかば、神経科学者のマーカス・レイクルは、仕事や目的に集中しているときに脳のある部分が暗くなることに気づいた。一九九七年、彼はワシントン大学で同僚らとその部分を分析し、「デフォルト・モード・ネットワーク（DMN）」と名づけた。そしてようやく二〇〇一年に発表した研究で、DMNを明るくするもの――活動はしているが、仕事に集中していない状態――を示した[2]。過去一〇年にわたって、レイクルは、意識を集中しない休息の状態がDMNを活性化し、健康な脳には不可欠であるという新たな研究の流れを牽引してきた[3]。

まばたきをするたびに、DMNが発動して、意識のネットワークは短い休息をとる。目を閉じて大きく深呼吸するだけでも、脳をリフレッシュすることができる。DMNが活動しているとき、人は自分自身について、過去と未来について、解決する必要がある問題について考える。これらはすべて、自己の感覚を発達させるうえで欠かせない。他者の経験と感情についても考えるが、これは共感を発達させるために重要だ。

DMNは、内省というきわめて重要な仕事をするときにかならず働いている。人を思慮深く成長させ、考えをまとめさせ、生きる土台となる。友だちの心ないことばがもとで喧嘩をしたとしよう。その日は忙しくて、考える時間もなく、イライラは募るばかりだ。翌朝、シャワーを浴びるときに、ようやく考える。じつは気にするほどのことではなかったのかも。彼女はどうしてあんなことを言ったのだろう。ついていない日だったのか。彼女の気持ちがなんとなくわかる……。そうやってシナリオをつくり、再生するたびに、たいした問題ではなかった気がする。ただ、シナリオの再生には時間が必要で、休息の時間がとれないと、悪いほうにばかり考えて怒りはおさまらない。脳は使い方次第で発達する。だとしたら、自分と他人について理解を深めるには、それらについて考えるしかない。

シナリオを再生しすぎるときや、そうするのが苦痛で、ネガティブな思考のループに陥っているときには、心がさまよっているのではなく、反芻している。これは大きなちがいである。人には毎日「ストレスのない」休息の時間が必要なのだ。

頭に健全な空間があると、DMNはほんの数分の休憩時間で問題を分析、比較、解決して、代替のシナリオをつくることができる。しかしDMNには、集中しているときに活性化しないという特徴がある。研究者のメアリー・ヘレン・イモアディーノ・ヤンは、交互に活動する脳のふたつのシステムについて述べている。ひとつはタスク・ポジティブ、あるいは「外を見る」システムで、目的を持って行動しているときに活性化する。もうひとつは、タスク・ネガティブ、あるいは「中を見る」休息のシステムだ。[4] 住所を探すことや試験勉強といった外部の仕事に集中しているとき、私たちは脳の「中を見る」部分、つまり「空想」をシャットダウンする。そして空想しているときには、個別の仕事をするための「外を見る」能力は消滅する。

私たちの文化は物事の処理に価値を置くが、研究によれば、心をさまよわせることが大切だ。著名な認知心理学者ジェローム・シンガーは、心が自由にさまようことができる精神状態は、いま述べている「デフォルト」の状態であることを示した最初の科学者だった。シンガーはさらに一九六六年の著書『白日夢・イメージ・空想』(清水弘文堂)で、この三つが健康的な精神生活には不可欠だと主張した。そこには、自己認識、創造性、人生設計、出来事ややりとりの意味を考えること、他者の視点に立つこと、自分と他者の感情について考えること、道徳的思考が含まれる。[5] これらはみな、いわゆる「アハ体験」へとつながる。

ミュージシャン、ベストセラー作家で神経科学者のダニエル・レビティンは、何かに集中しているときより心がさまよっているときに洞察が得られやすいと強調する。物事が予期せぬつながりを見せるのは、心をさまよわせているときだけだ。これは、解決不能に思えた問題を解決するうえで役に立つ[6](カルロ・ロヴェッリが『世の中ががらりと変わって見える物理の本』[河出書房新社]で指摘しているように、アインシュタインの相対性理論の発見は、イタリアで一年間「あてどなくさまよい」、ときおり講義に出てすごしたすぐあとだった[7])。

DMNが効率よくオンとオフを切り替えるほど、人は日常の出来事をうまく処理できるようになる。白日夢から暮らしの絶え間ない刺激に引き戻されるとき、脳は活動に備える。効果的なDMNが備わった人は、記憶力、思考の柔軟性、読解力を含む認知能力の検査で好結果を出す。そして精神状態も健康だ。[8] ADHD、不安障害、うつ病、自閉症、あるいは統合失調症になると、DMNが効率よく機能しない。

「中を見る」と「外を見る」の切り替えがむずかしく、白日夢が多くなりすぎたり、自分の考えに集中しすぎたりする。反芻しているときには、充分に切り替えができていない。目のまえの何かに集中しなければならないのに、思考にはまりこんでいるのだ。
私たちは「退屈」が禁句になる世界に住んでいる。みな時間不足で自分の価値が決まるかのように、忙しさを競い合っている。この「超生産性」が、子供にも影響を及ぼしている。典型的なアメリカ人家族のドライブ旅行では、子供は何かを見たり聞いたりするか、ゲームをしたがる。窓の外をぼんやり見たり、おしゃべりや空想をすることを忘れている。心理学者のアダム・コックスは、五〇年前の子供は数時間何もすることがないと退屈になったかもしれないが、近年、子供は三〇秒で退屈を感じるようになったと指摘する。大人の多くも、一時停止の標識で速度を落として停まる四秒間で、携帯電話をチェックしなければならないと感じる。[9] 退屈さは、過度に刺激を受けたティーンエイジャーを不安にさせる。一方、「絶え間なくランダムに人とつながっていると、いつもどおりで心が落ち着く」のだ。[10]
ここでの正しい答えは、「ほどほどに」だ。つながりと活動の時間を、静寂の時間に置き換えてみよう。病院やバスの待ち時間にすぐさま雑誌を手にしたり、携帯電話を見たりしていないだろうか。その代わりに、数分間ただ座ってみてはどうだろう。車の運転中や、ウォーキングやジョギング中に、〈スポティファイ〉〔音楽のストリーミングサービス〕やポッドキャストを聞いていないだろうか。その代わりに、自分の考えに耳を傾けてみよう。そのときに何を考えるだろうか。
私たちのまわりは刺激だらけなので、もっと意図的に休息をとる必要がある。ハイキングやキャンプは、かつては息抜きだったが、人とつながらない場所はすぐになくなってしまうだろう。ときにはあえて携帯電話を持たないか、電源を落とす必要がある。

本書を読んだあとで、ひとつ試してもらいたいことがある——子供に何もさせないことだ。親はテクノロジーの遍在と同じくらい問題になりうる。がんばり屋で、ストレスでまいっているネッドの生徒のひとりが言ったことは、ほかの多くの子供にも当てはまる。「数時間ひとりになって何もしない。望むことはそれだけです。でも、自由な時間ができると、両親があっと言う間に予定を入れてしまう。テストの準備かほかの勉強をしなさいって」。親は、子供がほかの子に遅れをとったり「無駄な時間」をすごしたりしないように、次から次へと計画を立てる。しかし、空想のための自由な時間は必要不可欠なのだ。

児童心理学者のリン・フライは、夏休みの初めに親が子供といっしょに座り、自由な時間にしたいことを全部リストアップさせることを勧める。子供が退屈だとこぼしたら、そのリストを見ればいい[11]。自由時間に何をするかは、親に決めてもらうのではなく、子供自身が決めるのだ。何をしたいのか、ぼうっと考えるだけでもいい。孤独に耐えること——ひとりで考えるのを楽しむこと——は、子供時代に学ぶべき重要なスキルのひとつだ。


私の息子のマシューは「空想好き」だ。四、五歳のときには、学校に行くまえに朝食を食べていた。私が新聞からマシューに目を移すと、彼はシリアルのボウル越しに宙を見つめていた。

「何してる?」私は訊いた。

「聞いてるの」マシューは答えた。

「ほう、そうか」私はできるだけ冷静に言った。「シリアルがふやけるまえに食べられる?」

「うん」マシューはそう答えたが、一、二分たってもまだ宙を見ていた。

「何を聞いてる?」私は訊いた。シリアルを食べ終えるのにどれだけかかるのか心配になっていた。

「頭のなかの歌だよ」マシューは言った。

私はふと、マシューの夢想を中断することで、息子を学校に送り届ける大人の都合を優先させていると気づいた。それ以降、何度も同じようなことがあったが、現代の研究では、子供の空想は、ほかの思考と同じくらい認知的発達にとって重要だということがわかっている。マシューの音楽の才能はどこから来たのかと友人に訊かれたときには、私は夢想がいい影響を与えたのではないかと考える。

——ネッド

瞑想する心

最近、メンタルヘルスの専門家のためのワークショップで、子供の不安に関する二冊のすぐれた本の著者ボニー・ズッカーが、不安の対処法について講演した。三〇〇人の聴衆に、習慣的に瞑想しているかどうか尋ねると、手を挙げたのはひと握りだった。ズッカー博士は言った。「瞑想にはとても大きな力があるので、まだしたことがないかたは、やってみてください。そして一年後に、人生がどう変わったか、電話で教えてください」

私たちもまったく同じ意見である。世界の変化で怒りと恐怖のレベルが上昇し、テクノロジーの進歩で生活のペースが速くなって、自分らしくすごす時間がほとんどなくなったいま、瞑想の重要性はさらに増している。児童やティーンエイジャーが瞑想をしたいと両親に頼むことはまれだが、定期的に瞑想すると、大人同様の効果が得られることが研究で示されている。ここでは、児童とティーンエイジャーに広く実施されるマインドフルネスと超越瞑想を簡単に紹介し、子供の生活に瞑想を取り入れることを勧める理由を説明しよう。

マインドフルネス

ジョン・カバット・ジンは、マインドフルネス・ストレス低減法（ＭＢＳＲ）を開発した科学者で、マインドフルネスが科学的に広く認められるうえでもっとも大きな役割を果たした。彼はマインドフルネスを、「いま、この瞬間の体験に意図的に意識を向け、評価をせずに、とらわれのない状態で、ただ観ること」と定義した。

基本的なマインドフルネス瞑想の実践は、呼吸に集中し、湧いてくる思考に意識を向けることだ。目標は、評価したり反応したりせず、その瞬間ごとの経験に集中することで、自分の思考の流れをそのまま観察する。ほかにも、ストレスの原因を求めて体をスキャンすることや、「食べる瞑想」、「歩く瞑想」、さらには、忍耐、信頼、寛容、親切、思いやり、感謝といった倫理的価値観の開発をうながすマインドフルネスもある。

心理療法士は、こうしたいろいろなマインドフルネスを用いて、子供に感情制御を学ばせる。学校でのマインドフルネスには、瞑想、視覚化、肯定、呼吸法、マインドフル・ヨガ、音楽に合わせたエクササイズ、執筆や視覚芸術、ポジティブな自己表現の促進などがある。マインドフルネスの範囲は多岐にわたり、幼稚園児から大学生まで教育に活用されている。著名な神経科学者のリチャード・デビッドソンも現在、四歳児へのマインドフルネスの影響について研究している。

子供を対象にしたマインドフルネスの研究はまだ初期段階だが、通学年齢の子供では、ストレス、攻撃性や社会的不安のレベルが下がり、抑制やワーキングメモリなどの実行能力が高まり、数学の成績が上がるなどの効果が確認された[12]。大人を対象にした研究でも、脳の活動の変化のみならず、遺伝子の発現（特定の遺伝子の活性化または抑制）まで明らかになった[13]。

先日、私たちはニューヨーク大学の応用心理学の教授ジョシュ・アロンソンと話をした（本書全体をつうじて彼の研究を参考にしている）。アロンソンは現在、市内の学力の低い学生を対象に、マインドフルネスのアプリ「ヘッドスペース」を用いた研究をおこなっている。二〇日間の実践後、子供たちはかつてない経験をしたと報告したそうだ。初めて体がくつろぐと感じたり、自然の美しさに気づいたりする子がいた。ある少年は、学校に行くときいつも、「ドラッグの売人や、ぼくを不良だと思う警官に捕まったり、撃たれたりしないだろうか。ぼくや友だちは、卒業して将来うまくやっていけるだろうか」といったことを考えていた。それが二〇日間瞑想をすると、晴れた日にはすべてが美しく見えることに初めて気づいたという。「瞑想するまえは、顔を上げることがなかった」

アロンソンは、瞑想が社会に組みこまれるように、学校生活に取り入れることを主張する。まわりの子が瞑想をしていたら、ほとんどの子がするようになり、コツをつかんで恩恵を受けるだろう。

超越瞑想

私たちふたりは「超越瞑想」を実践している。瞑想者にはマントラ（意味のない音）が与えられ、それを静かにくり返すと、心が落ち着き、静かな意識を体験する。やがてマントラが、瞑想者を完全な平穏と静寂の意識の海の底に導く。こうして心は研ぎすまされているが何も考えていない状態になるのが、超越瞑想の「超越」で、瞑想者は思考のプロセスを完全に超越する。要するに何もしないのだが、四〇年にわたる研究で、このように心身をゆったりと静める経験が健康を改善し、学習の効率や成績を向上させることがわかっている。

超越瞑想が児童から大人までの人に生み出す生理学的状態は、「リラックスした覚醒」として知られる。睡眠や、たんに目を閉じて休んでいる状態とは明確に異なり、身体的なリラックスの深さは、酸素消費量や基本的な皮膚抵抗など、いくつかの重要な点で睡眠中より大きいという研究結果が多数ある[14]。

この深い休息によって、神経系がストレスや疲労から回復できる。また、ストレス反応システムの効率がよくなり、ストレス要因に的確に対応しながら、処理後はすばやくオフになる。ストレス反応が効率的になれば、若者はストレスを「やりすごす」ことができ、回復も早くなる。ある研究では、回復速度が二倍にもなり、結果としてストレス耐性と抵抗力が増した。このふたつは、学歴、キャリア、人生の成功に強くかかわっている。リラックスした覚醒状態になると、脳波の活動の同調性が顕著に増し、それにともなって注意力、記憶力、抽象的な思考力が高まる。[15]

アルファ波は比較的ゆっくりとした脳波で、リラックスと関連している。脳波は頭に電気センサーを取りつけると見ることができる。ビルもかつてテネシー大学で訓練の一環として取りつけた。そのあと、目を閉じてと言われた。三、四秒後、モニター画面を見ていた医師が、「おお、これは！」と叫んだ。

ビルは目をパッと開け、「何か問題でも？」と尋ねた。

「なんでもありません」と医師は言った。「あなたが目を閉じた瞬間、この美しいアルファ波が現れたんです」。ビルは医師に、二五年間瞑想をしていると言った。「なるほど」と医師は応じた。瞑想をしてきた年月が、ビルの脳の機能を変化させたのだ。

長年にわたる超越瞑想の研究で、二日に一度、一〇分から一五分の短い瞑想をしている子供は、ストレス、不安、うつの症状が著しく減り、怒りや敵意をあまり見せなくなることがわかった。[16] 彼らはよく眠り、創造的に考え、健康的で、自尊心が高く、学校の成績もよく、認知能力と学力のテストの結果もすぐれている。

超越瞑想は、精神状態をコントロールするわけではないが、瞑想者の内側の「統制の所在」〔行動や評価の原因をどこに求めるかという概念。これが内側であれば、原因は自分の努力や能力にあると考え、外側であれば、原因はまわりの環境のせいと考える〕を増やす。脳をリフレッシュさせて、大局的な視点を維持することができるからだ。また、まわりから圧倒される感覚を減らし、精神が効率よく働くようになる。さらに超越瞑想は、むずかしい状況にうまく対処し、人生の大小の課題を克服できるという自信を増やす。学生が二日に一度、一五分間瞑想をする〈クワイエット・タイム〉プログラムは、都会で充分な教育が受けられず、たいてい暴力、恐怖、トラウマに満ちた生活を送っている学生たちに大きな影響を与えてきた[17]。

瞑想が子供に有益なのは明らかだが、強制することはよくない。それは犬に無理やり水を飲ませるようなものだ。加えて、本書で主張するあらゆることに反する。私たちの経験では、多くの若者や若年成人は、瞑想が体や感情の苦痛を和らげ、成績を向上させることを教えられたり、家族で実践する日課の一部になったりすれば、進んでそれに取り組む。若者にとって仲間からの承認は非常に大事なので、ほかの若者の支援や承認があると、ティーンエイジャーは定期的に瞑想しやすくなる。

子供に瞑想の話をして、いっしょに習わないかと誘ってみるといい。もし興味を持ったら、瞑想を（一日一、二回を三カ月間）試してみないか訊いてみよう。瞑想の利点を直接子供に伝えるか、瞑想を実践している小児科医や家族の友人から子供に話してもらうよう頼んでみる。ティーンエイジャーが瞑想をスケジュールに組みこむのを手伝い、始めるまえに彼らの同意をしっかりと得る。

瞑想から得られる変化をしっかり認識させることも大切だ。それによって、瞑想が子供自身のものになり、定期的に実践することになる。口だけの勧誘にならないように、まず親が瞑想を試して、それから子供を誘うようにしたい。

とはいえ、親にできることはだいたいこのくらいだ。ビルの息子がティーンエイジャーだったときには、瞑想をしたがらず、失望したかとビルに尋ねた。ビルはこう答えた。「私が瞑想を始めたのは、親がしていたからじゃない。自分で魅力を感じたからだ。自分にとって魅力がないなら、する必要はない」

ビルが初めて瞑想を試したとき、深く休息した脳は、疲れてストレスを感じている脳よりはるかに効率よく働くので、少ない労力で大きな成果が得られると説明された。ビルは瞑想が時間の無駄だとは思わなかったが、時間の節約になるとも思わなかった。ところが、ほどなく一日二回、二〇分ずつ瞑想をしても、それ以上に大きな成果が得られることに気づいた。それから四二年たったいまも、同じことを経験しつづけている。

その日の仕事を終えて、彼がすべき最後の仕事は、ファイルやテストを片づけることだ。これは、まず瞑想をしていないときには三〇分かかる。片づけをして、しまう場所まで五、六往復してしまうからだ。だが、最初に瞑想をしておくと、通常二往復ですむ。片づけはわずか一〇分で終わり、頭がすっきりした状態と効率のよさは夜まで続く。これは魔法ではない。集中力が高まり、効率よく考えられ、ミスをすることが少なくなるのだ。


一九歳の大学生のエリザベスは、最初の一年の成績が悪かったので、テストを受けにきた。二年前の父親の死が精神的苦痛になり、不安とうつが始まったという。軽度のうつ病、マリファナの頻繁な使用、睡眠不足の自覚があり、授業に出たり勉強の習慣をつけたりすることがかなりむずかしくなっていた。私はエリザベスに、マリファナの代わりに超越瞑想をしてみてはどうかと提案した。瞑想は、マリファナのように悪い影響もなく、心を静め、睡眠を改善し、喪失の苦痛をゆっくりと癒すことができるからだ。

エリザベスは同意し、一五日間（超越瞑想を学ぶのに必要な期間）マリファナを止めて、定期的に瞑想を実践しはじめた。すると、心が穏やかになり、よく眠れるようになっただけでなく、数週間で気分が晴れ、いちばん好きなビジュアルアーツを真剣に学びたいと強く思いはじめた。マリファナ仲間は、エリザベスが瞑想で「ナチュラル・ハイ」になったようだと言った。

精神的に回復しはじめると、彼女はコミュニティ・カレッジで学業を再開し、地元のアート・スクールで教員の助手のボランティアを始めた。母親の悲しみも癒したいと超越瞑想を勧め、ほかの若者に瞑想を教えるために教師になることも考えた。エリザベスは最終的にすぐれたビジュアルアーツの講義のある一流大学に入り、現在は強い熱意で授業と訓練にいそしんでいる。

――ビル

親からのよくある質問

「うちの子は学校で空想ばかりしていると先生に言われました。子供がADHDでないことは、どうしたら確かめられますか?」

ＡＤＨＤの子供は、授業に興味がないと空想にふける。もしほかの子より空想が多く、注意力が散漫で、思考が混乱し、仕事を終えるのがむずかしい、衝動的である、身体的落ち着きがないといった不安材料があるなら、ＡＤＨＤの可能性について小児科医に連絡して判断してもらおう。

「子供が不安を持っているのは、どうすればわかりますか？　うちの子は典型的な空想家で、このふたつにはつながりがあると聞いたのですが」

ＡＤＨＤではないのに、つねに空想している場合、たいていふたつの理由のうちどちらかだ。ひとつは、まわりの世界になじめず、頭のなかで多くの時間をすごすほうが好きである、もうひとつは、過去に起きた何かに囚われているか、何かが起きそうだと怖れている。

空想しすぎる子供の多くには、不安のほかの兆候も見られる。空想ばかりしていても、不安のほかの兆候（不眠、身体的な落ち着きのなさ、頭痛、興奮、完璧主義、自分の評価に関する過剰な心配など）が見られないなら、空想は不安の原因ではないだろう。

「超越瞑想とマインドフルネスのどちらが子供にいいのでしょう」

直接の比較はむずかしい。超越瞑想は標準化が進んだプログラムであり、マインドフルネスには多くの異なる実践法がある。にもかかわらず、全般的には、どちらも大きな利点があると考える。

マインドフルネスは、児童とティーンエイジャーにとって、日常的に使える自己理解と自己調整の重要なツールになり、やさしさと思いやりを育むのにも役立つ。生活のストレスで若者が共感や利他的行為を経験しにくくなっているいま、どちらもますます重要になっている。超越瞑想で得られる深くリラックスした覚醒も貴重であり、一日二回の実践でストレスと不安のレベルが低下する、成績が上がる、学校生活にポジティブに取り組めるといった効果も期待される。

現実的には、マインドフルネスのほうが親しみやすい。あまり費用をかけずに学ぶことができ、小さな子供でも実践できる。現在、アメリカの多くの学校でマインドフルネスが取り入れられているゆえんだ。また、専門の指導者からやり方を教わる必要もない。

超越瞑想は、高度な訓練を受けた指導者から定型の技術を教わる。つまり、どんな学校でも忠実におこなえるということだが、指導できるのは資格者のみなので、通常は学ぶのに費用がかかり、〈クワイエット・タイム〉プログラムもすぐには導入できない。しかし、デビッド・リンチ財団などの資金援助によって、国じゅうの何千人もの生徒が超越瞑想を学び、実践できるようになった。

超越瞑想、マインドフルネス、空想は、脳の発達にとって非常に重要だが、深い休息の「メインディッシュ」、生命に欠かせない土台、人生の三分の一を費やす活動は、「睡眠」である。次の章の主役は「睡眠」だ。

今晩すること

- 一日のあいだに心をさまよわせる機会を探す。たんに数分間、静かに窓の外や雲を眺めるだけでもいい。「自分ひとりで、何も考えずに」できること（庭仕事など）をしてもいい。
- オフラインですごす重要性について家族と話し、本当に自由な時間をすごす。子供が耳を傾けたら、自己と他者について深く考えることができるのは、何も集中していないときだけだと教える。発見と洞察も心がさまよっているときに得られることが多く、学校で学んだことを定着させるには休息が必要だとも伝える。
●子供に、「勉強やスポーツやメールをしたり、ほかの人と話したりしない自分だけの時間は充分にある？　ただくつろぐだけの時間は？」と尋ねてみる。返事がノーなら、一日に数回、静かに座って心をさまよわせる時間を見つけられるようにする。自分ひとりの時間をつくることのむずかしさについて、子供と話し合う。
●次に子供とドライブに行くとき、テクノロジーに頼るまえにこう言う。「数分のあいだ景色を見てすごすのはどうかな？」
●親自身が瞑想を学んでみてはどうだろう。超越瞑想のウェブサイト（tm.org）を訪ねてもいい。
●多くの有名人が超越瞑想を実践し、支持していることを子供に教える。ケイティ・ペリー、ケシャ、マーガレット・チョー、ヒュー・ジャックマンなど、ティーンエイジャーに人気のある有名人も関心を持っている。
●マインドフルネスに興味があるなら、ストレスにとくに効果があるマインドフルネスのアプリ〈ヘッドスペース〉や〈マインド・イェティ〉などを子供と試すことができる。

第7章 睡眠——もっとも深い休息

二〇世紀の初め、アメリカ人の大人は毎日九時間以上寝ていた。電気とテクノロジーの普及ですべてが変わり、現代では、睡眠時間が平均二時間減っている。睡眠の専門家によれば、日中疲れていたり、カフェインを必要とするなら、睡眠時間は充分ではない。目覚まし時計なしで起きられないなら、もっと眠りをとる必要がある。こうした基準にしたがえば、私たちの多くは深刻な睡眠不足ということだ。
私たちが会うティーンエイジャーのほとんどは、学校ですごす大部分の時間、疲れを感じていると言う。若者の睡眠パターンを調べたある研究によると、一五歳以上のティーンエイジャーでは、睡眠時間が七時間より少ないケースが半数を超え、一般に若者に推奨される八時間から一〇時間に満たない割合は八五パーセントだった。一四歳から一五歳という年齢は、子供が深刻な睡眠不足になる大きなターニングポイントのようだ。[1]
まだスマートフォンが睡眠不足を悪化させていない一九九〇年代から二〇〇〇年代初めにかけても、子供の睡眠研究の第一人者だったメアリー・カースカドンが、ティーンエイジャー（睡眠時間は平均的な七

から八時間）を調査し、彼らが朝とても疲れていて、脳波が過眠症《ナルコレプシー》の患者と似ていることを発見した。〔2〕
この問題はティーンエイジャーでもっとも深刻だが、ビルが調べる幼稚園や小学校の児童の多くも、午前中ずっとあくびをし、「いつも」疲れていると言う。
「子供は幼稚園で食生ピラミッド〔栄養摂取のガイドライン〕を習いますが、睡眠が基本のライフ・ピラミッドについては誰も教えないのです」とカースカドン博士は言った。〔3〕 自然界にいるものはすべて休息をとる。あらゆる動物や昆虫、ミバエでさえ眠る。ミバエにカフェインを与えると、数時間むやみに飛びまわり、やがて落下して、失われた眠りを補うために眠りつづける。ラットの眠りを妨げると、餌を与えられなかったかのように早く死んでしまう。〔4〕
眠りは脳と体の機能を最適化している。眠りがとれないと悪循環が起きる。睡眠不足で「コントロール感」が弱まり、疲れれば疲れるほどベッドに行きにくくなって、おもしろいドラマの次の回を見たくなるのだ。ユーチューブを見つづけたり、携帯電話をチェックしたりするのを止める判断力が失われる。
大量のアイスクリームを食べたくなるのは、すがすがしい朝の九時より、疲れている夜の一一時であることが圧倒的に多い。悪習は睡眠不足で加速する。一見簡単に解決できそうだが、睡眠不足の悪循環を止めるのは現実にはむずかしい。疲れれば不安になり、不安になればさらに眠るのがむずかしくなるからだ。健康的な脳の発達にとって、睡眠はおそらくもっとも重要な要素なので、これは大問題である。
多くの親は睡眠の重要性を知っていて、子供にもっと睡眠をとらせる工夫を望んでいる。子供の宿題が多い、始業時間が早い、サッカーの試合が夜八時から始まるといったことにも苛立つが、親が本当に頭を抱えているのは、子供が眠ろうとしないことだ。本章ではこの問題をくわしく取り上げるが、まず、「コントロール感」にとって睡眠がいかに重要かを説明する。

睡眠と脳

私たちは眠りに貪欲だ。かなり忙しい生活を送りながらも、睡眠を充分にとり（ビルは七時間、ネッドは八時間から八時間半）、目覚まし時計なしで起きることを意識している。睡眠に熱心な理由は、それがすべての基礎をなすことを理解しているからだ。睡眠は家の土台のようなものである。とくにおもしろくもないので軽視してしまいがちだが、それがなければ家全体が崩壊してしまう。土台がぐらついていたら、冬の雨やぬかるんだ地面では悲惨なことになる。睡眠は脳の栄養だ。もう一通メールに返信しようと夜更かしするときや、娘が最後にひとつだけ用事をすませたいと言うとき、睡眠に関する次のような印象深いことばを思い出し、子供にも教え、よく考えたうえで決断しよう。

睡眠不足は慢性的なストレスの一形態である。ストレス研究の第一人者ブルース・マキューアンによれば、睡眠不足は心身に慢性的なストレスと同様の影響を与える。コルチゾール値の上昇、ストレス反応の増加、高血圧、副交感神経系（鎮静時に優勢になる）の働きの低下などだ。また、睡眠不足は炎症を引き起こし、インスリンの生成を減らし、食欲不振を招き、気分を落ちこませる。マキューアンは、若年層にとって、慢性的な睡眠不足（毎晩の睡眠時間が六時間以下）は急性の不眠症と同じ影響があることを発見した。それより年齢が少し上の成人で、四週間にわたって毎日四時間から六時間しか寝ていないグループの認知テストの結果は、三日間連続で徹夜したグループと変わらなかった。[5]
ストレス応答システムが通常どおり機能しているとき、コルチゾール値は、朝目覚めたときにもっとも高く、夜寝るまえがもっとも低い。コルチゾールは、ベッドから出るのに必要なひと押しをしてくれるのだが、強いストレスを受けると、このパターンがよく逆転し、コルチゾール値が夜に高くなり、起きようとする朝に低くなる。多くの睡眠不足の子供に同じことが起きている。
睡眠不足で感情のコントロールが大幅に損なわれる。充分に睡眠をとらないと、扁桃体は不安障害で苦しむ人の脳と似たような状態になり、感情を刺激する出来事に敏感になる。[6] 不機嫌や判断力低下など、ティーンエイジャーと関連づけられるネガティブな特徴の多くは、睡眠不足の結果かもしれない。ネッドは生徒たちに訊く。「疲れている日に、母親がやたら口うるさく、親友がひどく嫌なやつだと思ったことはないかい？」。睡眠不足で柔軟性がなくなり、状況把握の能力が弱まり、判断力が失われるからだ。睡眠不足のティーンエイジャーは、睡眠を充分とっていれば楽に抑えられる気分の変化に対処するため、カフェイン、ニコチン、アルコールやドラッグを使用する傾向が強い。[7]
睡眠不足は「ネガティブの爆弾」のようなものだ。これは著名な睡眠の研究者ロバート・スティックゴールドのことばだ。彼は、被験者の半数が三六時間眠らず、残りの半数が充分に眠った状態で実験をおこなった。両グループはふた晩、回復の睡眠をとったあと、いきなり、ポジティブなことば、ネガティブなことば、中立のことば（それぞれ、「穏やか」、「悲しみ」、「柳」など）からなる記憶力テストを受けた。
睡眠を充分とったグループは、とらなかったグループより四〇パーセント多くことばを憶えており、ポジティブとネガティブの割合は同程度だった。一方、眠らなかったグループでは、憶えていることばの数が少ないうえ、ネガティブな割合が高かった。ポジティブなことばの正答率は五〇パーセント、ネガティブなことばの正答率は二〇パーセント少なかったのだ。

「この結果はかなり怖ろしいことを示している。睡眠不足になると、人生のポジティブな記憶よりネガティブな記憶が二倍多くつくられ、偏って気が滅入るような記憶が残るのだ」とスティックゴールドは結論した[8]。

睡眠不足は、すでに不安定な子供にとって慢性的なストレスと同様、不安障害と気分障害の原因になりうる。睡眠が充分にとれないと、前頭前皮質と扁桃体のつながりが弱まる[9]。「操縦士」が眠り、「ライオン猟師」が目を覚ますのだ。この前頭前皮質と扁桃体の接続不良は、PTSD、うつ病、双極性障害などの症候群で見られる[10]。

睡眠とうつ病のあいだには強い相関がある。睡眠時無呼吸の患者は、睡眠を充分にとっている人に比べて、男性で二・五倍、女性で五倍、深刻なうつ病になりやすい。CPAP（夜間に気道を広げる装置）の使用はうつの症状を大きく改善する。女性が思春期後にうつ病になるリスクが三倍になるという事実は、充分に睡眠をとれなくなることと関連しているかもしれない。

睡眠不足は身体的な不調につながる。血糖調節を阻害し、肥満の原因となるのだ。日本、カナダ、オーストラリアの子供を対象にした研究では、夜間の睡眠時間が八時間に満たない子供は、一〇時間眠る子供に比べて肥満率が三〇パーセント高かった[11]。ヒューストンのティーンエイジャーを対象にした研究では、睡眠が一時間短くなるごとに、肥満になる可能性が八〇パーセント増加することが示された[12]。

ティーンエイジャーが睡眠不足になると、さらに多くの病気になる可能性がある。免疫機能が抑えられるからだ[13]。ナチュラルキラー細胞も大幅に減少するので、アメリカがん協会は、夜勤の仕事を、発がんの可能性があるものに分類している[14]。

睡眠は学習にとって重要である。学習の際に、充分な休息ほど重要なものはまずない。単純に言えば、四時間眠った生徒に八時間教えるより、八時間眠った生徒に四時間教えるほうが、はるかに効率がいい。極端な睡眠不足でなくても、思考や認知能力には影響が出る。睡眠制限療法の研究の一環で、六年生が三日間、ふだんより一時間長く眠るか、一時間短く眠る実験がおこなわれたが、ほかの子より睡眠時間が三五分短くなるだけでも、認知テストの結果は四年生と同等になった。睡眠不足は二年分の認識力を簡単に奪ってしまうのだ[15]。

人が眠っているときに何が起きているか考えてみよう。脳は経験を「再生」して、大脳皮質と海馬で信号をくり返しやりとりし、記憶を統合し、定着させる。最近学んだ事物が心のスクリーンに映し出され、深く浸透し、過去に学んだことと結びついていく。睡眠は脳全体をリフレッシュし、注意力を改善し、新しく学ぶことを最適なかたちで受け入れられるようにする。

ノンレム睡眠（急速眼球運動をともなわない睡眠）中には、「睡眠紡錘波」と呼ばれる脳波が急に現れ、脳が海馬の短期記憶の貯蔵所から大脳皮質の長期記憶の貯蔵所へ情報を移すのをうながす。このいわゆる徐波睡眠が、新しい記憶を定着させ、学んだ情報を保存するのに役立つ。睡眠の専門家マシュー・ウォーカーは、それを「保存」ボタンを押すことにたとえる。電気信号は、「ゆっくりと同期する詠唱」のように脳のある部分からほかの部分に伝わり、さまざまな場所にある情報の断片を結びつけ、互いに関連づけて、複雑な理解の枠組みを構築する[16]。

スティックゴールドの初期の睡眠の研究では、被験者が三日間にわたって七時間〈テトリス〉をし、入眠直後に起こされると、被験者の七五パーセントにゲームの視覚的イメージが見えた。睡眠中も脳が〈テトリス〉の重要なスキル（あるとすれば）を習得しようと働きつづけていたのだ。スティックゴールドは、新しいことを学び練習したあとで睡眠をとった人は、ひと晩じゅう起きていた人より、翌日憶えていることが多いと結論した。[17]
学習に睡眠が大きな影響を与えることを実感するのは、高校生だけではない。この春、ビルは、ここ数年ヘブライ語を学んでいる妻のスターの勧めで、この言語を勉強することにした。最初の一、二週間は、朝の仕事に行くまえに数分間勉強して、まずまず進歩した。ある夜、スターが夜の八時四五分からいっしょに勉強しましょうと提案した。その時間は注意力もあり、会話やギターの演奏や同僚との打ち合わせなら簡単にできたが、勉強は疲れすぎてできなかった。問題集の一行目にある三文字の単語をいくつかゆっくりと発音し、二行目に移って、むずかしそうな新しい単語を解読しようと数分間悩んだ末、二行目の単語が一行目とまったく同じだったことに気づいた。疲労でそれすら思い出せなかったのだ。夜の八時四五分になると、脳はせいぜい一〇パーセント程度しか機能していない。単語の習得には数時間かかるだろう。一方、その日は寝て朝に勉強すれば、二〇分でできるのだ。学生の多数は、このように精神が完全に働かない状態でほとんどの学習をしている。
睡眠と成績が連動しているのは当然だ。多くの研究で、短い睡眠時間と成績不振に相関があることが示されている。始業時間を遅くして、欠席や遅刻、授業中の居眠りが減り、学生の気分と自己効力感が改善した例もある。[18] 九〇〇〇人の高校生を対象にした、カイラ・ワルストロムの近年の研究によると、始業時間を朝八時三五分より遅くすると、成績が二五パーセント上昇した。遅ければ遅いほどいいとワルストロムは言う。たとえば、始業時間を朝七時半から八時にするより、八時半までずらすほうが確実に結果が出る[19]。

休息しているとき……

充分に休息してストレスがないとき、前頭前皮質はトップダウン方式で感情システムを制御する。充分に睡眠をとっていれば、前頭前皮質とほかのシステムとの接続がリフレッシュされて強まり、頼りになる「操縦士」が思考と行動を制御することが可能になる。

たまにネッドは、学校の成績がトップで、課外活動でもすぐれた評価を受け、幸せでストレスのない子供に出会うことがある。そういう子に睡眠のとり方について尋ねると（つねに尋ねる）、こう答える。「一〇時にはベッドに入るよ。疲れてるときに何かしてもうまくいかないから」。彼らは効率よく勉強できるから、早めにベッドに入れるのかもしれない。しかし、充分休んでいるからこそ効率よく勉強できる可能性のほうが高い（自己管理ができない子供は、睡眠の問題を抱えていることが非常に多い。くわしくは第11章で）。

要するに、睡眠には癒しの効果があるのだ。ノンレム睡眠（ほとんどの夢はここで発生する）は、感情が経験した痛みを和らげる。レム睡眠では、脳からストレスに関連した神経化学物質がすべてなくなる。一日二四時間中、そういう状態になるのはこのときだけだ。ウォーカーによれば、レム睡眠のあいだ、脳は感情とつらい記憶を再活性させ、神経化学的に安全でストレスのない環境で内省的な夢にする。眠ると「朝には物事がよりよく見える」という昔からの言い伝えには、科学的根拠があるのだ。[20]
夜、良質な睡眠をとった人はほぼ全員、「コントロール感」の増加を経験する。しかし、これには決定的条件がある――眠るときに、一度「コントロール感」を手放さなければならないのだ。明らかに、自分のためになると思わなければ、それはできない。では、どうすれば子供に充分な眠りをとらせることができるだろう。睡眠には、優先させるべき理由と同じくらい多くの障害があり、その障害は年齢にかなり関係している。よってこの章の残りは、私たちがよく受ける質問と答えに割くことにしよう。

よくある質問

「うちの子にはどのくらいの睡眠が必要でしょうか」

一般に、就学前の子供には毎日一〇時間から一三時間の睡眠が必要だ（一時間は昼寝でとることが多い）。六歳から一二歳には九時間から一一時間、一四歳から一七歳には八時間から一〇時間、一八歳から二一歳には七時間から九時間の睡眠が必要だ。[21]これは一般的なガイドラインである。子供の睡眠研究の世界的権威であるジュディス・オーウェンは、ほかの人間のニーズと同様に、必要な睡眠時間もおそらく釣鐘状の分布になると指摘する。[22]
効果的に活動するために、ほかの人より多く睡眠をとらなければならない人もいる。子供が充分な睡眠をとっているかどうかの判断基準は、自分で起きられるか、日中疲れていないか、日中落ち着きがなくイライラしていないか、などだ。これらを考え合わせて、子供に必要な睡眠をとらせよう。

「医師の助けが必要な睡眠の問題を抱えているかどうかは、どうすればわかりますか？」

親が気づく一般的な睡眠の問題がいくつかある。まず考えられるのは、不眠症と、睡眠時無呼吸のような睡眠関連呼吸障害。もし子供がいびきをかいたり、寝つけなかったり、なかなか起きられなかったりしたら、小児科医か、必要なら睡眠の専門家に診てもらい、眠りを妨げる喘息、アレルギー、扁桃腺肥大などでないことを確認すべきだ。
不眠症は、四、五歳の幼い子供がかかることもある。ティーンエイジャーの不眠症は非常に多い。睡眠相後退症候群も同様で、これは午前一時か二時まで疲労を感じず、体内時計をリセットする必要がある。不眠症はＡＤＨＤや自閉症とも関連していることが多い[23]。
睡眠に問題のある子供の場合、ストレスや不安障害、うつ病も除外しておきたい。ＡＤＨＤや自閉症でない子供に落ち着きがなく、入眠時に大人が同じ部屋にいて助ける必要がある場合には、行動に起因する不眠症の一形態とも考えられる。認知行動療法士や睡眠行動医学の専門家に早めに診てもらうといいだろう。

「睡眠が重要なのはわかりました。でも、学校はとても早く始まります。娘は課外活動と宿題で夜遅くまで起きていますが、課外活動がとても好きなので、やめさせたくありません。どうすればいいでしょう」

このような心配はよく聞くし、直接相談を受けることもある。ネッドの生徒のケリーは、三つのスポーツの代表選手で、歴史、英語、微分積分学の上級コースをとっている。母親は当然ながら娘の睡眠不足が心配だ。

ある日、ネッドはケリーに、「たくさん活動しているけれど、うまくやれているかな？」と訊いてみた。

「だいじょうぶ」とケリーは肩をすくめた。「とても疲れて、少しストレスを感じるだけです」

「わかるよ。お母さんは、きみがどうやってすべてをこなしているのか心配しているみたいだ。ちょっと気になったんだが、いつも何時に寝てる？」

「ふだんは午前二時か三時です」

「すごい。一日のすごし方を教えてくれないか？　学生としてもアスリートとしても同じくらいまじめだから、ベストを尽くそうと睡眠時間を削って一生懸命努力してるんだろうね」

「そうですね。ふだんは五時間宿題をしています」

「私の経験だと、もう少し休息をとれば、宿題も少し早く終えられるよ。おそらく四時間で宿題を終わらせて、もっと眠ることができる。それにしても、なぜ二時とか三時なの？」

「いろいろ活動してるから」

「三つのスポーツの代表選手なんだって？　ほかには何を？」

「ええと、〈ベスト・バディ〉プログラム〔ボランティア活動〕とか、模擬国連とか。それから、学校の社会貢献プログラムのリーダーをして、学生自治会のメンバーです。ああ、それと、学生アンバサダー、学生チューター、学生メンターも。セラピーに通って、ラクロスをして、特別な支援が必要な子供のための運動プログラムにも参加しています」

これがつくり話ならいいのだが……。ケリーが何をおいても学ぶべきことは、正しい選択をすることだ。ネッドは、そのうちのどれかをしてはいけないなどとは言えないと伝えた。しかし、ケリーはあまりに手を広げすぎて、どれも中途半端になっていた。高校生活において重要なのは、ひとりですべてはできないことを学び、まず自分の幸福を考えることだ。

ケリーのように向上心のある子や完璧主義者を、ネッドは次のように激励する。応用して使ってみてほしい。


きみがとても誠実なのはわかる。それらすべてに全力で取り組み、誰の期待も裏切らないだろう。きみはすべてをこなそうと、夜遅くまで一生懸命がんばる。つまり、自分自身を犠牲にしている。慢性的に疲れていては、どれについてもベストを尽くすことができない。

きみがまだ知らないことがひとつある。すべてにおいて一番になる必要はないのだ。とくにうまくなりたいこと、時間をかけ、注意を向けたいことを見つける必要がある。課外活動をひとつ減らしてもいいだろうし、あまり好きでもなく、時間ばかりかかる授業があったら、そのひとつでは少し悪い成績をとっても気にしないことだ。その分の時間を、きみ自身と、睡眠と、本当に重要な授業や活動に再投資する。きみが断ったら誰かが困ると考えなくてもいい。ほかの誰かにステップアップのチャンスを与えたのだと考えよう。

「一〇代の息子にもっと寝なさいと言っても、九時間半も寝る必要はないと言い返されます。もっと短くても元気だし、友だちの多くは睡眠時間が七時間以下だ、と。きちんと寝ることが本当に必要だとわかってもらうには、どうすればいいでしょう」


思春期後の若者は通常、睡眠相が変化し、たいてい午後一〇時四五分ぐらいまで眠れなくなる（そして脳は朝八時ごろまで睡眠モードになる）[24]。さらに問題になるのは、光の影響にも敏感なのに、夜に電子機器を使うことが多い点だ。

とくにティーンエイジャーと話し合うときに大事なのは、敬意を払うことだ。多くの子供は、親の「だから言ったでしょう」を聞きたくないので、睡眠パターンを変えることに抵抗する。本人の知識の正しさを認めるかたちで切り出すのが重要だ。

こんなふうに言ったらどうだろう。「きみは正しいかもしれない。ほかの人より寝る時間が少なくてすむのかもしれないね。本当にそうか、試してみよう。きみが自分のために正しい決定をするのを手伝いたいから」。睡眠の専門家で『*Snooze ... or Lose!*（居眠りか、負けか）』の著者ヘレン・エムセレムが指摘するように、結局ティーンエイジャーに関しては、就寝時間を変えたり、昼間の疲れを減らしたりすることに本人が関心を持たなければ、いくら睡眠時間を長くさせようとしても無駄である[25]。

したがって、まず疲れがどのようなものか、夜ぐっすり眠ることがどれほど心地よいかを、子供が知っているという前提に立とう。たしかに、睡眠時間が八時間から八時間半ですむ子もいるが、たいていの子は自分がどれほど疲れ、眠りを必要としているか充分に判断できない。そのことを本人に伝えたうえで、子供が家にいる日、朝一一時に部屋を暗くして横にならせる。寝るまでにどのくらいかかるだろうか。もし数分で眠ってしまうようなら、深刻な睡眠不足のサインだ。
もうひとつの方法は、「学ばせる」ことだ。三日続けて本人が寝たいと思うまで夜更かしさせ、日中にどう感じたか評価させる。注意力、集中力、学習の効率、気分、不安やイライラの有無、人間関係がうまくいくかどうかを、五段階で評価する。そして次の三日間は、親が必要と考える睡眠時間をとれるように、早めに寝かせる。その三日間も評価し、結果を記録する。もし本人が、本当にちがいがないと感じるなら、彼は正しいのかもしれない。

「娘はいつも疲れています。もっと寝なさいと言っても聞き入れず、寝るのは時間の無駄だと言います。どうしたらいいでしょう」

これはむずかしい綱渡りだ。娘の自主性を尊重し、睡眠を押しつけるのは控えたい。本人が望む以上に眠らせることはできないが、夜にペースダウンして静かにすごすことは勧められるだろう。子供が抵抗したら、こう言おう。「なかなか眠れないなら、力を貸すのが親の責任だと思う。寝るべきだとお医者さんが勧める時間には、暗い部屋にいてもらいたい」
睡眠が重要なのは、数々の証拠からも明らかだ。親がコンサルタントとして使える戦略には、次のようなものがある。

- 子供は、親以外の第三者からのアドバイスは真剣に聞くことが多い。就学年齢の子供なら、睡眠について、かかりつけの小児科医か、子供が尊敬するほかの大人から話してもらおう。ティーンエイジャーの場合には、睡眠に関する興味深い記事を読んでみないかと勧めてみる。
●就学年齢以下の子供の場合、本人の同意を得て消灯時間を設けてもいい。子供の就寝時間を決め、夜間の電子機器の使用を制限する（後述）のは、責任ある親の務めであることを説明する。
●ティーンエイジャーは、電子機器と友だちからのプレッシャーで、早い時間に寝ることが非常にむずかしい。こんなふうに言ってみよう。「むずかしいのはわかる。親がコントロールするつもりはない。でも、もしもっと早く寝たいと思っていて、そのきっかけが欲しいなら、喜んでご褒美を出そう」。こういう褒美は差し支えない。親が子供に望むことをさせるための手段ではなく、子供が自分のためにしたいけれど、たいへんそうだと思っていることの後押しだからだ。そこには微妙だが重要なちがいがある。[26]
●少し年齢が上の子供には、充分な睡眠をとるという条件つきで、車の運転などの特権を与えよう（睡眠不足で運転すると非常に危険だからという理屈）。
ただ、子供の睡眠を記録するのはかなりむずかしい。いつ入眠してどのくらい寝ていたかを記録する〈アクチグラフ〉のようなツールは、使いこなす訓練が必要で、家庭で簡単に使用できるものではない。時計型の〈フィットビット〉も、残念ながらデータの信頼性に不安がある。しかし子供に、何時に明かりを消したか、（起きたときに）何時間睡眠をとったと思うか、夜更かししたかどうかといった記録をつけさせることはできるかもしれない。入眠までの時間がわからなくてもかまわない。「昨日より早く眠れた？　それともなかなか眠れなかった？」と訊くだけでも参考になる。充分な休息をとったかどうかを子供に理解させるには時間がかかる。重要なのは、信頼、コミュニケーション、協力して問題を解決する姿勢だ。

●パソコンでする宿題を先にして、紙の宿題をあとにするよう子供に提案する。そうすれば、遅くまで電子機器の光にさらされずにすむ。
●「一時間半多く寝ることですべてがよくなるとわかったら、睡眠に対する考え方が変わる？」と子供に訊いてみる。「充分寝ないと、うつ病になる危険性があるんだけど、考えを変える気はない？」と。
●早く寝るために親がしていることを子供に話す。「お互い必要な睡眠をとるために助け合わない？　私があなたに思い出させ、あなたが私に思い出させるの」

「六年生になる娘はカフェインを大量に摂取しているようです。毎日、炭酸飲料とスターバックスのコーヒーを数杯飲んでいます。エナジードリンクには手を出してないようです——いまのところ。心配したほうがいいでしょうか」

簡単に言えば、答えはイエス。ティーンエイジャー向けのカフェイン飲料の消費が著しく増加しているのは心配だ。そういう製品が四歳児にまで売りこまれることに暗澹とした気持ちになる。多くのティーンエイジャーが一日八〇〇ミリグラムのカフェインを摂取している。コーヒー約八杯に相当する量だ（総合病院メイヨー・クリニックが推奨するカフェイン摂取量は、若者が一日一〇〇ミリグラムまで、子供はゼロである）。
子供の発育に対するカフェインの影響は充分研究されていないが、耐性を獲得して、常習的な摂取の一因となることがわかっている。[27] さらに、カフェインは体内に数時間とどまる。たとえば、午前一〇時にカフェインを摂取すると、午後四時になってもまだ体内に半分残っている。[28] 子供は体内に取りこんだものを大人より早く代謝するが、それでも、そこまで体内に刺激物がとどまるのは心配だ。適量のチョコレートと炭酸飲料を除いて、カフェインの入った食品や飲み物は子供に与えないほうがいいだろう。友人の影響で「大人のまね」をしたがったら、ネッドのようにノンカフェインの飲み物を勧めよう（ただし、ノンカフェインと称していても、いくらかカフェインは含まれている）。

ティーンエイジャーを甘いカフェイン飲料から完全に遠ざけることは、親がいくら望んでもむずかしい。最善の方法は、カフェインの影響について子供と話すことだ。カフェインは短期的には効果があるが、長期的には悪影響を及ぼす。ティーンエイジャーが眠いときにカフェインを摂取すると、眠りはさらに短くなり、副作用は大人と変わらない。神経の苛立ち、時間に追われる感覚、不安、心拍数の増加などだ。これらの症状は短期間に大量のカフェインをとったり、エナジードリンクを飲んだりすると悪化する。

子供には、カフェインをとったあとの集中力、緊張、イライラの程度に注意を払わせよう。眠気は抑えられるが、注意力が低下し、頭がぼんやりすると感じる若者もいる。睡眠や運動など、ほかにも集中力とエネルギーを高める方法があることを教える。刺激物なしで充分休息をとることは、現代社会の大人にとっても非常にむずかしい。最終的には、自分の活力の管理方法を考えるのは、彼らの責任だ。充分に休息をとり、刺激物に依存しない方法を早めに理解すれば、大人の世界に入ったときに一歩先んじることができる、とビルは生徒たちに指導する。

「私も子供も夜更かし型で、早い時間にベッドに行くことは困難です」

たしかに、体内時計が自然の周期に反しているときには、早く眠りにつくことは容易ではない。この問題で私たちがよく引用する研究がある。生理学者のケネス・ライトが、若者を対象として、ふだんの一週間と、電気やデジタル機器のないキャンプの一週間のあとを比較研究した。通常生活の一週間のあと、メラトニン（眠りを誘うホルモン）は、被験者が眠る夜一二時半前後のおよそ二時間前に分泌された。それがキャンプの一週間のあとは二時間ほど早くなり、寝る時刻も早まった。また、キャンプによって、朝寝坊の人と早起きをする人の個人差が縮まることも明らかになった。夜型の人の体内時計は、電子メディアや電気の光を浴びることで遅れることが多い。親子でこのタイプなら、夕食後に浴びる光の量にとくに気をつけ、朝型の人より早く鎮静状態に入るように心がけよう。ブルーライトの影響を軽減する眼鏡を買ってもいい。いまは多くの機器にブルーライトを抑える機能が備わっているが、オンラインニュース、映画、電子メールの刺激は、充実した夜の眠りを妨げるので、たんなる光以上に注意しなければならない。

「うちのティーンエイジャーは、登校するために朝六時半に起床しますが、週末は一二時半まで寝ています。問題ないでしょうか」

これに対するアドバイスはいろいろだ。週末に起きる時間が平日よりあまりに遅いと、頭が混乱し、時差ボケのような不調を来す。よって睡眠の専門家の多くは、ティーンエイジャーの週末の起床時間が、平日より二時間以上遅くならない（それで眠い場合には、短い昼寝をする）ことを提案する。チルドレンズ・ナショナル・メディカル・センターの睡眠医学部門のダニエル・リューインのように、話し合いと柔軟性が何より大切だと感じている専門家もおり、私たちも同意見だ。
理想的な睡眠パターンについて子供と話し、家族にとってもっとも効果的なものを理解しよう。子供の起床時間が平日より二、三時間以上遅い場合、時差ボケのような状態になり、日曜の夜に眠ることがいっそう困難になることを知ってもらう。ただし、良い点と悪い点を考え合わせて、本人に決めさせよう。

今晩すること

- 睡眠を家族にとって重要なものと定め、睡眠時間を増やすことを目標にする。ネッドは一〇代の生徒たちにいつも、「貯金が先」と言う。支払いをするまえに預金口座に入金するという意味だ。「きみたちには、週およそ六三時間（一日九時間）の睡眠が必要だ。その時間を予定に入れたうえで、残りの時間をどう使うか考えよう」
これは子供だけでなく親にも役立つアドバイスだ。睡眠に関する親自身の工夫を話し、うまくいった方法があれば子供に教える。子供の提案を受け入れる準備があることも伝える。
- 寝るまえに徐々に神経を落ち着かせる効果的なルーティンがあるか、子供に訊いてみる。もしないなら、良質な睡眠衛生または睡眠習慣と専門家が呼ぶものについて教えよう。
本当に疲れるまえにベッドに入る準備をすること。疲れると、もうひとつ片づけたいとか、ドラマの次のエピソードを見たいという欲求を抑えることがむずかしくなる。寝る少なくとも三〇分前に、照明を暗くし、ブラインドをおろしてメラトニンの分泌をうながす。遮光カーテンやリラックス効果のある音楽も試してみよう。ホットミルクにも睡眠誘導効果があることが確認されている。

もし必要なら、深刻な不安を抱える子供やADHDの子供に有効なメラトニン薬の使用について小児科医に相談してもよい。そもそも眠りにつくことがむずかしい場合には、日中の運動を勧めてみよう。

● 子供が運動選手なら、睡眠がアスリートの能力を驚くほど向上させるという論文を検索してみよう。スタンフォード大学のバスケットボール選手の研究では、夜八時間以上睡眠をとると、数週間後に全員の走力が上がり、ショットも正確になった。[29] 睡眠の専門家の助言で、NBAチームの多くが選手の睡眠時間を増やすために朝の練習を撤廃したことも参考になる。
● 夜間、寝室に電子機器禁止区域を設けることを家族で相談する。ダニエル・リューインは、子供（と大人）に寝る三〇分から六〇分前にキッチンで電子機器の充電をするよう勧める（ひと晩じゅうではないが、夜間に一度は携帯電話を我慢する機会ができる）。ティーンエイジャーとは丁寧に議論すること。七晩続けて携帯電話を寝室に置かないのが無理なら、五日ならどうだろう。そうすれば、携帯電話が部屋にあるときとないときのちがいを親子で話し合うことができる。携帯電話を目覚まし時計代わりに使っていると子供が言うなら、すぐ店に行って、子供が望むもっとも高性能の目覚まし時計を買う。それは賢いお金の使い道だ。
●高校生の子供に、八時間以上眠っている友だちや同級生がいたら、どう実践しているのか尋ねさせてみよう。子供はふつう、大人よりほかの子供から多くのことを学ぶ。
●子供が疲れていたら、自分と他人に寛大になることを思い出させよう。疲れているときには感情の反応が異なり、親や友人にイライラしがちになることを認識させる。
●理想的には、子供がみずから気持ちを静める方法を学ぶことが望ましい。しかし、ある種の子供には（とくにＡＤＨＤや不安障害の場合）それが非常にむずかしい。寝るときに音楽を聞いたり（携帯電話で聞く必要はないが）、テレビをつけておいたりしなければならない子供もいる。望ましいことではないが、効果があるならそうしてもいいだろう。
●ティーンエイジャーが眠そうにしていたら、学校や自習時間のあとに二〇分の仮眠をとるように勧めよう。それ以上長くすると意識がもうろうとし、夜の睡眠リズムが乱れてしまう。本格的な睡眠までのひと休みと考えるのだ。
●睡眠障害や深刻な睡眠不足の子供の場合、一時間目を休ませる提案書を医師に書いてもらうことを検討する。また、www.racetonowhere.com/sleep-pageのような睡眠ツールキットもある。
●子供の体内時計がオフになっていたら、朝明るい日差しを浴びさせることが効果的だ。しかし、光線療法を試すまえに、睡眠の専門家に相談すること。天気がよければ、キャンプに行くのもいい。年じゅう睡眠の問題を抱えている子供が、夏のキャンプで睡眠サイクルを取り戻すのをよく目にする。キャンプのあいだ、子供たちは夜九時半に寝る。電灯の光もデジタル機器もないからだ。冬のさなかや、太陽が遅くまで沈まない北部地域に住んでいる場合には、キャンプはむずかしいだろうが、うまくいけば非常に効果的な方法だ。
●睡眠に関する読書をする。とくに、ヘレン・エムセレム著“*Snooze ... or Lose!*”と、リチャード・ファーバー著“*Solve Your Child's Sleep Problems*”（子供の睡眠の改善方法）を推薦する。
●学校関連でやるべきこと、とくに宿題が、どこまで子供の就寝時間を妨げているかを評価してみる。ただこれは単純な問題ではない。次章では、学校環境について論じる。

第8章 学校にも「コントロール感」を

私たちは学校嫌いの子供によく会う。学年が上になるたびに生徒の「コントロール感」が失われていくのは偶然ではない[1]。子供の学校生活を支援するには、まず彼らの目から見た学校について考えてみる必要がある。低学年でたくさん選択肢があったところから、必須の宿題、整列、トイレの許可、言われたことを言われたとおりにすることに、ほとんど一日じゅう費やす生活へと移行する。自主性はいったいどこにあるのだろうか。

幼稚園から大学まで、親は子供が魅力的で想像力に富んだ学校生活を送ることを望む。学校は刺激と休息の両方を提供すべきだ。子供の生来の好奇心を刺激し、一日の長い時間、「フロー」の状態になれるようにする。理想の学校では、教師に自主性があり、子供に選択肢がある。そうした学校環境は、内的な「統制の所在」のほぼ完全な模範だが、公立と私立を問わず、残念ながら学校はその方向に進んでいない。

最近の教育の傾向として、教師は教えるのがむずかしく、生徒は学ぶのがむずかしくなっている。教師は、「どんな先生でも使える」指導要領のせいで自主性を失っている。多くの全日制の幼稚園では、休憩を短くすれば指導時間が長くなり、テストの成績が上がるという見当ちがいの想定にもとづいて、一〇分の休憩がわずかに一回、しぶしぶ認められている。生徒は小学一年生か二年生のうちに、早くも宿題で身動きがとれなくなる。高校生になるころには、（1）成績表、（2）共通テストの点数、（3）大学の入学選考によって自分が決まるように感じる。すべて外部による検証だ。ほぼ接点のないどこかの大人に、ふるい分けされるのだ。「ぼくは数字じゃない」と叫びたくなる。保険数理士のようにふるまう学校でストレスに圧倒される生徒がいるのも、なんら不思議ではない。

二〇年以上のあいだ、学校改革は、脳の機能や子供の健全な発育について現在知られるごく基本的な研究成果さえ反映せずに、進められてきた。教育指導者や政策立案者は、「子供の健全な脳の発達に必要なものは何か」とか、「子供はどのように学ぶのがベストか」、「読書や代数を教えるのに最適な時間はいつか」といった質問をしない。むしろ「われわれの学校、地域、国の基準を満たすために、この子に何をする必要があるか」と考えているようだ。たいていの改革は、子供の脳の発達より、そこに詰めこむべき内容と、定着を確認するための無数のテストに焦点を当てている。達成感の得られないことばかりが増えているのだ。

教育改革は失敗する。生徒、教師、管理者の「コントロール感」を一様に低くする政策に頼ることで、大きなストレス、生徒のやる気の減少、教師の不満と極度の疲労につながることが予想されるからだ。

本書でこの学校の方針を変えられないことは承知している（それは次回にとっておく）が、親が子供を支援するための情報は提供できる。また、制度全体は変えられないにしても、教育者（彼らにはこの章をぜひ読んでもらいたい）に、子供の教育の経験を変えるための具体的な行動を示すこともできる。この章で学校政策の問題を包括的に取り上げることはできないが、「コントロール感」の重要性を認識してもらえば、子供が一年のうち九カ月、一日およそ七時間をすごすきわめて重要な場所について考える指針にはなると信じている。

子供を熱中させる

教育者と親の大きな課題のひとつは、いかに子供を学習に熱中させるかだ。とくに、中学校や高校では、多くの生徒ができるだけ熱中せずにすませようとしている。トップ集団のなかにさえ、成績にかかわらないことは何もやろうとしない生徒がいる。[2] いまの社会は、好奇心を抱いて自分の心を発達させる学習者の代わりに、評価基準と結果ばかりを気にする子供を育てているのだ。

教室で子供を熱中させるためにできる最善のことは、教室の外で自主性を与えることだ。エドワード・デシとリチャード・ライアン（第5章で彼らの自己決定理論に触れた）によると、親に自主性を与えられた子供は「学業の自己調整能力が身につきやすく、有能感があり、自発性、能力、クラスへの適応力に関する教師の評価も高い[3]」。彼らは成績もよく、全国共通テストのスコアでもほかの生徒を上まわった。

教室のなかでの指導も重要だ。教育環境のなかで自主性を尊重することは、かならずしもむずかしくない。生徒に選択肢を与えるだけでも充分なのだ（「パジャマ・パーティと発表会のどちらがいい？」、「エッセイを教室で書くのと家で書くのでは、どちらが好き?」、「これをするのは、教室と家のどちらがいい?」、「これはひとりでやりたい? それともパートナーといっしょがいい?」)。

そうすればいくつもの方法で、生徒が教材を理解していることを確かめ、彼らの意見を求め、自分に合った戦略を探すよううながすことができる。さらには、なぜあることをするように求めるのか、そしてそこから何を学んでほしいのかも説明できる。

生徒が教師に共感し、親しみを感じると、いっそう努力し、好結果を出すことがわかっている。とはいえ、よい教師、偉大な教師もいれば、それほどでもない教師もいて、全員がすべての生徒と心を通わせるわけではない。また、どんな生徒ともつながらない教師もいる。問題は、教師自身に自主性がなく、多くは不機嫌で、満足していないケースが多いことだ。何をどのように教えるか選択できるとき、教師のストレスは軽減し、うまく教えられるという研究結果もある。不幸なことに、最近の調査によれば、過去一〇年で教師の自主性は減っている[4]。

子供と教師がなじんでいないと感じたら、親としてできることがいくつかある。まず子供に、学校で習っていることについて教師と会話したり、教師自身の興味を尋ねたりすることを勧めてみる。子供と教師との意思疎通を手伝うのだ。ただ、あまりにも相性が悪ければ、(むずかしいかもしれないが)子供のクラス替えを校長に願い出てもいいだろう。

しかし、親ができるいちばん効果的なことは、子供の教育の責任を負うのは子供自身だと強調することだろう。最終的な責任は担任の教師にも、校長にも、親にもない。六年生の算数でつまずいて、そのまま七年生の代数に取りかかれないとき、六年生の算数の教師を責めても慰めにはならない。もちろん、四苦八苦している子供に責任を押しつけろと言っているのではない。むしろ優秀な教師が少ないことを認め、毎年すべての科目について最優秀の教師がつくことはありえないと子供に教えよう。教師の助けがあろうとなかろうと、自分で学習をコントロールできるように、子供みずから戦略を立てる。親はそれを援助するのだ。さもないと、子供は学習できていないことを知りながら、それを変えられない無力感で、苛立たしい状況に陥ってしまう。

たとえ先生と意思疎通がうまくいかなくても、子供を学びたい気持ちにさせるものは何だろうか。先生がまちがっていることを証明するために奮起する？　すばらしい。その先生の授業に二度と出なくていいようにがんばる？　それもいいだろう。悪い教師によって学習を制限される必要はないということを強調しよう。学校にかぎらず、これは人生の大切な教訓だ。

親として現実的な支援をすることもできる。もし子供が勉強しないなら、数学や科学に熱中できるように、家庭教師や教育用ゲームを探してみよう。中高生の場合、〈カーンアカデミー〉〔教育系の非営利団体〕などのオンライン学習サイトを調べるといい。授業の内容をマスターする役に立つはずだ。授業で習うまえにそれらを見れば、次の授業で子供は「これはわかる」と感じる。習ったことを躍起になって解読するよりはるかに快適だ。また、自習した内容を、親や兄弟、友だちなどに教えさせてもいい。これは自尊心を育み、自信を与え、複雑な内容を本当に理解する最善の方法だ。

学校のストレスとプレッシャーを減らす

第1章では、ストレスが脳の情緒的機能に与える影響について述べた。ここではとくに、学習に影響するストレスについて話したい。

ネッドが子供の指導を始めてすぐに気づいたのは、模擬試験で成績上位に入る子供が、実際のSAT（大学進学適性試験）やACT（アメリカン・カレッジ・テスト）では成績があまりよくないことだった。その理由が知りたかったので、いろいろ書籍を読み、科学者や心理学者と話して、「ヤーキーズ・ドッドソンの法則」にたどり着いた。一九〇〇年代初頭、ふたりの心理学者、ロバート・ヤーキーズとジョン・ドッドソンは、生理学的、精神的な覚醒にともなって、パフォーマンス（成績）はある点まで上昇するが、その後低下しはじめると提唱した。精神の鋭敏さを最適な状態にするには、好奇心、興奮、軽いストレスによる一定レベルの覚醒が必要だが、ストレスが強すぎると、逆にしっかり考えられなくなる。脳が充分機能を発揮できなくなるのだ。

ネッドの生徒たちに表れた学期末レポートに対する態度のちがいは、ヤーキーズ・ドッドソンの法則の典型的な実例だ。平均すると、女子はこのカーブが左寄りに、男子は右寄りになる。つまり、女子にとって最適なストレスレベルは、男子のやる気を引き起こすには不充分であることが多く、男子にとって最適なストレスは、多くの女子にとって大きすぎる（これはあくまで平均であって、子供は一人ひとりちがうこと

ヤーキーズ・ドッドソン曲線

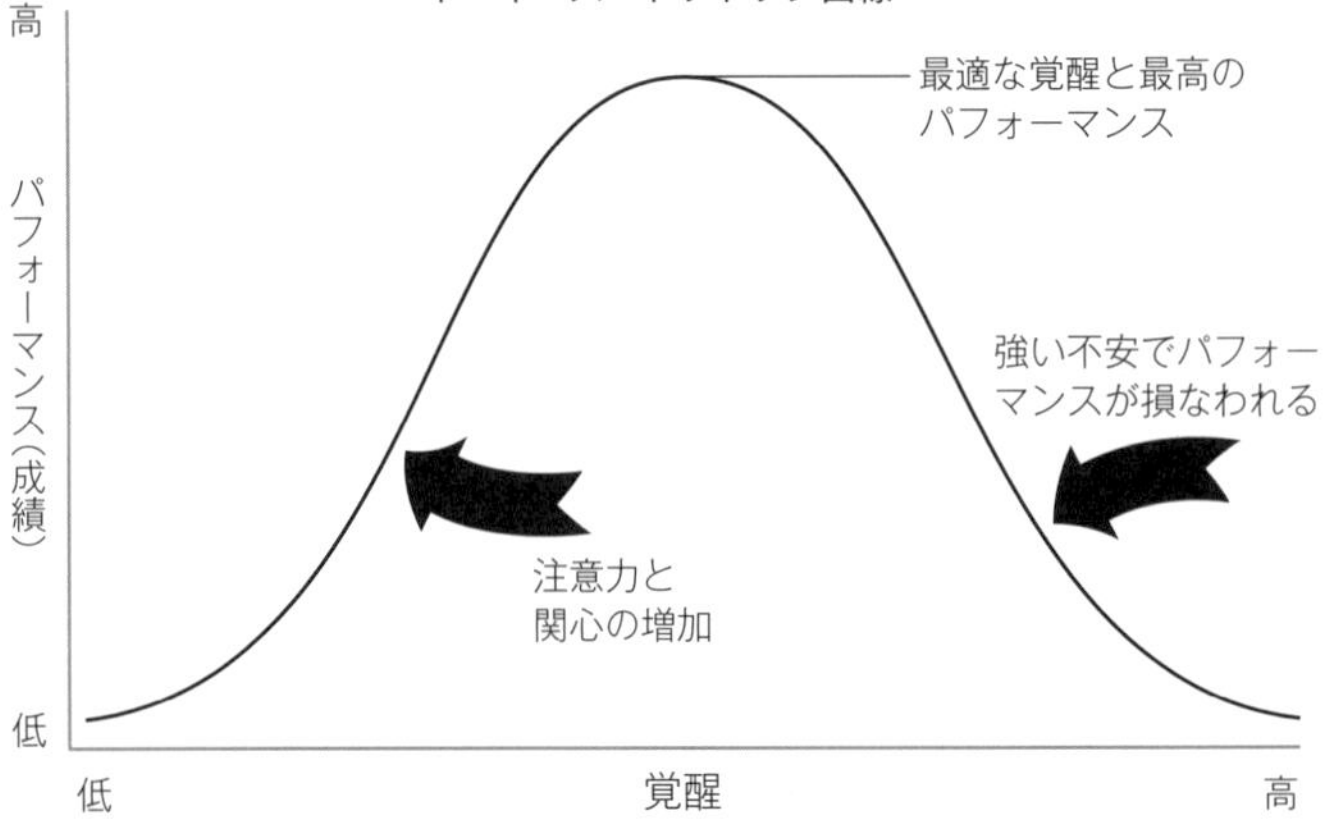

に注意。男子のような曲線を描く女子もいれば、その逆もある）。親にやる気を出させるものが子供には効果がない場合もあることは、憶えておいたほうがいい。親にとってたいしたことではなくても、子供には圧倒的な意味を持つこともある。
学校との関連でヤーキーズ・ドッドソン曲線を考えると、生徒の三分の一は「リラックスした集中」と呼ばれる最適な学習の状態、さらに三分の一は過剰なストレス状態、残りの三分の一は退屈な鎮静状態にあると言えるだろう。長年、ヤーキーズ・ドッドソンの法則は、調査研究でくり返し裏づけられてきた[5]。生徒たちは、挑戦しがいがあって脅威が少ない環境、つまり、むずかしい課題を与えられ、安心して試行錯誤し、うまくいくまで必要なだけ時間をかけられる学習環境で、もっともよく学び、好結果を出す。失敗してもだいじょうぶだとわかるときに、真の成長につながるリスクに挑むことができる。そして高度に働き、幸せを感じる脳を開発することができるのだ。
私たちが出会う多くの子供は、こうした環境におらず、脳にとって有害な環境で学んでいる。彼らの日々はストレスと疲労からなり、そこにたびたび極度の退屈が加わる。戦争の古典的な描写をご存じだろうか。「果てしなく続く退屈が、瞬間的な恐怖で中断される」。多くの学校は、これののどかなバージョンだ。結果として、多数の生徒が充分学べず、ストレス関連の症状に苦しめられている。
大量のストレスが前頭前皮質（好みのうるさい脳のゴルディロックスとして第1章で紹介した）に殺到する。前頭前皮質が効率よく機能するには、ドーパミンとノルエピネフリンの微妙なバランスが必要だ。前頭前皮質が完全に機能しないと、生徒は集中力を失い、注意を持続することができない。そして、三つの重要な実行機能に支障を来す――抑制、ワーキングメモリ、認知的柔軟性である。[6]
ワーキングメモリは、おそらくあらゆる実行機能のなかで学習にとっていちばん重要だ。情報を操作、更新するあいだ、一時的に保持しておく機能である。現在を過去と未来に関連づけ、つながりをつくることを可能にし、創造性の鍵となる。ワーキングメモリが学習そのものと言ってもいいだろう。科学者のなかには、ワーキングメモリが新たなＩＱになると言う人もいる。現在のＩＱ以上に学業の成功と人生の成果に結びついているからだ。[7]
子供がストレスにさらされ、ワーキングメモリが損なわれると、情報を統合し、話の筋道を理解し、保持しておくことがむずかしくなる。脳は、コンピュータのハードドライブのような記憶装置というより、プログラムを実行させるＲＡＭメモリのようなものだ。頭に入ってくることが多すぎて、大きな認知的負荷がかかる状態は、一度に開いているブラウザが多すぎるようなものである。コンピュータはどこかで処理速度が落ちるか、クラッシュする。ストレスがかかりすぎた脳も同じだ。
ネッドは子供たちにワーキングメモリを説明する際に、ちょっとした算数のクイズを出す（興味があったら、紙を使わず頭のなかで挑戦してみよう）。早口で次のように言う。「一〇〇〇たす四〇。いいかい？そこに一〇〇〇をたして。たす三〇、たす一〇〇〇、たす二〇、たす一〇〇〇、たす一〇は？」。すると、ほとんど全員が五〇〇〇と答える。（正解は四一〇〇）。ウォール街の債券トレーダー（つまり根っからの数学オタク）のネッドの友人も五〇〇〇と答えた。これは算数というより、脳の働きの問題だ。たとえ最高の環境でも、複数の情報を頭のなかで保持しつつ組み立てていくことがいかにむずかしいかを示している。そこにストレスが加わったら、推して知るべしだ。

少しまえ、ネッドは非常に苦労している少女の家族から相談を受けた。その子にとって、学校はつらいが、ACTは地獄だった。まさにストレスに押しつぶされていた。ネッドは安心させるために「みんなが引っかかる」と前置きして、いまの算数のクイズを出してみた。テストでまちがうのは、もとの作成者が故意にミスを誘っているからだということを示そうとしたのだ。しかし、途中で彼女の目に涙があふれて、問題を最後まで続けられなかった。算数にかぎらず、学校とかかわるものがすべて怖くてしかたがなかったのだ。彼女の脳が本当に必要としたのは、計算ではなく落ち着きだった。

本物の脅威を感じたときには、明確で論理的な思考をしている場合ではない。必死で逃げるか、果敢に立ち向かうか、死んだふりをすべきなのだ。厳格な教師に指名されて、クラス全員のまえで恥をかくかもしれないとおびえている子供は、そのとき教わっていることがなんであれ、まったく考えていない。生存はつねに学習より大切だ。

学校で子供には挑戦しがいのある課題を出してもらいたいが、それは彼らが受け入れられ、励まされていると感じられる環境でおこなうべきだ。具体的にどういう環境であるかは、状況に左右されるが、問うべき質問は同じだ——子供が学校で身体的、精神的に安全と感じているかどうか、教室ですることに「コントロール感」を持っているかどうか、安心してまちがうことができるかどうか。

また、重要なのは、自分を成長させることであり、完璧な成績をとることではないと子供に説明しよう。第5章のハーマイオニーのところで述べたとおり、子供に広い視野を持たせるのだ。

最後に、学校のストレスを最小限にするために親ができるいちばんのことは、自分自身がストレスに巻きこまれないことだ。もしそうなったときには、ネッドのある生徒の母親のように、素直に謝る。彼女が娘に書いた手紙に心を打たれたので、本書に引用させてもらうことにした。次のような手紙だ。


今夜はつらい思いをさせてしまいました。赦してください。言いわけできないことはわかっているけれど、事情を説明させてください。

午後、あなたのクラスメイトのお母さんと会ったとき、昨日の数学のテストの点について訊かれました。数学のテストのことは知らないと答えると、相手があきれたように首を振るので、私はやるべきことをやっていない恥ずかしい親になった気がしました。心が傷つき、混乱した。だから家に帰って、あなたにテスト結果のことを矢継ぎ早に質問したのです。宿題をしているか調べて、成績を見たいと言うと、あなたは、信じられないというふうに、目に涙を浮かべて私を見ましたね。

あなたはいつも知的好奇心と創造力にあふれている。人を助け、誰とも分け隔てなく接し、勤勉だけれど競争はしない。私は、自分の子の成績があなたよりいいことを確かめようとする母親に影響されて、大事なあなたとの関係を壊してしまった。

二度とテストの点は尋ねないし、宿題やオンラインの成績もチェックしないと約束します。あなたが私に見せたいと思わないなら、成績表も見ません。

あなたは私にとって数字や文字ではないの。敬意を払う価値のある、かけがえのない贈り物です。

あなたの信頼と敬意を取り戻せることを願っています。

あなたを愛する母より

学校のストレスを減らすために、生徒と大人が力を合わせることも重要だ。生徒、教師、学校管理者、親が協力して、みんなのストレスを減らす方法を探る「ストレス軽減チーム」をつくるといいだろう（ストレスの脳に与える影響について、初めてビルが教師に講義したときには、副校長がビルを呼び止め、学校管理者として毎日どれほど多くのストレスにさらされているかを語り、脳が心配だと言った）。そうしたチームで、学校で生徒と教師の自主性を高め、休息をとる機会を増やし、宿題の考え方を修正する（たとえば、休みのあいだは宿題を出さない）方法を検討するのだ。[8]

宿題――刺激は与えるが、強制しない

宿題に押しつぶされそうになっている子供が多い。ここ三〇年で、その数は低学年を中心に急増している。[9] 近年の研究によると、幼稚園から小学三年までの子供は、全米教育協会と全米ＰＴＡが推奨する量の

三倍の宿題をしている。幼稚園児は毎晩平均で三五分[10]、進学校のティーンエイジャーは毎晩平均三時間以上、中学生でも二時間半、宿題をしている。それなのに、宿題が「有用で意味がある」と感じているのは生徒のわずか二〇から三〇パーセントにすぎないという調査結果がある[11]。

九〇年に及ぶ研究で、宿題が小学生の学力を明確に向上させる決定的な証拠はないことがわかっているにもかかわらず、宿題が山積みになっているのはなぜだろう。効果がたいしてないという調査結果があるのに、高校生がいまだに多くの時間を宿題に費やしているのはなぜだろう。夜に一、二時間の少量の宿題が中高生の学力向上に役立つことはあるが、それ以上になると、学習という点から考えて逆効果なのだ[12]。

子供が疲れ、ストレスを受けているとき、することを増やしても効果はむしろ減る。宿題は親子の摩擦を生むことが多く、たいてい両者の関係を損ない、子供の自主性を弱めてしまう。本来の手段が目的と化しているのだ。ビルは、テストの成績がよく、授業内容をしっかり習得している子供が、宿題を提出しないせいでCやDをとるのを頻繁に目にしている。

私たちのモットーは、「刺激は与えるが、強制しない」だ。教師は、子供が学校の外でも勉強したいと思うように刺激を与えてもらいたい。いくつかの研究で、子供が学習内容をある程度コントロールしているとき、率先して取り組み、習得しやすいことが示されている。だからこそ宿題は、自発的に、成績評価を気にせずおこなわれるべきなのだ[13]。

強制したり優劣をつけたりせずに宿題をやらせるのはいいことだ。学習内容の把握に役立つ別の方法でもかまわない。教師が宿題を出すときには、それをすることでどのような利点があるのか説明し、生徒の意見や提案に耳を貸すべきだ。これは「明日までに教科書の二〇ページから五〇ページを読んで、一〇個の設問をやってきなさい」というやり方とは大きく異なる。理想の世界では、こんな説明になるだろう。

「放課後に二〇分間これを勉強すると、きみたちの脳は今晩寝ているあいだに新たなネットワークをつくり、学んだことを理解し、記憶することができる。でも、疲れたりストレスを感じていたりしたら、ほかのことをしなさい。復習は、頭がすっきりしているときにいつでもできる」

世界でもっとも学力が高いフィンランドでは、宿題の量がもっとも少なく、一日三〇分以上することはめったにない[14]。フィンランドの教育の第一人者、パシ・サルベリは、多くの小中学校生が学校にいるあいだに宿題をほとんど終わらせ、一五歳の子供が家庭教師に習ったり塾に行ったりすることはなく[15]、それがフィンランドの子供の学力を驚くほど高めていると指摘する。彼らの読解、数学、科学の成績は、放課後の多くの時間を家庭教師と塾に費やすアジア諸国の子供にまったく引けを取らないのだ[16]。

長年、ビルが会ってきた教師のなかにも、宿題を与えないか、生徒に自由に選択させるか、生徒が授業についていけなかったときだけにする人が大勢いる。たとえば、モンテッソーリ教育を実施している学校や公立中学の教師たちだ。国際バカロレア機構の経済学のある教師は、一〇年前に宿題をやめ、週一回の本の推薦に切り替えたが、生徒たちはこの一〇年、宿題をしていたころと同等の成果をあげている。

ネッドは、意図的に宿題を最小限にしている。見せかけの時間つぶしに興味がないのだ。子供たちが自分の役に立つと信じることに一生懸命取り組むことを望んでいる。宿題をする時間がなかったと子供たちが言えば、ネッドは正直に話してくれたことに感謝し、宿題より重要な時間の使い方があったんだね、と言う。よければ宿題を終わらせるスケジュールを立てるのを手伝おうか、と。

子供の通う学校がフィンランド式ではない場合、どうするか。もし選択肢があるなら、脳を中心とした学習を重視する学校、つまり、点とり虫ではなく探究心のある生徒を育てることをめざす学校に転校させてもいい。親から見て宿題が重荷や極度のストレスになっているようなら、介入してもいいだろう。研究成果にもとづいた教育方針をとる学校なら、校長に宿題の方針の裏づけを尋ねよう。セイラ・ベネットとナンシー・カリッシュの著書『*The Case Against Homework*（宿題に反対するわけ）』からすぐれた一節を引用すれば、「それは私の子供には意味がない」ということだ。宿題が本当に問題になっているとき、多くの教師は調整したいと考えるものだ。

宿題をしなくていいという許可を与える手もある。教師が出す宿題が多すぎて、支援のしかたにも困ったら、宿題をしないことの賛否を話し合ってみる。子供の幸せと健康が大事か、ひとりの教師が決める成績が大切か。私たちにとって答えは明白だ。

子供の準備ができたときに教える

私たちの友人のマリーの娘エミリーは、幼稚園に入ったばかりだ。そこでは、ウサギをかわいがったり、マカロニで芸術作品をつくったりといったカリキュラムが取り入れられている。エミリーは読み方を学ぶことにはまったく興味を示さないが、ダンスや歌が大好きで、バービー人形で何時間でも遊ぶことができる。姉のフランシスは幼稚園に行くまえに読むことができたので、マリーはふたりのちがいを心配していた。エミリーの祖父母もこれを問題視し、もっと読む機会を与えたほうがいいのではと言った。マリーがほかの母親に相談したところ、やはり娘に同じ心配をしていた。下の娘が充分読むことができないのは私のせいかもしれない、と。この妹たちは、幼稚園に入る時点で遅れをとっているのだろうか。

親はこういう状況に冷静ではいられない。その根底にあるのは、科学や現実というより恐怖、競争、プレッシャーだ。過度のプレッシャーを感じているのは親だけではなく、子供も同様である。本格的な学校教育が始まるまえから、ほかの子と比べられる。早く学ばせれば成長後の子供の学力が上がるというまちがった前提にもとづいて、習得基準はどんどん前倒しされている。文字を読むことは七歳から教えるのが効果的で、早めに憶えてもその優位は子供時代にすっかり失われることが実証されているにもかかわらず、いまや五歳児に読むことを教えるようになった。[17]

かつてはある学年で高度な学習レベルだったものが、いまではふつうと考えられ、ついていけない子や、まだ準備ができていない子は、能力が足りないと見なされる。子供は、教わる準備ができていないときに教えられると苛立ちや困惑を感じ、「コントロール感」が低くなる。

実際には、学校は変わったが子供は変わっていないのだ。今日の五歳児の基本的な能力は、一九二五年の調査開始時の五歳児と差がない。現代の子供も、一九二五年の子供と同じ年齢で四角と三角を書き（それぞれ四歳半と五歳半）、金銭を数えられるようになる（六歳で二〇セントまで）。これらの基本は、読み書き計算の準備ができたことを示している。

たしかに学習曲線が急上昇する子供もいるが、足し算を理解するには頭のなかで数字を保持できなければならないし、KとRのような文字を認識して書くには、三角形の斜めの線を識別しなければならない。

問題は、一九二〇年代から七〇年代までの子供たちは自由に遊びながら自己制御のような重要なスキルを身につけていたが、現代の幼稚園児はいきなり読み書きを要求されることだ。

子供は成長するにつれ、脳の発達によって、外国語を除くほぼすべてのことが学びやすくなる。道具がよければ仕事ははかどるものだ。刃こぼれしたのこぎりでもテーブルをつくることはできるが、時間がかかり、楽しくない。しかも、あとで直すのがむずかしい悪い癖がついてしまうかもしれない。

よく目にする早期教育のわかりやすい問題点は、鉛筆の持ち方だ。鉛筆をきちんと持つのは、じつはかなりむずかしい。人差し指、中指と親指の指先で軽く持ち、指先だけで上下左右に移動させるには、しっかりした運動技能が必要だ。幼稚園であまりにも早く書くことを求められた子供二〇人のうち一七人が、誤った鉛筆の持ち方を矯正するために作業療法を受けなければならなかった。考えてみてほしい。八五パーセントの子供が外部の助けを必要としたのだ。親は余分な金を払い、親子ともにストレスを感じる。それもこれも、成長の節目などおかまいなしに、「四歳児に書くことを教えたらすごくない？」と考える大人がいるからだ。

こうした教育の早期化は、中学高校でもあらゆる場面で見られる。八年生〔中学二年生に相当〕が、かつて九年生〔中学三年生に相当〕で習っていた科学の授業を受け、一〇年生〔高校一年生に相当〕が、かつて大学で教わっていた文学作品を読んでいる。ワシントンDC郊外のモンゴメリー郡では、九年生の代数を八年生で教え、最終的には七年生に教えることを目標にしていて、四人のうち三人が期末試験で落第する悲惨な事態を招いている。[18] たいていの八年生には、代数を習得できるほどの理論的な思考能力が備わっていない。

歴史的に、大学への進学時期は、それにふさわしい能力が備わる一〇代の終わりだった。いつの世にも例外はあるが、総じて一四歳は、大学で厳しい学習ができる発達段階と考えられていなかった。皮肉にも、子供に早期教育を受けさせる点で、こうした問題に関する私たちの考え方は後退している。

ネッドは、SATの準備を九年生から始めさせたい親の相談をたびたび受ける。そのときには、やがて学校でふつうに教わることのために子供の時間と親の金を費やすのはまちがっていると答える。子供が学校でスキルを学び、知識を獲得するのを待つほうがはるかにいい。そのあとそれから一一年生で試験勉強をすればいいのだ。試験準備を早くしすぎることはまったく不必要だし、逆効果ですらある。一四歳の子供に複雑な年金プランを説明するようなものだ。学んでも身につかない。

ビルは、行きすぎた早期教育の後始末のような事例を日常的に扱う。何かを読むように言うと、硬直したり、泣きだしたりする子供が大勢いた。彼らは過去にそれを怖ろしい脅威と感じる経験をしているのだ。子供はくり返し失敗すると、失敗が内在化する。最近ビルが話をした児童心理学者の四歳の娘は、クラスの子たちと同じように日記が書けないことを失敗と感じていた。

ここでの重要なメッセージは、直感には反するが、親として憶えておいたほうがいい――つまり、早ければいいというものでもないのだ。同様に、量が多ければいいというものでもない。過ぎたるは及ばざるがごとし。早すぎる教育に対抗するために、次のようなことができる。

•可能であれば、発達の段階に注意して適切なカリキュラムを採用している学校を選ぶ。小さな池の大きな魚として能力を発揮する子供もいる。それが彼らに、失敗を怖れず流れに立ち向かう自信を与えるのだ。子供は心身ともに強く成長する。でも、もっと大きな池に大きな魚がいたら？　そのときには、子供が適切な学習環境を見つけるのを手伝うのだ。

●リラックスして、長期的に考えること（たとえまわりで誰もそうしていなくても）。五歳で読み方を学ぼうが、六、七歳で学ぼうが、九歳になればほとんど差はない。ビルの娘が五歳のとき、まわりの子の何人かはすでに読みはじめていた。ビルとスターは少し焦った。五歳より七歳のほうがはるかに読み方は学びやすく、あまりにも早く教育を開始するとかえって有害だとわかっていても、娘が同年代の子に遅れをとって将来が危うくなるのではないかと不安になった。いっとき幼稚園を代えることも考えたが、結局、自分たちの信念にしたがって、勉強を強要せず四年生まで宿題を出さない学校に娘を残すことにした。出だしはのんびりしていたが、彼らの娘は二六歳でシカゴ大学の経済学の博士号を取得した。ビルはこの話をするのが大好きだ。自慢話をしたいからではなく（いや、自慢も少しはある）、まちがった方向に流されているとわかっていても逆らうのはむずかしいことを強調するためだ。
●急いで学ばせたことは、やがて消えてしまう。ビルは、三年生のわが子が四年生や五年生の算数をしていると話す親たちには会うが、二八歳より成功していると自慢する二六歳には会ったことがない。
●上級クラスに熱中しすぎてはいけない。子供の心の健康と睡眠を犠牲にして、上級クラスをたくさんとらせても、本人のためにならない。大学生が高校生より『白鯨』から多くのことを学ぶのには理由があるのだ。この時期の前頭前皮質の著しい発達と、それにともなう抽象的思考能力と感情の成熟を考えると、彼らが成長後に大人向けの小説をよく味わえるようになるのも驚くにはあたらない。同じことは、複雑な科学理論やデータ、定量的概念、歴史的主題にも当てはまる。どれも大学生の年齢になってからのほうが理解しやすいのだ。一五歳で大学レベルの授業を受けられる生徒がいないと言っているのではない。ここでの問題は、大学に入るには上級クラスを五つとらなければいけないといったことが当然の前提になると、多くの生徒に破壊的な結果をもたらすということだ。

正しくテストする

私たちふたりは子供にテストを受けさせて生計を立てているから、テストに反対はしない。テストとともに生きていて、正しく実施されれば非常に有用なツールになると考えている。

神経科学者はよく、「同時に活性化したニューロンは結合を強める」と言う。意図的な努力でくり返す行為は脳に刻まれやすい。ワシントン大学の心理学者でテストにくわしいヘンリー・ローディガーは、「テスト」ということば自体は悪い印象を与えがちだが、学習を助けるきわめて強力なツールであることは確かだと考える。事実や概念を思い出そうとする行為が、たんにノートを眺めるのとちがって、記憶を増強するのだ。「テストは知識を測定するだけでなく、変える」とローディガーは言った[19]。

テストはまた、知識が欠けているところを明らかにし、教師がどこに時間を使うべきか教えてくれる。知っている（または知らない）ことを認識させるうえで、これほど客観的な意見はない。くり返し受けることで不安も和らぐ。ひとりで受けても集団で受けても、ある程度のプレッシャーを感じるが、軽いプレッシャーに慣れておくと、現実の試験のストレスに対処しやすくなる。

とはいえ、今日学校でおこなわれる全国共通テストには大きな問題がある。これをおもに支持しているのは、熱心な教師ではなく政治家である。彼らは、客観性やレベルアップ、学力差の解消、トップ争いといったことばかり語るが、全国共通テストに頼りすぎた体制が成績向上にあまり効果がないという調査結果にはほとんど触れない。パシ・サルベリは、テスト中心の教育方針を採用した世界の多くの国で、じつはテストのスコアが下がっていることを指摘した。一方、彼の国フィンランドでは、教師の高度な訓練や、共同作業、学校中心のカリキュラム、教育者間の信頼にもとづくリーダーシップに力を入れて、スコアが上昇している。

テストを教師の立場から考えてみよう。教師はテストのために教えざるをえなくなり、自主性が奪われる。彼らの契約は、子供のテストの成績（直接的なコントロールはほぼ無理）に左右されるので、テスト次第で職を失ってしまうかもしれない。同僚の教師も、仲間ではなくライバルとして見るようになるかもしれない（「もうひとつの九年生のクラスに学年上位の生徒が集中しているのではないか？」）。さらに、生徒を自分の昇進の障害と見なす怖れもある。生徒自身の幸せより将来のテストスコアのほうが気になるから、子供の自由な行動を抑えこもうとするかもしれない。テスト結果は往々にして、教師と、ひいては学区全体の評価に用いられる。これらすべてによって、教師の職務遂行能力と、生徒とのつながりは損なわれる。

子供、親、教師のストレスを増やし、「コントロール感」を弱めるものは、みな失敗する運命にある。テストを強調しすぎると、教育の幅が狭くなり、ギスギスしてくる。生徒全員が毎日何かしら楽しいことを期待すべきだが、テスト中心の教育では、選択科目の授業を削ってその時間をテスト準備にあてるので、楽しみが減る。多くの子供は、美術、音楽、工作、演劇など、主要科目以外の授業（または課外活動）で輝く。そこで大事なのは成績ではなく、いつも少しずつ作品や演技をよくしていくことだ。モチベーションという点から見ると、子供は幾何学が好きでなくても、そのあとに合唱、バンド、美術や工作のクラスがあると思えば、ピタゴラスの定理を学ぼうという気になる。

二〇一四－一五年度は、六五万人以上の学生が全国共通テストを受けなかった。子供が受けたがっているのにやめさせるのはよくないが、受験しないことの是非を話し合って、子供に選択させよう。

子供が全国共通テストを受けようと決めた場合でも、それにどういう価値があるのか（ないのか）を話し合ってもいい。〈ＥＲＢ〉や〈コモンコア〉のようなテストは、スキルや知識を評価し、教師を導くためにのみ用いられるべきだ。知性を分類するものではないということを子供にしっかり伝えよう。

学校に「コントロール感」を取り入れるには

要するに学校は、テストスコアより健康的に脳を発達させることに焦点を当てるべきだ。学校生活のストレスをいかに減らすか模索し、生徒の自己理解と自己制御をうながし、自主性を尊重してモチベーションを最大限に高め、教育のあらゆる局面にそれらの技術を取り入れて、生徒を熱中させるべきなのだ[20]。

学校の環境からストレスを減らすプログラムはたくさんある。そこには、第6章で述べた〈クワイエット・タイム〉も含まれる。これは二〇〇九年、サンフランシスコ市に隣接するビジタシオン・バレーの資金不足の中学校に初めて取り入れられた。大半の生徒が一日二回、一五分間の超越瞑想をおこなう（ほかの生徒は読書をしたり、休息をとったりして、「静かな時間」をすごす）。

ビルが二〇一一年にその学校を訪れたときの副校長の話。プログラムを開始するまえは、スクール・カウンセラーの部屋の外に子供が三〇人立っていた。授業中にふざけて教室から出ていくように言われたのだ。それがたった二年で、誰もいなくなった。同様に、全米の多くの学校が〈クワイエット・タイム〉を取り入れて大きな成果をあげている。[21]〈クワイエット・タイム〉は資金不足の学校に導入されることが多いが、その対極にある学校でも効果がある。シカゴのエリート女子高の校長がビルに話した〈クワイエット・タイム〉の導入理由は、「ストレスを抱える子やうつの子を、もうひとりも出したくなかった」ことだった。

〈ゾーンズ・オブ・レギュレーション〉などのプログラムを通して、学校全体でマインドフルネスに取り組み、生徒に自己制御をうながす学校もある。このプログラムでは、自分の体のなかの感情の状態を自問し、いくつかのシグナルを認識することを教えられる。「レッド・ゾーン」にいる子供は、激しく、感情的になっている。「イエロー・ゾーン」も高ぶった状態だが、自分の行動を多少コントロールできる。「グリーン・ゾーン」では、落ち着き、まわりに注意を払い、集中している。これは学習に最適な状態で、生徒は適度にむずかしい課題をこなすことができる。そして「ブルー・ゾーン」では、退屈し、疲れ、悲しんでいる。

私たちは一年生と二年生のクラスを見学した。休憩から帰ってきた子供たちは興奮して騒がしかったが、教師が彼らに、「グリーン・ゾーン」の時間なので、体を落ち着かせるためにいっしょに集中して深呼吸をしようと言うと、それは見事に効果を発揮した。

伝統的な体育の授業の代わりに、活発なフィットネス・トレーニングをおこなって、生徒の認知力を大きく向上させている学校もあるし、キャロル・ドゥエックの言う「成長型マインドセット」を育むことを強調する学校もある。私たちはこれらすべてのプログラムと、健全な「コントロール感」を培うその他の手法を支持する。

このような子供の教育方法は、つねに受け入れられるわけではない。この国、そして世界のいくつかの地域では、競争第一主義の学校や、複数の上級クラス、ゴールをめざすレースがごくありふれた状況だ。ビルは長年にわたる対話のなかで、うつ病の治療を受けている多くのティーンエイジャーが、一流大学に入れたら、これまでしてきた（つまり、犠牲にしてきた）すべてのことが報われると言うのを何度も聞いた（親たちも同じことを言う）。だが、それはまちがいだ。ロバート・サポルスキーが指摘したように、うつ病はもっとも残酷な病気だ。子供が疲れすぎ、ストレスを受けすぎ、長期間追いつめられて、うつ病になったら、大学合格通知のためにあまりにも高い代償を払ったと言わなければならない。大学に入ることは、大学生活のほんの一部分にすぎない。もっとも重要な質問は、あとで触れるとおり、そこにたどり着いたときに何をするかだ。

今晩すること

● 子供に自分の教育の責任を負わせる。学校が代わりにやってくれるのではなく、自分に責任があると感じるべきだ。これは、苦労している子供を責めることとは根本的にちがう。

- 子供が担任の教師から学ぼうとしないときには、教師のせいにせずに事実を認める。「先生はベストを尽くしている。ただ、きみに合った教え方を知らないだけだ」。いずれにせよ、どんなことがあれば教材を習得しようという意欲が湧くか、子供に考えさせる。
- 子供に広い視野で見させる。成績は、生徒として、また人として成長することより重要ではない。
- 子供の準備がまだできていないこと（幼稚園で読み方、八年生で代数、高校で上級クラスなど）をやらせようとするプレッシャーに抵抗する。
- 学校のストレスを減らすために、教師、親、子供で話し合う支援組織をつくる。運動、アート、瞑想など、脳の発達に有用な学校内のプログラムを検討する。

第9章 年中無休の覚醒状態
――テクノロジーの獣を飼い慣らす

私たちは、長年のあいだに親たちから数多くの質問を受けてきた。なかには特定の文化に根ざした質問もある――「一〇歳の子供にテロリズムについてどう説明すべきでしょうか」。くり返し訊かれる質問もある――「うちの子は読書をしたがらないのですが、失読症でしょうか」、「宿題をさせるにはどうすればいいでしょう」。だが、これまで受けた質問をグラフにしたら、飛び抜けて多いものがひとつある――「うちの子は、学校にいないときにはゲームばかりしています。どうすればやめさせられるでしょう」

一九八〇年代から九〇年代にかけて、ゲームは家族のテレビにつながれる端末か、手元で操作する貴重なデバイスで、次から次へとカートリッジを購入しなければならず、親にとってすでにむずかしい問題だった。しかし、少なくとも当時は、夕食や睡眠、学校のあいだはテレビとゲーム機を遠ざけて、使用禁止にしておくことができた。それがいまや、若者のあいだにスマートフォンがすっかり普及し（最近のピュー研究所の調査では、一三歳から一七歳の七三パーセントが持っている）、子供がゲームやテキストメッセージ、ソーシャルメディアに費やす時間を制限することは、はるかに困難になった。
アメリカ人の子供のほとんどは、七歳までに、毎日二四時間で合計一年分、端末画面のまえですごしている。[2] 放課後に友人と直接交流するティーンエイジャーはわずか三五パーセントで、電話で話すのも同じくらいの割合だが、六三パーセントは毎日テキストメッセージをやりとりしている。[3] 八歳から一〇歳の子供は一日七時間半、画面のまえですごす。それでも充分長いが、一一歳から一四歳になると、その時間は一一時間半に跳ね上がる。[4] 要するに、この世代の社会的、認知的発達のほとんどが画面を通して起きるということだ。テクノロジー依存は若者の新たな常識であり、彼らの多くは、ほんの数時間ソーシャルメディアを利用できないだけでパニックになる。[5]
こうした状況に困り果てる親もいる。心理学者でプログラマーのアダム・プレターは、子供が使うテクノロジーを親に教えているが、子供のテクノロジーの使用に関する決定は、親にとってほかの子育てとは異なると指摘する。というのも、親は子供の手のなかにあるツールについて、何も知らないに等しいからだ。
最近、テクノロジーに依存する七歳の子を持つ父親が、ネッドのところにやってきた。息子が、起きているあいだも寝るべき時間の多くでもゲームをしていて、心配でたまらないということだった。「なだめすかしたり、賄賂までやったりしましたが、無駄でした」と父親は言った。「息子は一日じゅう部屋に閉じこもっています。私とも、母親とも、弟とも口を利かず、パソコンで赤の他人に大声で叫んでいるだけなのです」

彼の心配は、ゲームそのものではなく、息子がひとりで閉じこもって家族の誰とも話さないことだった。テクノロジーは人生を豊かにする力を持った驚くべきツールだが、家族の時間、友人との直接の交流、勉強時間、運動、睡眠といったかけがえのないものに取って代わる。脳はつねにテクノロジーの刺激を求めるようになり、問題を引き起こす。アダム・オルターは著書『*Irresistible: The Rise of Addictive Technology and the Business of Keeping Us Hooked*（抵抗不能――中毒性のテクノロジーとわれわれを虜にするビジネス）』で、テクノロジーの力を理解する業界関係者の多くは、自分の子供にそれを使わせたがらないと指摘している。[6] 子供をヴァルドルフ学校（教室内でのテクノロジーを禁止し、一二歳まで家でも使わないように勧める）に通わせる人も多い。

テクノロジーの王、スティーブ・ジョブズは、子供のテクノロジーの使用を注意深く制限し、わが子にｉＰａｄを持たせなかった。ワイアード誌の元編集長クリス・アンダーソンも、ニューヨーク・タイムズ紙のニック・ビルトンに語った。「うちの子たちは私と妻を非難する。テクノロジーについて心配しすぎだとね……だがそれは、テクノロジーの危険をじかに見てきたからだ。私は自分が見てきたものを子供に見せたくない[7]」

電子機器はつねに進化している。テクノロジーの進歩は速く、私たちもつねづねその影響に関する相談を受けていて、常時テクノロジーを使用していると若い脳にどのような影響があるのかについては、一般の人々より多くのことを知っている。ゲームは世界を救うと言う人もいれば、テクノロジーは人間をむしばむという人もいる。この章では、双方の見解の背景にある科学を紹介しよう。

テクノロジーは人をひるませ〈フェイスブック〉の次は〈インスタグラム〉で、その次は〈スナップチャット〉。次は何だろう《ワッツアップ》……〈ワッツアップ〉だろうか?〉、苛立たせ（私の子供は最新の〈マインクラフト〉が出るまではうまくやっていた。いまは振り出しに戻ったようだ）、無力感すら与える（同世代の子供がみなスマートフォンを持っているのに、どうしてうちだけ反対できる?）。そこらじゅうで聞く話だ。しかし、それはまた大きなチャンスでもある。テクノロジーを野生の獣と考えてみよう。飼い慣らせば、子供の生活に喜びと可能性をもたらすことも可能だ。獣を飼い慣らしたという体験は、この先何年も使える強力なスキルになる。大切なのは、子供に管理の方法を教えることだ。

　ティーンエイジャーは、つねにつながっていることにワクワクする。もうラブレターや秘密のメモの時代ではない。現代の子供は、いつでもどこでも即座に連絡をとり合うことができる。友人は、住みこみのベビーシッターがテクノロジーを使って簡単に新しい国に順応していることに驚いた。彼女は一八歳で初めて遠い外国に来たのだが、〈ワッツアップ〉グループに入って同業者と交流し、〈インスタグラム〉に写真を投稿して、母国の親や友人と連絡をとりつづけている。

　家族から離れて外国で暮らさなくても、ソーシャルメディアの恩恵を受けることはできる。内気な子供もオンラインで交流すると積極的になることがよくあるし、子供同士がスタディ・グループやノート・シェアリングを通じて助け合うこともできる。[8]疎外感を感じている子供は、自分と同じような子供のコミュニティをオンライン上で見つけることができる。

　数年前ですら、ゲームばかりしている子は将来なんの役にも立たないと思われていたが、いまやゲームは二〇〇億ドル産業の一端を担い、状況は一変した。関連する仕事が数多くあり、ゲーマーたちが情熱を注ぐなんらかの仕事で生計を立てることができるようになったのだ。ゲーム大会の資金は数百万ドル規模にもなる。

ビルは二一歳の才能ある若者の相談にのった。一日何時間も双方向の戦略ゲームをしていて、世界で上位一パーセントに入るプレーヤーだったが、本人曰く、プロとしてプレーするほどの資質はなかった。彼の計画は、トップゲームプレーヤーの代理人になるか、ゲーム大会の実況解説者になる訓練と経験を積むことだった。

多くのゲームの「ハードなファン」は、パターン認識、視覚と手の協調、仮説構築のような認知スキル訓練をしている。ベス・イスラエル病院の調査で、週に三時間以上ゲームをしている腹腔鏡の外科医は、ゲームをしない外科医に比べて手術のミスが三七パーセント少なかったが、理由はそんなところにあるのかもしれない[9]。

この分野の卓越した研究者のひとり、ダフネ・バベリアによると、アクションゲームのプレーヤーには、すばやい判断と、注意の分散、そして狭い一点への即座の注意の集中が必要とされる。彼女のチームによる実験で、アクションゲーム（一人称視点のシューティングゲーム）を週に五時間から一五時間プレーする人は、顕著なディテールを認識し、ランドマークを憶える能力がすぐれていることがわかった。ゲーマーは無関係な情報を排除する能力にも長けている[10]。マルチタスクにおいても効率性で一般人を上まわる可能性が高い（それでも一度にひとつのことをするほうが効率的だが）とバベリアは報告している[11]。

ゲームデザイナー、講演者でライターのジェイン・マクゴニガルは、正面からゲームを擁護し、幅広くゲームをする人には次の四つの有用な特性があると主張する。（1）即効の楽天主義――成功できると確信してすぐに障害に取り組む欲求がある。（2）高い社会性――プレーで負けても相手に好感を持つ。ともにゲームをするのは、信頼を構築することだからだ。(3)幸福な生産性――くつろいだり怠けたりするより、勝利をめざして一生懸命行動することに幸せを感じる。(4)壮大な意味づけ――畏怖の念を覚えるほど大きなミッションにたずさわることを好む。この四つの強大な力によって、「すばらしく自信にあふれ、希望に満ちた個人」ができあがるとマクゴニガルは言う。[12] このエネルギーを、地球を改善する活動にまわせたら、どれだけのことが達成できるか想像してみてほしい。

脳科学の観点から見ると、ゲームはドーパミンの急激な分泌をうながし、「フロー」の状態を生み出す。子供を長時間集中させ、必死に考えさせる。多くの子供にとって、ゲームは唯一最大の「コントロール感」を体験させてくれる場所なのだ。ゲームデザイナーは、プレーヤーの腕前に合わせてゲームの難易度を調節し、完全な集中、努力、没頭の状態をつくり出す。また、まちがっても恥ずかしくないどころか、新たなスキルを学んですぐれたプレーヤーになれるような、安全な環境を提供する。ゲームは有能感と「コントロール感」の欲求を満たし、複数対戦のゲームでは関係性の欲求まで満たす、と科学者は結論づけている(第5章で学んだように、これらすべてはモチベーションの重要な推進力となる)。

しかし、この分野の研究はまだ発展途上だ。ゲームをするときの「コントロール感」とモチベーションが現実の生活にも及ぶという、説得力のある証拠も見つかっていない。外科医の能力が向上した事例を除けば、ゲーマーがすぐれた集中力や正確さで、ゲームと関係のない仕事や課題をなしとげるという証拠はないのだ。マクゴニガルでさえ、ゲーマーの四つの特性は、さほどアクション満載ではない現実の世界ではあまり示されないと認めている。

ひとつ証明されているのは、テクノロジーが脳を変えるということだ。直近に発達した脳の「可塑性」

の部分は、経験に直接反応して変化する。テクノロジーのおかげで、現代の子供は、視覚映像のすぐれた記憶力と、デジタル世界を読み解いて進んでいく方法を実践的に学ぶ能力を持っている。デジタル情報に浸りつづけたことで、子供は視覚情報の処理のしかただけでなく、本の読み方さえ変えてしまった。読書はかつて直線的に進むものだった。気をそらさず一行ずつ、一ページずつ読んでいく。しかしいま、コンピュータに多くの時間を費やす人は、読み方が異なる。キーワードを探して結びつけていく、いわゆる拾い読みだ。

読書と脳に関する最良の本『プルーストとイカ――読書は脳をどのように変えるのか？』（インターシフト）を書いた科学者のメアリアン・ウルフは、自身の脳でそのような変化を経験した。コンピュータの仕事を一日したあと、非常に長い、複雑な小説を読もうとしたところ、「拾い読みをせずにゆっくり読むことができなかった。最高スピードで最大の情報を得るため、目を移動させ、キーワードを探してしまった」[13]。この読書スタイルの変化は誰にでも起きるが、本の代わりにｉＰａｄを読み、百科事典の代わりにウィキペディアを見て成長している子供にはとりわけ影響が大きい。

心理学者ラリー・ローゼンと教育コンサルタントのイアン・ジュークスは、テクノロジーにさらされてきた子供の脳の働きは、親や少し上の世代の子供の脳とは「完全に異なる」と結論した。そのひとつの表れとして、彼らはほんの一分ほどの退屈にも、一度にひとつのことをするのにも耐えられない[14]。

興味深いことに、脳の原始的な部分は一〇万年前とさほど変わっていない。私たちのストレス反応は、祖先がマンモスやサーベル・タイガーをまえにしたときとほぼ同じだ。扁桃体はいまも活性化し、同じように逃走・闘争反応が始まる。幼児が親と強い絆をつくるときの脳のシステムは、いまも対面のやりとりに頼っている。体内時計を動かし、睡眠の必要を知らせる部分もあまり変化していない。つまりテクノロジーは、脳の一部の機能を向上させる一方で、ほかの部分に必要なものを少しずつ奪っているということだ。人間をよくない方向へ導くのはどちらだろうか。

テクノロジーの欠点

一八八一年(そう、はるか昔だ)、ジョージ・ビアードという医師が、なぜアメリカ人はますます神経質になって苦しんでいるのかということについて理論を示した。彼が主犯と見なしたのは、テクノロジーだった。鉄道や電報などの新しい「便利なもの」が生活を加速させ、人々は懐中時計などの細かいものに注意を向けるようになっていたのだ[15]。

テクノロジーの飛躍的進歩は総じて、自由時間ではなく追加の仕事を生み出すことで知られる。アイロンを例にとると、アイロンがけが楽になるかと思いきや、月に一度だったアイロンがけが週に一度になってしまった。毎日している人さえいる。手紙が電子メールになり、電話がテキストメッセージに代わったように、私たちは何かが楽になると、その量を増やしてしまうのだ。テクノロジーの飛躍的進歩が人生に多くのストレスをもたらすのも無理はない。生活のペースが速くなり、到達できる水準が引き上げられるのだから。ビアードがこのことに気づいたのは、テクノロジーの最大の飛躍である電灯がもたらされるまえだった。電灯によって、人は自然のリズムから離れて生きられるようになった。

しかし、当時の懐中時計が引き起こしたストレスを想像できるなら（ビアードによれば、時計は「電車や約束に遅れないように正確な時間を注意して見る習慣をもたらした」）、雨あられと降りそそぐツイートで現代人のストレスレベルが一八八一年の何倍にもなっていることはわかるだろう。一般的な大人は一日に四六回スマートフォンをチェックする。[16]ティーンエイジャーの八〇パーセントは一時間に一度チェックし（私たちの経験ではもっと多いと思う）、五〇パーセントは携帯電話に依存していると自己申告する。[17]
それでは、子供が数分おきに〈スナップチャット〉を見ることなく、自己制御を身につけるには、どうすればいいだろう。テクノロジーを適度に使うのは大人でもむずかしい。まして子供の脳は、衝動や気晴らしに充分抵抗できるほど発達していない。
新着メールをチェックしたり、テキストメッセージを見たり、〈インスタグラム〉を確認したりすると、ドーパミンが放出される（内容がポジティブであれば、とりわけ大量に）。ここで働いているのは、心理学用語で言う「間欠強化」である。何かするたびに見返りがあるわけではないが、もしかしたらという期待に駆りたてられるのだ。だから、ドッグトレーナーは「ジャックポット」報酬システムを勧める。犬に何かさせたいとき、毎回それをするたびに報酬を与えず、三回に一回とか、五回に一回、とびきりのごちそうを与える。犬はいつ何がもらえるのかわからない。「来い！」と呼ばれても、何ももらえないかもしれないし、脇腹肉のステーキがもらえるかもしれない。期待には中毒性があるので、犬は毎回毎回やってくる。
スロットマシーンのまえで何時間も座っているときや、子供がテキストメッセージをチェックしているときにも、同じことが起きている。次のメッセージは、母親がたんに時間どおりに来なさいと言っているだけかもしれない。あるいは、気になる異性からかもしれない。すべてのメッセージに朗報の可能性がある。若者がほかのあらゆる世代より、可能性の気配に敏感なのはわからないでもない。また、子供たちからよく聞く話では、スマートフォンをどうしてもチェックしてしまうのは「FOMO」、すなわち、チャンスを逃すことへの恐怖《フィア・オブ・ミッシング・アウト》があるからだ。

子供の習慣はこのように始まる——テクノロジーを使えば使うほど、自己調整ができなくなり[18]、実行機能（「操縦士」）が悪化する。これは深刻な事態だ。自己調整と実行機能は、大学を含むすべての学年でIQの約二倍、学業成績に影響するからだ。

これが問題の全体像だが、テクノロジーとドーパミンについて一般的にわかっていることを、とくに子供に影響する分野に当てはめてみよう。テクノロジーと子供に関して心配な分野を大きく五つにまとめた。

1 「スクリーン・タイム」（端末画面を見ている時間）は、親が子供に（自分たちにも）望まない多くのことを引き起こす独立危険因子である。

ラリー・ローゼンらの研究によって、画面のまえですごす時間は、（1）体の健康、（2）心の健康、（3）注意力、（4）行動の問題の増加と密接に関連していることがわかった[19]。同様に、ジーン・トウェンジ（第1章で彼女の研究に触れた）の最近の不穏な記事「スマートフォンが世代崩壊につながったか？」は、スマートフォンとソーシャルメディアが現代の子供から若年成人までの世代を「ひどく不幸に」していると論じる。現代の若者はつねにメディアに触れているが、孤独感、疲労、疎外感が増していることがわかったのだ[20]。

「スクリーン・タイム」は多大な生理的な影響を及ぼすが、本を読んだり絵を描いたりといった、ほかの座ってする活動とは効果が異なり、多くの身体的、精神的な問題の独立危険因子となる。子供の場合、「スクリーン・タイム」は一時間ごとに血圧を上げ、読書の時間は一時間ごとに血圧を下げる。子供がどれほど運動をしているかは関係ない。一時間トラックを走っても、その日の残りの時間ずっと画面のまえで座っていたら意味がない[21]。

「スクリーン・タイム」は、サメに襲われるライブ映像から警官の発砲まで、以前は家庭で決して目にすることがなかった暴力的なニュースをもたらす。米国科学アカデミー紀要が、ボストンマラソン爆弾テロ事件を直接見たグループと、メディアで爆破事件の報道を六時間以上見たグループのストレス反応の調査をおこなったところ、驚くべきことに、後者のほうがストレスレベルが高かった[22]。〈フェイスブック〉の画面をスクロールすると、意識しようがしまいが、怖ろしい死や犯罪などへのリンクが目に入る。大人の不安をかきたてるものが子供にどれほどの影響を与えるか、想像してみてほしい。

2 ソーシャルメディアはコントロールを奪い、ほかの人に渡してしまう。

ソーシャルメディアが、友だちや「いいね」やフォロワーの数に依存していることは、利用者、とりわけ女の子を不安にさせる。最近の研究で、〈フェイスブック〉をする時間が長いと幸福感が減ることが明らかになった[23]。たとえば、サンドイッチの写真を投稿して一七件の「いいね」がついたら、すばらしい気分になるかもしれないが、翌日、別のサンドイッチの写真に六件しか「いいね」がつかなかったら？ またたく間に疑問の渦に巻きこまれる――選んだサンドイッチが悪かった？ 写真がだめ？ 友だちは私にさほど興味がない？ がつがつしすぎて嫌われた？ それとも、もう友だちじゃないとか。ポラロイドで育った大人には馬鹿げたことに思えるが、人づき合いの大部分をオンラインでおこなう世代にとって、こうした気分の変動は、私たちが面と向かって友人に認められたり、冷たくあしらわれたりするときと同じくらいリアルなのだ。
「統制の所在」がこれより外側になる状況は、想像もできない。〈インスタグラム〉などは、毎日二四時間、リアルタイムで美人コンテストをやっているようなものだ。そして八六七人のオンラインの友だちは、誰でも皮肉なことばを書きこんだり、たんに「いいね」を押さなかったりすることで、今回の投稿がいまひとつだったことを示せる。ソーシャルメディアは、関心の方向を、自身の経験（サンドイッチは美味しかった？　仲間と食べた昼食は楽しかった？）から、その経験をほかの人がどう思うかに変える。若者は、そうでなくても友人の考えを気にしすぎる傾向がある。自分の生活を広く公開することで、彼らは本来自分しか知らなかったものを手放しているのだ。
ジェシカ・コントレラは、スマートフォンに依存した一三歳のキャサリン・ポメレニングに取材し、ワシントン・ポスト紙に記事を書いて反響を呼んだ。多くのティーンエイジャーと同じく、キャサリンは〈インスタグラム〉でいちばん「いいね」がもらえそうな写真を厳選する。「私としては、一〇〇個以上『いいね』がついたら合格」。彼女は「ｔｂｈ」の重要性を語った。それは「聞かれるべき《トゥ・ビー・ハード》」か「正直なところ《トゥ・ビー・オネスト》」の省略形だ。誰かが、「『ｔｂｈ、きみはいい人だしかわいいね』と言ったら、コメントでその人を認めたことになる。みんながそれを見て、『ああ、彼女はいい人だしかわいいんだな』と思うわけ」[24]
無数の友だちやフォロワーの誰からも反射的に批判されうるソーシャルメディアのヘビーユーザーが、不安、うつ、ナルシシズムに苦しむのも当然だ。[25]それが残酷な現実であり、子供たちにはかならずしも必要ではない。最近の調査では、一三歳から三〇歳の多くの人が、オンラインの公開プロフィールで自己が定義され、それにいつも取り組まなければならず、目をそらすことができないと感じて疲弊していることがわかった[26]。

3 テクノロジーは、健全な「コントロール感」の発達に必要な脳の活動から時間を奪う。

テクノロジーは、子供が健全な発育に必要なことをするのを妨げる。たとえば、睡眠（携帯電話を保有するティーンエイジャーのうち、少なくとも八四パーセントが、夜それをそばに置いて眠り、ベッドに入ったあとも、テキストメッセージをひと晩平均で三四回送る[27]）、運動、根本的な休息、子供主導の自由な遊び、そしてストレスの強力な解毒剤となる友だちや親との直接のやりとりだ。

ソーシャルメディアが女子にとって大きな心配の種だとすると、ゲームは男子にとって大きな問題となる傾向が強い。ゲームの開発者は、モチベーション科学の天才だ。熱中させ、やめるのがむずかしくなる報酬の与え方を知り尽くしている。そして、すでに述べたとおり、若者はきわめて重要な自制心が未発達なので、やめるのがとくにむずかしい。一人称視点のシューティングゲームが攻撃性を助長するのか（私たちはそうだと信じている）、ゲームをすることが子供の役に立つのか（これは事実だ）という議論はさておき、ゲームはプレーする子供にとって深刻な問題となっているうえ、そのうちの約一〇パーセントには依存症も見られる[28]。

それはとくに〈ワールド・オブ・ウォークラフト〉のような複数対戦のロールプレイング・ゲームに当てはまる。熱中度が高く、ほかの国や異なるタイム・ゾーンのプレーヤーたちとの連帯感も深まるからだ。

ビルの同僚が、数年前に二三歳の若者を診断した。両親によると、彼は四年間地下室に閉じこもり、起きている時間はずっと〈ワールド・オブ・ウォークラフト〉をプレーしていた。家族は、きっぱりやめさせるために、マサチューセッツ州からメリーランド州に引っ越しまでしていた。
テクノロジーは睡眠の問題と密接に結びついている。米国医師会雑誌に、六歳から一八歳までの一二万五〇〇〇人以上の子供を対象にした、二〇の研究データを調べた内容が掲載された。それによると、子供が週三回以上、就寝時間に端末画面を見ると、充分な睡眠がとれないリスクが八八パーセント上昇し、睡眠の質が低下するリスクが五三パーセント増加する。電子機器を実際に使用しなくても結果は変わらない。スマートフォンやタブレットを寝室に持ちこむだけで、睡眠の問題は増加する。[29]この調査のリーダーだったベン・カーターがニューヨーク・タイムズ紙に語ったように、「もっとも重要な点は、寝室に行くまえに電子機器を取り上げることがふつうの習慣になるように、コミュニティ全体で親を支援する戦略が必要だということだ[30]」。

親と教師のグループに睡眠と睡眠障害のレクチャーをしていたとき、初めてゲームの中毒性の高さを実感した。質疑応答中にひとりの母親が立ち上がり、「青年期の息子がひどく疲れ、何週間も自力で起きられなかったのです」と言った。しかたなく地元の小児科の睡眠障害外来でくわしい検査を受けさせたところ、医師から、息子さんは午前一時に目覚まし時計をかけ、朝の四時から五時まで世界じゅうのプレーヤーと双方向のロールプレイング・ゲームをしていたようです、と告げられた。そして親には、不眠症で眠れないと言っていたのだ。診断は「偽の睡眠障害」だった。

――ビル

4 テクノロジーは共感力を弱めるかもしれない。

人ではなく画面を見ることは、子供の共感のレベルにかなりの影響を与える。過去三〇年のあいだに、大学生の共感レベルが四〇パーセント下がったことが報告された。その大部分はこの一〇年で起きている。[31]これが直接的なコミュニケーションの減少と関係していることは容易に想像できる。オンラインで残酷なことができるなら、生身の相手を見る必要はない。

マサチューセッツ工科大学で心理学を研究し、『つながっているのに孤独』(ダイヤモンド社)や『一緒にいてもスマホ』(青土社)の著者であるシェリー・タークルは、いま起きていることを新たな「沈黙の春」と呼ぶ。レイチェル・カーソンが著書『沈黙の春』で指摘したのは環境破壊だったが、タークルは感情の破壊に注目する。アメリカ人の八二パーセントが、メディアを通してコミュニケーションをとることで会話の質が低下したと考えている、とタークルは報告する。『一緒にいてもスマホ』のためにインタビューした人々は、「会話よりテキストメッセージのほうがいい」とくり返した。しかし、私たちが親密さと共感を学ぶのは、会話と直接の交流を通してだ。

5　テクノロジーはポルノへのアクセスを容易にし、暴力的で性的な文化への入口になる。

テクノロジーの闇はさらに濃くなっている。ポルノはあらゆる場所で手に入り、こちらが望まなくても、時と場所を選ばずあふれ出てくる。『*American Girls: Social Media and the Secret Lives of Teenagers*（アメリカの少女たち――ソーシャルメディアとティーンエイジャーの隠れた実態）』の著者ナンシー・ジョー・セールスは、ポルノは新しい種類の性暴力を常態にすると論じる。「スラット（尻軽女）・ページ」と呼ばれるものがある。知らないなら、知っておくべきだ。誰か（たいていは少年）が、自分の学校の少女のヌード写真を集めて、ネットに投稿するのだ。同意はなく、少女自身が気づいていないこともある。

そういうわけで、親として子供が安全だと納得できるまで、テキストメッセージとソーシャルメディアをチェックするつもりだと伝えることを強く勧める。これは、子供に「コントロール感」を与えることとまったく矛盾しない。第一に、子供のスマートフォンを盗み見したりせずに伝えている、第二に、彼らにはまだ補助輪が必要な分野があるということを示しているだけだ。第3章で述べたとおり、子供に「コントロール感」を与えるというのは、親がすべての制限とルールを手放すという意味ではない。子供自身が安全を感じるために、親が航路の案内をすることを知らせておくべきだ。テクノロジーより深い海はおそらくないのだから。

獣を飼い慣らす

テクノロジーの良い点、悪い点、醜い点をきちんと理解したら、今度は子供にとって害にならず、役に立つように獣を飼い慣らす方法を考えてみよう。

「それはきみが決めること」の原則は、テクノロジーにも適用できる。そのときの条件については、子供といっしょに慎重に検討し、子供自身に考えさせることだ。

子供には親の助けが必要だ。ほとんどの子は、テクノロジーの使用が制御不能になりうることを認めているが、どこかの時点で、みずから制限することを学ばなければならない。子供がゲームやソーシャルメディアの管理に苦しんでも、親が大学までついていくわけにはいかないのだ。親は一歩ずつ退いていかなければならない。それは前進だ。ここからは、子供に（そしてたぶん親自身にも）役立つテクノロジーの管理方法をいくつか紹介しよう。

初めは親から

テクノロジーに関しては、多くの人と同じく、親が不健全な習慣を持っているかもしれない。イギリスのある研究では、子供があまりにも長い時間、画面に夢中になっていることを、親の六〇パーセントが心配していたが、親がテクノロジーを使いすぎていると感じる子供も七〇パーセントいた。[32] 親は責任あるテクノロジー使用の模範を示さなければならない。自分も含めて、誰もが使用制限をむずかしく感じることを、子供と話し合う。自分や知人が試してうまくいった方法を子供に教えよう。子供に話しかけられたときに携帯電話をチェックしていたら非難してもいいと伝え、そのときには謝罪する。親が取り組んでいることを子供に示すのだ。私たちの友人の女性は、休みに家族で旅行したとき、夫に携帯電話を渡して、見えないところに隠してもらった。持ったままでいたら、メールをチェックしたい誘惑に勝てず、家族とのかけがえのない時間を失うのがわかっていたからだ。

理解しようと努める

小さい子は親の道徳的な考えを受け入れることが多いが、ティーンエイジャーはむしろ友人の考えを受け入れる。彼らは、親が育ってきた世界ではなく、これから自分が生きていく世界で成功する方法を学ばなければならない。親にとってまったく未知の社会規範やマナーのなかを進んでいく必要がある。そこを理解すれば、テクノロジーをシャットダウンすべきときに、敬意を払って支援することができるだろう。

ティーンエイジャーの親なら、オンラインでいちばん子供が社交的になることを理解しよう。娘が友だちとおしゃべりをしているときに、やめろと言っても無駄なように、テキストメッセージを入力しているときにやめさせることはできない。

多くの親が、「うちの子はゲームで人生を無駄にしている」と言うのを聞く。彼らと話す子供は、横柄な口調を感じ取る。代わりに、子供といっしょにゲームをして、その魅力を理解しようと努めるべきだ。驚くようなことがあるかもしれない。受け入れ、楽しみ、子供にとっての重要性を知る。ただし、依存しないことが重要だ。興味を示し、内容を知っておけば、問題が起きたときに介入し、制限を設ける交渉がしやすくなる。子供が尊重されて親しみを覚えているとき、親はよい影響をたくさん与えることができる。こうした理由から、子供の興味の対象を学ぶべきだが、それより大切なのは、親の学ぶ姿勢が子供にとって意味があるということだ。

自然に帰る

ビルの息子は、大学卒業後にアウトドアでおこなう三カ月のリーダーシップ教育プログラムに参加した。戻ってくると、携帯電話が嫌いになっていた。三カ月間なしですごして、いつも追いかけられず、邪魔されず、自然を楽しむ自由が気に入ったのだ。自然には人をリセットし、リラックスさせる力がある。これは新しい発見ではない。神経衰弱に関するジョージ・ビアードの一八八一年の本にも、風のうなりや葉ずれの音が心地よいのに対し、人工的な音は「有害とは言わないまでも、不快で耳障り」と書かれている。[33]
複数の研究で、子供は自然のなかですごしたあと、あるいは自然のポスターを見るだけでも、気持ちが安定し、活動が向上するという結果が示されている。[34] 日本人はこれを「森林浴」と呼ぶ。自然のなかを歩くと、混乱した前頭前皮質が「掃除され」、落ち着き、集中できて、ワーキングメモリを必要とする課題やテストの成績が上がるのだ。別の研究では、テクノロジーのないサマーキャンプで五日間すごしたあと、子供たちの共感力が改善した。[35] 私たちの経験でも、テクノロジー依存の子供がサマーキャンプに行くと、一週間後には携帯電話やゲームがなくても平気だと言うようになる。
ふだんバックパックを背負って旅やハイキングをしなくても、ちょっと遠出をして、子供を美しい自然に触れさせよう（都市の公園でもいい）。すぐに変化は感じられないかもしれないが、心配無用。公園や川や海辺ですごす時間が長いほど、変化を感じられるようになる。

説教するのではなく、情報を伝える

親の仕事は、子供のテクノロジーの使用を叱ったり、指導したりすることではない。親にできるいちばんいいことは、使用を制御する子供の能力を信頼していることを伝え、支援を申し出ることだ。コンサルタントとして、批判する代わりに情報を見つけて、提案するのだ。これは驚くほど効果がある。

ネッドの生徒は、学校でACTを受ける予定だったが、受験できるのは平日だけだった。学校での長い一日のあとで受けなければならない。運よく最後の授業がなかったので、テストのまえに一時間ほど自由な時間があった。ネッドは、学校で一日すごしたあとで彼女の脳が疲れきっていることを心配した。さらに、テクノロジーに依存した子だったので、その時間はスマートフォンを眺めてすごすだろうと思った。

そこで、その時間にスマートフォンを見たら脳に何が起きるかを説明し、次のように提案した。

「夜きちんと眠り、起きたあとウォーミングアップをし、朝食を食べてテストを受けるのが理想だ。ところが今回は、テスト前に授業を受け、先生や友だちと話し、学校で決められたことをしなければならない。だから、こうしたらどうだろう。最後の授業が終わったら、スマートフォンの電源を切ってロッカーにしまう。学校の裏には雑木林があるね？　そこを一五分か二〇分くらい散歩するんだ。林のなかを歩くと、脳は考えなければならないことをすべて忘れて、余裕ができる。頭がすっきりして、明晰に考えられるようになり、テストでいい結果が出せるだろう」。彼女は手ごたえを感じてその日のテストを終え、期待以上のスコアを出した。

協力して解決する

数年前、ジャネル・バーリー・ホフマンは、一三歳の息子に初めてｉＰｈｏｎｅを買い与えたときに、手紙を書いた。それがハフィントンポストに公開されると、たちまち大きな話題になった。そこには、温かさ、ユーモア、すばらしい助言（「面と向かって言えないことを、これを通してメールしたり話したりしないこと」など）があふれていた。息子が受け入れ、署名する契約書には全部で一八の項目があった。手紙の人気は、多くの親にとってこれがいかに身近な問題かを物語っている。ホフマン夫人の考えを取り入れながら、一歩進めた契約書を、子供といっしょにつくるといい。それがテクノロジーの使用に関する意思決定に含まれれば、子供にとっても自己管理の必要性について真剣に考える訓練になるし、約束をいっそう忠実に守ろうとするだろう。

親が一方的に締めつければ、子供は反発しがちだ。ビルが会った子供の親は、いつも息子がテレビを見すぎないように苦心していた。親がテレビのキャビネットに鍵をかけると、彼は鍵屋を呼んだ。親がコードを切断すると、学校を休んでケーブルテレビ業者を呼び、修理してもらった。要するに、子供のほうがいつも一歩先んじていた。しかもこれは二〇年前の話だ。現代でそんなふうに物理的にテクノロジーを取り上げることは、ほとんど不可能だろう。

議論の途中や、子供にテクノロジーの使用をやめるよう説得しているときに、無理に解決に向かうべきではない。どんな会話でもそうだが、誰も頭に血がのぼっておらず、差し迫った行動が必要ではない時間を見つけよう。

親自身が心地よくないことに同意すべきではないが、子供の話に耳を傾け、筋が通っていると思ったら、たとえ別の方法が好ましくても、自分の意見を変えることを怖れてはいけない。


最近、グラフィック・デザインのすばらしい才能を持つ、イアンという一三歳の少年を診断した。何社もの（彼の年齢を知らない）大企業から、デザインをカタログやビデオに使わせてほしいと連絡があるほどだった。イアンは多くの点で成功をきわめた子供のひとりだが、同時に衝動的なところがあり、ＡＤＨＤで、いくぶん強迫観念にもとらわれている。そのことによって、テクノロジーの使用を制御するのがむずかしいほとんどの子供より大きなリスクを抱えていた。

異常に集中して何時間もデザイン関連の仕事をさせる激しい意欲があるゆえに、刺激の少ないほかのこと（たとえば、宿題や雑用、寝る準備）に注意を移すのが非常にむずかしい。宿題や大好きなデザインのためにパソコンを使う必要があったが、パソコンや携帯電話を使えば使うほどストレスを感じ、イライラする。イアンの両親が言うには、電子機器をベッドで使わせないようにすると、ひどい喧嘩になり、結局親が根負けして、たんにイアンの睡眠時間を奪うだけになってしまう。たまたまコンピュータと携帯電話を取り上げて「スクリーン・タイム」を減らすことができたときには、イアンはとても陽気で聞き分けのよい少年だという。

テクノロジーの使用を管理する方法について、イアンの両親から助言を求められ、私はいつもの質問をした。「それは誰の問題ですか?」。この場合、答えは「イアンの問題」だった。彼の気分や宿題に影響しているからだ。しかし、テクノロジーが原因でイアンが苛立つと、いっしょに生活しにくくなるので、親にとっても問題だった。

私は両親に、緊急案件としてではなく、重要な長期的目標として、イアンがテクノロジーの使い方を健全に学ぶことを手伝ってはどうかと提案した。イアンにとってテクノロジーがどれほど大切か(グラフィック・デザインの仕事にどれほど不可欠であるか)を理解していること、適切な制限を設けるために支援したいことを強調しながら、イアンと協力して問題を解決してはどうだろう。健全な使用制限の方法について、互いに納得できる解決策(通常、相手を尊重しつつ、言うべきことをはっきり言うときにもたらされる)を求めて話し合うのだ。

さらに、イアンがテクノロジーの使用を制限できず、「テクノロジー依存症」と思われる場合、どうすべきか本人の意見を率直に訊いてみることも提案した。そして最後に、テクノロジーがイアンを支配している(逆ではなく)と本人か両親が感じるなら、子供のテクノロジーの使用を管理する仕事の専門家に会うべきだと伝えた。イアンは安堵していた。私がたんにテクノロジーの使用をやめさせろと言うことを心配していたのだ。両親と協力して問題を解決するという考えも気に入っていた。

――ビル

親の力を理解する

子供が小さければ、電子機器に近づけないようにしたり、親の権限で決まった場所でのみ使えるようにしたりして、容易にテクノロジーの使用を制限することができる。子供が成長するにつれ、これはむずかしくなり、ティーンエイジャーになると、つねに使用状況を把握することは不可能だ。

しかし、親にできることがある。パスワードをつねに知り、そのことを子供に知らせておくのだ。親が通信料金を支払っているなら、適切な使用を条件にすることができる。子供が夜、携帯電話を手放せないなら、支払いをやめればいい。第7章で述べたように、目覚ましが必要だから寝室に携帯電話を持っていくと言うなら、代わりに目覚まし時計を買う。いちばん大事なのは、最高の教育を受けさせたいけれど、テクノロジーの使用を制御して成功できることを示すまで、費用の高い大学に送り出すつもりはない、と高校生の子供に伝えることだ。そうしないと、子供の時間と親の金の無駄遣いになってしまう。

よくある質問

「どのくらいの『スクリーン・タイム』が適切ですか？」

単純な質問だが、答えるのはむずかしい。昔、テレビゲームの時間について尋ねられたときには、一日一時間以内と提案したが、子供には不評だった。大好きなゲームの次のレベルに行くには、一時間半かかったからだ。

正しく答えられる者はいないが、いくつかガイドラインはある。まず、家族全員でテクノロジーの使用計画を立てる。親が自分の使用を管理していることも示せるので、子供といっしょにやるのがいい。睡眠に必要な時間、スポーツやほかの活動をしたい時間、宿題、夕食、雑用、翌日の学校の準備と寝る準備にかかる時間などがどのくらいか、協力しながら書き出してみる。それによって、一日または一週間のスケジュールでテクノロジーの使用にまわせる時間を知ることが容易になるだろう。重要だとわかっていることから計画を立て、そこから逆算するのだ。
幼い子供については、答えやすい。就学前の子供は人々と交流し、可能なら自然に触れ、ワクワクする遊びに夢中になり、歌い、自分の手で何かをつくることによって、いちばんよく成長する。幼い子供が望ましい状態で成長するのにテクノロジーが必要だという証拠も、早くからテクノロジーに接した子供がよりうまく使いこなせるという証拠もない。

「うちの子は電子機器が大好きなのですが、ほかのことに興味を持たせるにはどうすればいいでしょう」

何よりゲームが好きな子供は、「適切な使用」の考え方が親と異なる場合が多い。就学年齢の子供であれば、テクノロジーを使いこなせるようになってほしいこと、テクノロジーが彼らにとっていかに重要か知っていることを、議論の出発点にしよう。テクノロジーに興味を示す子供には、「大きくなったら技術者になれるかも」と言う。そのうえで、おろそかにしてほしくないもの、たとえば、家族とすごす時間、読書、友だちづき合い、睡眠などについて話す。「ゲームがとてもおもしろいのはわかるし、禁止するつもりもないけれど、親としては、あなたがほかの大事なことを経験しなくなるのが心配。だから、好きなゲームを楽しむのに一週間にどのくらいの時間が必要か話し合って、毎週やれるほかのことについて考えてくれたら、すごく安心なの。いっしょに計画を立てて、あなたが守れるなら、私は干渉しないから」

「子供の『スクリーン・タイム』を制限したいのですが、学校の宿題はパソコンでないとできません。ときには何時間も。どうしたらいいでしょう」

「スクリーン・タイム」は複雑な問題だが、大人たちが協力し合って、起きているあいだずっと画面のまえにいることは望まないと子供に伝えるべきだ。この問題について学校や管理者と話し合ってもいいだろう。わが子の健康を第一に考えているが、いま画面のまえですごす合計時間は多すぎるということを示す研究結果がある、と。パソコンを使わなくても宿題を終えられる解決策を考える。ほかの親や校長とも、この問題について話し合おう。わが子に、自分ひとりが子供扱いされていると感じさせないように、同様の心配をしているほかの親といっしょに問題に取り組むといい[36]。

「娘はまだ五年生ですが、どうしてもスマートフォンが欲しいと言っています。クラスのみんなが持っていて、取り残されているような気がすると。でも、五年生にスマートフォンは早すぎると思います。どうすればいいでしょう」

親が心地よく感じないことはやらないのが原則だ。ビルの子供が高校生のとき、学年で車を持っていないのは自分だけだとよく不満を口にした。ビルはそのことを誇りに思い、長期的には子供を傷つけるより助けることになると感じた。つまり、ほかの親がイエスと言うことにノーと言っても問題はない。

しかし同時に、解決すべき問題があるという事実は受け入れよう。わが子が孤立を感じているなら、原因はどこにあるのか調べる。共感を示し、嫌な思いをさせたいわけではないことを説明する。段階的に携帯電話を持たせることも考慮する。多くの子供は、テキストメッセージのために使っているから、最初の機種は、通話とテキストメッセージはできるが、インターネットにはつながらないものがいいかもしれない。
子供の言うことが本当かどうかを確認するため、担任教師と話すことも勧める。本当に携帯電話がないから孤立しているのだろうか。
ほかの親とも話してみよう。彼らの子供はどうしているのか。問題はないのか。親同士で協力して、同じような基準と境界を定めてもいい。テクノロジーについて親同士が相談すると、とても大きな力になる。子供も交えて相談すれば、さらに力は増すだろう。

「テクノロジーの使用を制限して、娘がテクノロジー業界の仕事から取り残されることは望みません。テクノロジーがマルチタスクの子供の能力を向上させるという話もよく聞きます。遅れをとらないように、こうしたことを学ぶ必要はありませんか？」

怖れる必要はない。シリコン・バレーにある、テクノロジーを排したヴァルドルフ学校の生徒の七五パーセントは、ハイテク企業重役の子弟だ。科学技術の専門家は、子供がテクノロジーの能力で遅れる懸念はないかと訊かれると、学ぶのはとても簡単だから、子供は遅れてもすぐに取り戻せると答える。[37]
何時間も続けてゲームをすると、マルチタスクの能力が向上するようにも思えるが、一度にひとつの作業をするときより効率は大幅に低下する。人は意識して考える必要がある場合、同時にふたつのことはできない。だからマルチタスクという呼び方は、じつは誤りだ。複数のことに集中するときには、実際にはそれぞれの仕事のあいだを高速で往き来しているのだ。マルチタスクは学習とその成果の質を落とす。まちがいが多くなり、結局スピードも遅くなるので、非常に非効率だ。[38] また、深い抽象的な思考や、創造、発明のチャンスを減らす。[39] これは、「アプリ世代」と呼ばれる若者が、単純明快な答えを持たない質問を避けたがる理由かもしれない。[40]
もっとも心配なのは、マルチタスクがコルチゾールのレベルを上げることだ。つまり、神経系で受けるストレスが増える。静かに自分を見つめる瞑想とマインドフルネスの人気が高い理由のひとつは、マルチタスクの強力な防御手段になるからだ。

「子供がテクノロジー依存症だというのは、どうすればわかりますか？　どの時点で専門家に相談する必要があるでしょうか」

テクノロジーのタイプによって異なるが、イギリスの研究では、三時間以上ソーシャルメディアをしてすごす子供は、二倍以上精神の健康を損ないやすかった。[41] ダグラス・ジェンティーレのようなゲーム依存症研究者は、次のような基準を用いる。

1　ゲームをしている時間に関して嘘をつく。
2　興奮を味わうために費やす時間と金が増えていく。

3　ゲームの時間を削られるとイライラし、不安になる。
4　ゲームをしていることを言いわけに使う。
5　ゲームをするために雑用や宿題をさぼる。
6　ゲームを盗んだり、ゲームを買うために金を盗んだりする。[42]

ゲーム、ソーシャルメディアやインターネットに依存するリスクが高い子供は、通常、衝動的で、社会的能力が低く、ストレス耐性があまりなく、認知力の柔軟性に欠け、人間関係に不安がある。男子は女子よりも依存しやすい。また、とくに感情の制御に関連するドーパミン系やセラトニン受容体の遺伝的特徴も、重要な役割を果たす。[43]柔軟性がなく強迫観念的で、ドーパミン系が繊細な子供は、みずから使用制限を設けることが非常にむずかしく、使いすぎや依存症に陥りやすい。ビルはそのような子供を数多く診察した。彼らは「ゲームをやめることはできるけど、考えることはやめられない」と言う。

子供が過度なテクノロジーの使用をやめられないとわかったら、本人と制限を厳しくすることについて話し合う。テクノロジーを使いつづけるには、合意した制限にしたがわなければならない。ゲーム機を取り上げると子供が威嚇するような極端な場合には、専門家の助けを求めるべきだ。子供の社会的スキルの発達をうながすことも大切だ。多くの子供がテクノロジーに依存するのは、心地よさを感じて、ほかの子供とつながることができる唯一の場所だからである。

もうひとつの文化的転換

多くのティーンエイジャーが、テクノロジーの影響と、そのネガティブな面を改善する必要性について語りだしているのは、明るい兆候だと思う。親によるテクノロジーの制限を容易にする運動にも期待したい。若いミレニアル世代の八〇パーセントが、テクノロジーから離れてシンプルなものを楽しむ必要があると感じていることを示す研究もある。[44]
ミレニアル世代では、パンづくりや、縫い物、工芸など、静かで実践的な活動の人気が復活している。小売業でさえローテクの動きに参加し、多くの店やレストランがテクノロジー・フリーを売りにしている。携帯電話を堂々と禁止するレストランもあるし、シアトルのあるボードゲーム店（皮肉にもマイクロソフト愛好者が創業した）の宣伝文句は、「アンプラグ・アンド・リコネクト（テクノロジーから離れて、ふたたびつながろう）」だ。
メリーランド大学女子バスケットボールチームのローテク運動には私たちも感心した。数年前、彼女らはトーナメント期間中の携帯電話の使用を自発的にやめて話題になった。「携帯電話を使わないことにしたのは、おそらく私たちのチームの最高の決断でした」とガードのレキシー・ブラウンがワシントン・ポスト紙に語った。「携帯電話は好きですが、必要でないことがわかりました」。代わりにチームでトランプをしたり、おしゃべりをしたりすることが増えた。ほかの選手も言った。「携帯電話が手元に戻ったとき、

またすぐ預けたくなりました」〔45〕

今晩すること

●家族会議をして、電子機器を使わない時間と場所を決める。少なくとも食事中や寝室に携帯電話を持ちこむべきではないが、家族のために、禁止区域を増やしてもいいだろう。友人の妻は、「カウチで携帯電話を見ないで。カウチに座るなら私と話をして」と言う。
●テクノロジーの健全な使用の模範を示す。たとえば、運転中はメールを見ない。車のなかでメールを見たくなったら、かならず駐車する。電話で話しているときに子供が部屋に行きそうになったら、会話をやめて子供に挨拶する。テキストメッセージやメール、緊急の用件で携帯電話をチェックする必要があるときには、許可を求める。「ちょっとチェックしてかまわない？　父さんからかもしれない」、「メッセージを送ってと誰それさんに頼んであるの」など。
●平日は三〇分以上、週末は一時間以上、子供といっしょにテクノロジーを使わない「プライベートな時間」をすごす。そのときには親も電話をとらないし、メールもチェックしない。

週末のある時間（たとえば、日曜の午前九時から正午まで）を電子機器に触れない時間と決めて、パンケーキをつくったり、新聞を読んだり、ゲームをしたりすることを考える。必要なら、デジタル機器から離れるのに最適な時間を子供と話し合う。子供が携帯電話を手放すのがむずかしい場合には、タイマーをセットして一〇分か一五分おきにチェックしていいことにする。私たちから見れば、一〇分から一五分でも短すぎだが、電子機器に依存している子供は、親が柔軟に対応すれば恨みに思わないだろう。子供を尊重し、電子機器を使わない時間が短時間でも本人にとってはつらいかもしれないと認識すべきだ。

- 外を歩くときには、まわりに目を向け、ある人が別の人を無視して携帯電話を使っていたら（ひどいデート、サッカーの試合やコンサートを無視する親、ひとり客の全員が携帯電話を見ているスターバックス）、「相手がどう感じると思いますか？」と訊いてみる。
- 小さな子供に携帯電話やインターネットのアクセスを許可するつもりなら、子供が使うゲームやアプリについて知るために、アダム・プレッターのiParent101.comや、米国小児科学会のMedia and Children Communication Toolkit（メディアと子供のコミュニケーション・ツールキット）のようなサイトで勉強する。エンターテインメント・ソフトウェア・レイティング委員会（esrb.org）は、親によるゲームの管理に有益な情報を提供している。ほかにも、パソコンを守るコツを伝授するOnGuardOnline（オンガード・オンライン）、プログラムとアプリのランクづけをするCommon Sense Media（コモン・センス・メディア）、オンラインで子供の安全を守る情報源のiKeepSafe.org（アイキープセイフ）などがある。何をおいても、子供と話をして、テクノロジーを使いこなす方法をしっかり学ばせることが親の務めだ。そのことを子供に知らせて、こう言う。「この電子機器には世界のすべてが詰まっている。もし怖ろしいことに遭遇したら、私に知らせてほしい」

- 子供がテキストメッセージやツイッターで誰かを傷つけたり、傷つけられそうになっていないと感じるまで、ランダムにチェックさせてもらうと伝え、実際にチェックする。
- ゲームをさせるときには、やめる時間がきたら素直にやめるという条件をつける。
- 子供がテクノロジーを使用しすぎている場合には、精神分析医やカウンセラーに相談することも検討する。

第10章 頭と体を鍛える

トップアスリートは、一見信じられないようなことをする。バーベルではなくヨガボールを持ち上げ、目立つ大きな筋肉を動かすまえに小さな筋肉の調子を整えるのだ。素人目には何も変わらないように見えるが、これではるかに怪我が少なくなる。小さな子をバスタブから出そうとして腰を痛めるボクサーは、こうした小さな筋肉に注意を払っていない。通りを渡るときに足をくじくランナーも同じだ。両人とも必要な筋肉は鍛えているけれど、体のほかの機能を支える基本的な部分をなおざりにしていたのだ。

この章では、大きな差を生むこれらの小さな「筋肉」の鍛え方を見ていく。最終目標は、これからの人生で、大きな困難（あこがれの大学に入れない）であれ、小さな困難（学校のダンスで断られる）であれ、障害にいくらぶつかってもへこたれない、回復力のある健康な脳を持つ子供を育てることだ。巧みに考え、あらゆる方向からの打撃に耐えられる脳を発達させるのを手伝いたい。子供にはつねに最高の環境を望むが、ときにはリスクをとることを怖れず、思いどおりにいかないとわかっても押しつぶされないでほしい。

多くの子供は、事前に計画して目標を視覚化することや、ネガティブな考えに反論すること、望みが叶わなかったときの対策を考えることなど、精神面の戦略の立て方を教わらない。よってこの章では、私たち心理学者や教育者が、子供との仕事や自分の人生で頼りにする戦略をいくつか紹介する。参考にしたのは、スティーブン・R・コヴィーやブライアン・トレイシーのような、成功の心理学を専門とする有力な作家や、アデル・ダイアモンドやダニエル・J・シーゲルといった神経科学者の著作だ。聞いたことがあるかもしれないし、すでに実践しているテクニックもあるかもしれない。ただ、意外に知られていないのは、それらが子供にも効果的だということだ。

子供を座らせて、「さあ、これから脳を鍛える方法について話し合いましょう」と言うのは、とくに子供がティーンエイジャーの場合にはむずかしい。相手はふつう反発する。だが、これらの戦略を知っておけば役に立つし、無理なく家族の生活に取り入れる方法もある。

練習1――明確な目標を定める

成功の心理学について書いている著者はほぼ全員、目標の設定が基本であることに同意する。私たちふたりは、ビジネスを拡大するために、目標設定と可視化の戦略を用いてきた。子供にも、小さいころからこれを教えるべきだ。

シンプルな目標のリストをつくるだけでうまくいく子供もいるし、目標を写真で視覚的にとらえやすくすることで大きな効果が得られる子供もいる。たとえば、机の片づけが苦手な子には、整頓された机の写真を撮ってやる。そこにペン、鉛筆、紙、宿題の場所を示すラベルを貼って、次に整頓をするときに、写真を見ながら合わせるのだ。同じことは、学校に行く準備にも応用できる。もっと楽に準備がしたいと子供が同意したら、完全に準備の整った日（コートを着て、髪をとかし、バックパックとランチボックスを持っている）の本人の写真を参考にするのだ。目標が目に見えれば、やりやすくなるだろう。このテクニックは、きちんと行動するのが苦手なティーンエイジャーにも有効だ。写真に合わせることは、チェックリストを読むよりワーキングメモリの負担が少ないからである。[1]
目標達成を視覚化することの効果については、多くの文献がある。脳は現実の経験と、鮮明に想像した経験を区別できないのだ（ホラー映画が現実ではないとわかっていても怖いのはそのため）。著名な神経科学者アルバロ・パスクアル＝レオーネが興味深い研究をおこなっている。あるグループに、ピアノの音階を毎日一定時間弾かせ、別のグループには、音階を弾いているところをたんに想像させた。その結果、両グループとも、脳の指の動きに関連する部分が成長したのだ。[2]この研究や、アスリートやリハビリ中の患者を対象にした同様の研究が示唆していることは重要だ。
子供が少し大きくなったら、「メンタル・コントラスティング（心理対比）」という目標設定の方法が効果的だ。学生の現実的な目標設定を容易にするために、ニューヨーク大学のガブリエル・エッティンゲンが開発した方法である。[3]現実に到達できる道を図示することで、無理をしすぎる人たちを守り、どんな目標にも難癖ばかりつける人の背中を押す。

「メンタル・コントラスティング」の最初のステップは、子供に自分の目標を決めさせることだ。グループの目標ではだめだし、親の影響を受けてもいけない。実行可能で、やりがいのある目標でなければならない。

第二ステップは、望ましい結果について、子供にいくつか単語を書かせること。途中で書き直してはいけない。なんでも気にせず、心に浮かんだことばをそのまま書く。

第三ステップは、目標達成を阻む自分のなかの障害を考えさせること。外部の障害については考えない。その障害を紙に書き出し、そこから自分がどのような影響を受け、直面したとき何ができるかを考えさせる。

ネッドの生徒は、ときどきACTやSATを目標にする。第二ステップで彼らが書くことばは、「穏やか」、「自信」、「集中力」などだ。内部の障害については、「忙しさ」、「ストレス」、「混乱」などと書く。彼らは心のなかで試験に備え、ストレスや混乱をどう感じるか想像する。そして、それらの障害に取り組むか、少なくとも耐えている自分を想像する。

子供は心のなかでどんな対話をするのだろう。障害に直面したら、どう対処するのだろう。困難が生じうることを最初から想定し、不測の事態の覚悟をしておけば、現実の世界で効果的に対処できる。

ネッドの生徒のひとりは、転校したあと不安障害になり、人間関係に悩んでいたが、カウンセラーとロールプレイングをおこない、苦手な状況でどのように行動したり話したりするかをくり返し練習した。そのままのセリフを使うことはめったになかったが、どう言うべきかわかったことで不安が減り、外で人と出会っても、さほど予想外の事態とは感じなくなった。

教室や音楽室、グラウンド、あるいは裏庭で「自己最高《パーソナル・ベスト》」の目標を定めると、非常に効果がある。競争自体は悪いことではない。子供も、本当に勝ちたいときにどうすべきかを学ぶ必要がある。しかし、人は自分自身と競うときに、はるかに力を伸ばす。他人がどれだけ練習するか、どのくらい上手かをコントロールすることはできないが、昔の自分のタイムや得点を超えるためにどのくらい努力するかは、完全に自分次第だ。何かがうまくなったという実感は、最高の報酬になる。自己最高の目標を定めるのに年齢は関係ない。

ネッドはよく、スキーの達人で晩年にスノーボードを始めた義父の話をする。ネッドもいっしょに挑戦することにした。スノーボードを習ったことのある人ならわかるように、初日の体験はとてもつらい。何度も転び、びしょぬれになり、あざもできる。二〇歳以上ならさらにたいへんだ。ところが、一日の終わりには、しりもちをつかずに立っていられる時間が長くなる。二日目には、人並み程度に近づく。その週の終わりごろには、初心者向けのゲレンデをすべりおりて、なんとかなりそうだと感じはじめるかもしれない。新しい技術を学び、上達するその感覚が、内的モチベーションを刺激するのだ。

テストの世界は、自己最高の目標にとって豊かな大地だ。ネッドの生徒のアリソンは、ACT対策のために会いにきた。両親は彼女が（三六点満点中）三四点をとることを望んでいた。本人の目標を訊いてみると、三一点か三二点だという。そのときの成績は二四点だったので、三四点を目標にするのはあまりにも非現実的だった。それは親の目標であって、本人の目標ではなかった。とはいえ、本人の言う三二点もさして変わらず、実力からかけ離れていた。

彼らは話し合い、アリソンにとって妥当な目標を二八点に定めた。現実的ではあるが、容易に達成はできない。そして二八点に達したら、ロッククライマーのように「中間支点」にするのだ（ある程度の距離を登ったら金具で「中間支点」をつくり、登攀と「中間支点」をくり返す。もし落下しても、六〇メートルではなく三メートルですむ）。快適な二八点という地点から進歩すれば、アリソンは誇らしい気持ちになる。そのあと将来を見すえて、適切な目標である三一点か三二点をめざせばいい。

テスト会場であれ、ゲレンデであれ、子供が側転の練習をする裏庭であれ、A地点からB地点に目標を定めるこうした方法は、子供の内的モチベーションと「コントロール感」に刺激を与える。

練習2――脳が語りかけることに注意を払う

私たちの経験では、子供が自分の心のなかで起きていることを理解すると、「コントロール感」が増し、行動や成績が向上する傾向がある。脳について、そして自分の脳だけの特徴について、少しでも知れば、「コントロール感」が回復するのだ。

幼稚園児でさえ、脳の基本的な機能を理解することができる。小児精神科医で『しあわせ育児の脳科学』（早川書房）の著者ダニエル・J・シーゲルは、ストレスを受けたときに脳のなかで起きることを説明する際、親指を四本の指で握った拳を使う。親指は、怖れや不安、怒りなどの大きな感情を表す（幼稚園児にはむずかしい用語だが、「扁桃体」のことだ）。それを囲むほかの指は、明晰に考えて問題を解決する脳のほかの部分を表す（「前頭前皮質」のこと）。不安や怒りがあまりにも大きくなると、親指以外の指の力がゆるむ。これをシーゲルは「蓋が飛ぶ」と表現する。蓋が飛びそうになった子供には、落ち着くための行動（頭を冷やす指定の場所に行くことなど）をとるよう勧める。そしてまた拳をしっかり握った状態にするのだ。
ビルがテストをしたなかでかなり手強かったのが、ベンという九歳の少年だった。両親は、ベンの注意散漫なところ、心配性で完全主義なところ、非常にストレスに弱いところを心配し、あまりまわりを気にせずに家と学校で気楽にすごせるようになる方法を必死で探していた。
テストの最初の数分で、両親の言いたかったことがわかった。ベンは聡明ではきはきと話すが、答えのまわりに次のようなことばをちりばめていた――「こんなのうまくできない」、「早くやるなんて無理」、「どうせ悪い点をつけるんでしょう？」。最初のむずかしい問題に当たったときには、拳で机を叩いて、「こんなのできない」と言った。もしビルがそれでも続けなさいと言ったら、ベンは不安と腹立ちのあまり泣きだすか、癇癪を起こしそうだった。
そして次のような会話があった。
ビル　ひどいストレスを感じてるようだね。何が起きているか、私の考えを話してもいいかな？
ベン　いいけど。
ビル　きみは、いい考えがすぐに頭に浮かばないと、馬鹿になったと感じはじめるのだと思う。
ベン　そう。すごくイライラする。
ビル　馬鹿じゃないのは自分でもわかってる。だって、きみの語彙はほとんどの子よりずっと豊富だろう。

ベン　語彙は豊富だよ。同じ学年の誰も知らないことばを知ってる。
ビル　きみの問題は、その頭のなかにある。扁桃体といって、それがきみを安全にしようとがんばりすぎてるんだ。扁桃体は「恐怖探知機」だ。きみを傷つけたり、嫌な気分にしたりするものを見張っている。扁桃体は考えない。危険を感じるだけだ。危険を避けられるように、きみがストレスを感じるものを感知する。扁桃体が怖ろしいものに反応しない子もいるけど、扁桃体が敏感で、ほとんどすべてのことに反応する子も大勢いる。きみはとても敏感な扁桃体を持っている子だと思う。
ベン　きっとそうだ。いろんなことが怖くて、イライラするから。学校にいるぼくを見ればわかるよ。
ビル　たいへんだろうね。これからいっしょに対処法を考えるときには、きみの扁桃体が本当に敏感で、物事を必要以上に大きく見せてしまうということを憶えておこう。答えがすぐに浮かばないときには、扁桃体が過剰反応していること、私といれば安全だということ、きみは決して愚かではないということを思い出せばいい。神経質になったり、イライラしたり、先に進めなくなったりするのは、扁桃体がきみを停止させようとしているからだ。自分は愚かだと感じさせないためにね。でも、それは必要ない。きみは愚かじゃないから。
ベン　わかった。
そうしてテストに戻ると、驚くほど順調に進んだ。午前中の残りの時間、ふたりはベンの過度の完全主義とストレス耐性の低さをジョークにすることができた。それが性格の欠陥ではなく、原始的な脳の機能の問題だと理解したからだ。あとで評価するときに、ビルは、ベンに人づき合いや感情のことを尋ねながら、彼が興味を持ちそうな爆発物のイメージを使った。

ビル　今朝のイライラは学校でもよく起きる？
ベン　うん。なんにでもすぐにイライラする。
ビル　導火線をもっと長くしたい？
ベン　どういう意味？
ビル　長い導火線のついたダイナマイトは爆発するまでに時間がかかるよね。でも、導火線が短いとすぐに爆発してしまう。きみの導火線はかなり短いほうだと思う。扁桃体が敏感だから。
ベン　（指を五センチくらい開いて）これくらいだね。
ビル　もっと長くしたい？
ベン　うんと長くしたい。
ビル　もう少しこのことについて話そう。ご両親もいっしょにね。きみをどうやって支援するか考える。きみを爆発しにくくする方法を教えてくれる人もいっしょに探そう。

シンプルなことばと生き生きとしたイメージを使って、感情を科学的に説明すると、非常にうまくいくことがある。問題を感情から科学の領域に移すからだ。ベンはすぐに学校で不安を感じなくなるわけではない。導火線を長くする多くの訓練が必要だったが、何が起きているかを理解する枠組みを得たことは、重要な最初の一歩だった。

ビルは最近、ベンの二度目の検査をした。ベンは一四歳になり、劇的に感情の制御がうまくなっていた。まだ神経質でイライラしやすいものの、モチベーションが高く、自分で生活を管理できる優秀な学生だ。何より、かつてはストレスの元だったテストをいまは安心して楽に受けられるようになった。

ビルは、自分の仕事でいちばん重要なのは、子供の神経心理学的な検査で学んだことを、彼らに伝えることだと感じている。子供がまわりの人よりうまくできることと、簡単にできないことを理解すれば、世界には自分の居場所があるという自信が増す。

練習3――代替案を考える

私たちが出会う子供の多くは不安を抱え、強迫観念に動かされているが、カーリーはまちがいなく、出会ったなかでもっとも不安を抱えた若者だった。非常に賢く、クリエイティブで、活発なその一七歳は、コロンビア大学に行くことに取り憑かれていて、そのプレッシャーは親から来るものではないようだった。ネッドは、彼女といっしょに語彙と数学の問題や試験対策をしたあと、強い不安や（三〇〇〇以上あるうちの）ひとつの大学への執着によって、彼女の思考能力が妨げられていると判定した。

ビルが数年前に彼女をテストしていた。カーリーと両親は、もし助けになるなら、またビルのところにも行くつもりだった。カーリーは、忙しすぎてセラピストにも会えないと言った。だから、精神分析医がいちばん安全だと言う抗不安薬をのんでいる。やることが多すぎて、早く寝ることもできない。ビルとカーリーは相談し、ネッドのところで勉強するときには、「代替案」という考え方を取り入れるべきだという結論に達した。コロンビア大学に入れなかったらどうするかと考え、徐々にほかの選択肢について考える際の抵抗をなくし、むしろそれを前向きにとらえる必要があった。コロンビア大学に入れなければ人生が台なしになるという恐怖心を取り除いて初めて、カーリーはストレス反応を充分和らげ、本来答えられるテストの設問に答えることに集中できた。

代替案の考え方（「望ましい結果にならなかったとき、ほかにどんなことができるか」）は、挫折の可能性に健全に取り組むための鍵である。カーリーは最初こそ反発したが、だんだんその考えに慣れてきて、第二志望と決めたミシガン大学での生活を想像するようになった。すばらしい校風のミシガン大学も楽しそうだと考え、アナーバーの町の落ち着いた雰囲気にも引かれた。最近の卒業生から聞いた体験談もすばらしかった。成績もよくなるだろうから、ミシガンなら大学院に行く夢も叶うかもしれない。もうひとつの未来を視覚化しはじめると、不安のレベルは下がった。

代替案について考えると、広い視野で物事をとらえられるようになる。もうひとつの未来を心に描き、バックアップの計画を立てることで、子供は（そして親も）本来の計画がうまくいかなくても世界が終わるわけではないということを学ぶ。代替案を考えると、扁桃体を制御する前頭前皮質の力が強くなる。第一の選択肢がうまくいかなかったときにどうするか明確にわかっているので、落ち着いて「コントロール感」を維持することができる。

「やらなければいけないのに、できない」と感じることほど、子供にとってストレスになることはない。

代替案は、それまでより建設的な思考を可能にする。柔軟性や適応性も増す。代替案を考えることが習慣になれば、次第にストレスと挫折に対処できる自信がついてくる。

ネッドはいつも個人的に、代替案の考え方を実践している。日常的なこと（好きなシリアルがなかったら、今朝は何を食べよう）から大惨事（この飛行機のうしろから火の手が上がったらどうする？）まで、たいてい何かのシナリオを思い描いている。その結果、さまざまな状況に対処する方法を予測し、決定しているので、「コントロール感」が得られる。

ある人たちにとって、代替案というのは、根本的に異なる成功への道を考えることになるかもしれない。私たちにとって、広い視野と安らぎを与えるアドバイスの最大の源は、いろいろな道を進んで意味ある幸せな人生をすごしている人々の話を聞くことだ。これについては第14章でも述べるが、世の中にはほかのハッピーエンドもあることを知り、思考の枠組みを少し広げると、ストレスを和らげる大きな効果がある。


私は、ロジャーというとてもいい子を指導していた。ACTのスコアがよくなかったが、テストの日を振り返ると、会場に行く途中で道に迷っていたことがわかった。私たちの会話はこんな感じだった。

「曲がる角をまちがえて、ひどい一日になったね」と私は言った。「野球では全打席でホームランを打つ必要はない。一〇回中七回、三振や内野ゴロでアウトになっても、残りの三回ヒットを打てば、殿堂入りできる。いい打席が必要なだけだ」

「そうだね。でも次はいい打席にしないと」

「そう考える理由はわかる。でも私の見解はこうだ。きみは四月にまたACTを受けられる。四月にうまくいかなくても、六月にまたある。六月にしくじっても九月がある。それがだめなら一〇月があるし、一二月にだって受けられる。三年生の一二月までにスコアが少しもよくならなかったら、別の計画を考えてもいい」

ロジャーは笑った。プランB（あるいはC、D、E）を持つことは非常に効果的だ。

「わからないぞ」と私は続けた。「この馬鹿げたテストをくり返し受けるより、土曜の朝にもっとやるべきことがあるんじゃないかな。だが、きみの目標は大事だから、せめてそれを達成するための機会がたくさんあることは理解しておこう。きみが次の打席で場外ホームランを打って勝利のダンスを踊るのは見たいけれど、たとえそうならなくても、気分を変えてもう一度挑戦すればいい」

――ネッド

練習4――思いやりを持って自分と対話する

「ぼくはどうしようもない馬鹿」、「ぼくはひどいまぬけ」、「私はどうしてあんな馬鹿なことを？」。子供からしょっちゅうこんなことを聞かされて、多くの親は絶望する。しかし、そのことで子供と言い争ってはいけない。子供が「何をやってもだめ」という悪循環に陥っているときに、親が言えるのは、こんなことだ。「そういう見方もあるね。でも私は別の見方をする。もし聞きたければ、話してみようか」。子供が聞きたくないなら、無理強いせず、次の機会を待とう。分別のある意見も、押しつければかえって子供の自己嫌悪を深めてしまうかもしれない。これはコントロールの問題になっているからだ。

子供を対話に導くもうひとつの方法は、親もつらい状況を経験してきたことを、子供に思い出させることだ。そして、「そういうときに私がすることがある。何か知りたい？」と言う。それでも子供が聞きたくないなら、あきらめよう。しかし、多くの子供は聞きたいと言うはずだ。

子供が対話に前向きになったら、次のように言う。「私たちが自分に話しかけるとき、ほかの人に話すときとはちがうでしょう。気づいてる？　たとえば、ふたりで同じソフトボールチームにいるとする。ありきたりのゴロを私がトンネルしてしまったら、あなたはなんて言う？　たぶん、『だいじょうぶ、次は捕れるよ』と言うでしょう。本当にひどいミスでも、グローブを地面に叩きつけて罵詈雑言を浴びせるより、支え励ますことばをかけるほうが、次はうまく捕れるということが本能的にわかってるから」

親友に言うように、自分自身を支えることばをかけることを子供に教えよう。「ヘザー、あなたならできるよ」というふうに。三人称で話しかけるひとり言は、一人称のひとり言よりはるかに強い力がある。自分の名前で自分を呼べば、批判者ではなく、客観的で支えになってくれる友だちの立場に近づくのだ。[4]

ボールのトンネルのようなまちがいをどう処理するか、もう少し考えてみよう。もし子供がまちがいを合理的な説明がつかないものと考え、自分を愚か者と認定したら、次に改善しようと思わなくなる。よい結果を得るには、愚かでなくなるしかないからだ。一方、効果的なひとり言は、自分が有能であり、決して愚かではなく、たんにミスをしただけということを気づかせてくれる。そこから何が悪かったのかという検討が始まるのだ。うまくいかなかった理由が説明でき、その過程で改善できることがあるのがわかれば、本人に行為主体性が生まれる。[5]
ここで大事なのは、それを本人ひとりの問題ととらえないことだ。子供の自尊心を脅かされない説明ができれば、彼らはまちがいから学び、前進することができる。

練習5――問題を見直す

私たちの仕事の大部分は、子供がいまの思考方法に疑問を持ち、うまく考え直すのを手伝うことだ。たとえば、ストレスについて。ストレスを別なものだと考えると、行動の結果が変わる。ポー・ブロンソンの記事によると、プロのミュージシャンやアスリートは、本番のまえに不安を経験するが、それをエネルギーの源ととらえる。一方、素人はそれを有害なものと考える。[6]ある集団にとって不安は「フロー」をもたらし、ほかの集団にとっては脅威となる。モチベーションを高め、不安を解消するのは、「コントロール」そのものより「コントロール感」だ。脳に影響を与えて反応をうながすのは、客観的な事実ではなく、主観的な認識（「すごい！　聴衆が一五〇〇人！」）なのだ。

ことばは非常に強力だ。「しなければならない」より、「しようと決めた」や「したい」のほうが好ましい。そのほうが、「面倒だが怖くはない」とか、「後退だが大事故ではない」と考える助けになる。

人生は「視点を選ぶ」ゲームだと考えたい。物事の見方を自分で決めるのだ。たとえば、一六歳の娘が学校のダンス行事で外出し、夜九時にメールを送ってくることになっている。ところが、九時一五分になってもメールは来ないし、こちらから送っても返信がない。どこかの溝に落ちて出られなくなったと考えるべきだろうか。それとも、連絡するのを忘れていて、こちらのメールにも気づかないほど友だちと夢中になっていると考えるべきだろうか。明らかに後者のほうがイライラは少ないので、そちらを選ぼう。事実がどうかは別として、待っているあいだ、どの視点をとるのがいちばん快適かと考えるのだ（もし一〇時になっても連絡がなければ、もう少し心配することを選ぶだろう）。

友人の言語心理学者ブレント・トールマンは、どんな状況でも、自分にもっとも役立つ視点を選ぶことができると言う。いちばん当てはまりそうな説明を考えるとき、ふつうは大災害が起きたとは考えない。たしかに、本当に悪いこともまれに起きるが、毎日の人生が災害だらけと考えるのはナンセンスだ。

友人のアーロンからこんな話を聞いた。彼は仕事の重要な会議に行く途中で追突された。車からおりるときには、当然ながら相手のドライバーに寛大な気持ちではなかった。しかしアーロンは、ぶつかってきた車が海兵隊のナンバープレートをつけていることに気づいた。ドライバーは心から謝罪し、娘の手術のために妻と病院に急いで向かうところだったと説明した。これで視点が変わった。怒りと苛立ちは心配に変わり、アーロンは助けを申し出た。ほかのドライバーをわがままな愚か者と見るか、正当な理由から急ぐ人と見るか。私たちはどちらの視点も選ぶことができる。まちがいは力不足の証明なのか、それとも、まちがったことでむしろ人生に役立つヒントが得られたのか。視点はこのように選べるのだ。

思考の枠組みを変えることには、自分の考えを注意深く観察して積極的に方向転換することも含まれる。これは認知行動療法の基本であり、マインドフルネスにも取り入れられている。

多くの身体感覚は思考から生じることを、子供に説明しよう。両者を結びつけ、緊張、悲しみ、怒りといった体からのサインに注意を払わせるのだ。自分の思考に耳を傾け、合理的なものと非合理的なものを区別することを子供に教えよう。

先日、ネッドの生徒のひとりが、テスト中に起きることを生き生きと表現した。「何も思いつかなくなる。何も意味をなさない。それから自分を責めて、ぜったいにいい点はとれない、ペンシルベニア州立大学に入れない、建築家になれないと考えはじめる」

ネッドはこう答えた。「正しい答えがひとつわからないと、そのセクションでいい結果が出ないのかな？　そのセクションでいい結果が出ないと、いい点数にならない？　あるテストでいい点がとれないと、その先もぜったいにとれない？　そして、いい点がとれないと、いい大学に行けず、いい建築家にもなれない？」ネッドは続けた。「私が知っていることを言うと、きみぐらい好奇心の強い子は、一流からほど遠い大学でもすばらしい教育を受けられるし、どんな大学に行こうと偉大な建築家になれる。そしてもちろん、ACTは何度も受けることができる。だから、ストレスを感じたときに頭に浮かぶ考えについて、よく考えてみてほしい。本当に真実だろうか、とね」

私たちの「コントロール感」をたびたび奪う精神的な習慣のひとつは、些細な出来事を大げさに考えること（「モグラ塚から山をつくる」）だ。子供がこれに陥らないようにする簡単な方法は、狼狽しているときにいつも、「これは大きな問題？　それとも小さな問題？」と自問するように教えること。認知行動療法では、飢饉などの大災害と、一時的な苛立ちや混乱のちがいを教えられる。「これが起きたらぼくは死ぬ」と「がっかりするけど、おそらく死なない」のちがいである。そこで小さな問題と判定できたら、最初の防御法として、頭を冷やすための場所、深呼吸、代替案など、気持ちを落ち着かせるメカニズムを使う。これらの方法は、ほとんどの問題に有効だ。一方、問題が大きすぎるときには助けを求めなさい、と子供に教えておく。

練習6――体を動かすか、遊ぶ

ネッドの生徒のひとりは走ることを習慣にしているが、不安に影響されやすい。両親は、勉強の時間を運動にあてるべきではないと言っていた。ネッドは、しばらくぶりに聞いた最悪の助言だと驚いた。

emotionの語源となったラテン語の*emovere*は、「動く」という意味だ。私たちの心と体はリンクしていて、体に動くよう伝える脳の部分は、明確に考えるために必要な部分と隣接している。運動機能のコントロールと精神面のコントロールは密接にかかわっているのだ。運動が自己制御の発達に有益と言われるのは、そのためだ。

一般的に、運動は頭と体によい影響を与える。安定感、集中、精神的敏捷性、落ち着きをもたらすドーパミンやセロトニン、ノルエピネフリンの値を上げ、ＢＤＮＦ（脳由来神経栄養因子）という蛋白質の産生をうながすからだ。ＢＤＮＦは脳の「肥料」と考えられ、脳の成長と細胞同士の結びつきに重要な役割を果たす。また、運動は脳にグルコースと酸素を運び、神経新生を助けて、脳細胞を成長させる。要するに運動は、前頭前皮質の機能を刺激し強めることで、思考そのもの以上に明確な思考に役立つと言われる。運動はリラックスした覚醒にとっても重要だ。ジョン・J・レイティは著書『脳を鍛えるには運動しかない！』（NHK出版）のなかで、学校の授業内にしっかりと運動した生徒は劇的に成績が向上することを示した[7]。フィンランドは、ここでも一歩先を行っている。四〇分の授業につき二〇分間、外で遊ぶことが義務づけられているのだ。

こうした理由から、ネッドは問題の生徒に走りつづけることを勧めた。ほかの生徒全員にも、なんらかの運動の習慣をつけるよう助言している（ただし、強制されていると子供が感じないことが大切だ。強制された運動は、軍のブート・キャンプのように、ストレスを軽減しない）。有酸素運動は無酸素運動より脳により大きな利益をもたらすが、適度なレベルの目安は、話せるが歌えないくらいだ。運動は活発におこなうべきだが、命を危うくするほどやってはいけない。

世界屈指の神経科学者アデル・ダイアモンドは、主要な実行機能であるワーキングメモリ、抑制機能、認知的柔軟性を同時に必要とする身体活動をとくに支持している。ダンスを例にとろう。ダンスを学ぶときには、ワーキングメモリを使って動きを憶えなければならない。動きを抑制する（脚の動きが遅すぎるか、速すぎるかを知る）必要もある。そして音楽やパートナーのステップの変化に柔軟に対応しなければならない。ヨガ、武術、乗馬、フェンシング、ドラム、ロッククライミングは、すべて心と体のスキルを使って実行機能を発達させる運動だ。

しかし、小さな子供が、脳を健康に保つロッククライミングのような運動に夢中になる見込みはあまりない。そういうときには、遊びが有効だ。遊びは、正しく機能する小脳も含めて健康的な脳の発達に欠かせない。
小脳は脊髄の真上の脳の基部にある。少なくとも一〇〇年前には、協調運動が小脳に依存し、小脳が傷つくとまっすぐ立っていることさえ困難になるのがわかっていた。しかし、小脳が思考にどう影響するのかがわかりはじめたのは、ここ数年のことだ。小脳を損傷した患者は、計画、ことばの選択、ものの形の認識、釣り合いのとれた絵を描くことなどがむずかしくなる。[8] いまでは、学習のあらゆる面で小脳が重要な役割を果たしていることが知られている。小脳の機能のちがいはＡＤＨＤにも関連し、自閉症の要因でもある。小脳の構造は、脳のなかで遺伝の影響がもっとも少ない。つまり、遺伝ではなく経験が小脳の機能の鍵だということだ。
子供は遊びながら小脳を強くし、まわりの世界の制御を学ぶ。これは人間にかぎったことではない。ほとんどすべての種において、遊びの多さと小脳の成長は相関している。つまり、脳が成熟する敏感な時期には、刺激のために体全体を使った遊びの動きが必要とされるのだ。[9]
子供に「役に立つ」何かをさせようとする気持ちに抵抗しよう。それは小脳のためにならない。子供から一分以上目を離すべきではない、などと心配してもいけない。やるべきことを指示されるような組織立った活動への参加もほどほどに。子供は自由に遊ばせるべきだ。

今晩すること

- 本章の「練習」を子供と検討し、自分や親や家族に役立つものはないか訊いてみる。
- 家族会議を開き、紙に書いた目標を共有する。子供に親の目標や兄弟の目標をどう思うか尋ねる。彼らの提案が正しいかどうか検証しよう。
- 目標を決め、達成したところをイメージするよう子供にうながす。子供がSMART（具体的、測定可能、実行可能、現実的、時間限定）目標を決めるのを手伝う。目標を個別の実施可能な段階に分けると、進歩を目にするたびにドーパミンの放出が増える。
- 現実的な目標到達を図示した「メンタル・コントラスティング」とSMART目標を組み合わせる。子供自身が感じている障害はあるだろうか。子供は挫折したときどう対処するだろうか。そしてどのように感じ、回復し、前進するだろうか。
- 代替案を考えることを家族の習慣にする。原案や代替案に関する親の意見を聞きたいか、子供に尋ねてみる。子供が望まないなら無理強いはしない。

●思いやりのある、ポジティブな自分への語りかけの模範を示す。たとえば、「昨日、仕事で失敗したことについて自分を責めすぎていることに気づいた。思えば、ほかの誰に対してもそこまで責めることはない。誰でもときには失敗する。自分を非難してもミスはなくならない」など。
●家族で体の健康を重視する。運動を強要したり、子供がすることを親が決めたりしてはいけないが、家族全員が毎日の暮らしで運動をすることが重要だと説明し、子供がしたいことを決めるのを手伝う。

第11章　学習障害、ADHD、自閉症スペクトラム障害への対応

「コントロール感」は、あらゆる年齢のすべての子供にとって大切だが、注意欠陥多動性障害（ADHD）、自閉症スペクトラム障害（ASD）の子供の親は、さらに多くの問題に直面する。ADHDやASDの子供にも、ほかの子と同じように「コントロール感」が必要なのだが、親が介入するとそれが弱まってしまうからだ。

研究によれば、自閉症やADHDの子供が集中して作業を終わらせ、学校や家でうまく行動するのを助けるもっとも有力な手段は、支援体制と外的モチベーションであることが多い。その結果、多くの親と専門家は、子供の生活の管理に関して子供自身の声を反映させることに抵抗する。しかし私たちは、支援体制と子供の自主性は両立しうると考えている。こうした子供には、高度な体制と組織的な支援を提供すべきだが、本人がつねに反発しないことという条件がつく。学習障害など、特別な支援が必要な子供は、その支援が自分に向けられていないと感じるときに、よりよい結果を出す。報酬などの外的モチベーション

は、こうした子供の内的モチベーションを弱めてしまいがちなので、慎重に提供すべきだ。
多くの親は、発達障害の子供は自分の人生にかかわる決定ができないと思っている。受ける授業を選んだり、課外活動をするかどうかを決めたりするのはいいが、異常に活発な子供はそれすらできないだろう、と。だが、私たちの意見はちがう。数十年に及ぶ仕事を通して、ADHD、失読症などの学習障害を持つ子供が、決定に必要な情報をすべて与えられ、強制されていないと感じるときに、非常に思慮深い選択をする能力を示すのを見てきた。彼らは自分に関する専門家だ。無理なく生きたいと思っているから、学んで好結果を出すための支援や便宜は歓迎することが多い。
いくつかの研究でも、特別な援助が必要な子供に自主性を与えることの利点が確認された。学習障害を持つ小中学生を対象としたある研究では、自宅で自主性を与えられていると感じている場合に、学校の成績がよく、失敗をうまく乗り越えられる傾向があった。[1]別の研究によると、能力が高く、教師が自主性を尊重してくれると評価するASDの生徒は、学校で自己決定できることが多いと感じ、それが成績のよさにつながっていた。[2]最近では、フロリダ国際大学のマーガレット・シブリーが、ADHDの若者と親たちに、ティーンエイジャーの自主性を強調した新しいセラピー（STANDプログラム）をおこなっている。[3]
この分野の研究はあまり多くないが、私たちの経験は豊富だ。とくにビルは長年、特別な援助を必要とする子供が人生の「コントロール感」を手に入れ、成功するのを見てきた。脳の働きを考えれば、理由は明らかだろう。脳は使えば使うほど発達するから、子供の脳が、コントロールされまいと慢性的に闘いつづけるのは望ましくない。学校で苦労したり、衝動の抑制の問題を抱えたりするとストレスになるが、そこで「コントロール感」がストレスと闘い、健康的な脳の成長をうながすのだ。特別な援助を必要としない子供にそうした環境が重要なら、特別な援助を必要とする子供にとっては、ますます重要だ。

この章は、すべての子供を対象とはしていないが、想像以上に多くの子供に関連するはずだ。二〇一三－一四年では、六五〇〇万人のアメリカ人の子供とティーンエイジャーが、特別な教育のサービスを受けた[4]。二〇パーセントもの学生が、少なくともひとつの学習障害を持ち、子供の一一パーセントがADHDと診断され、一六人から一八人にひとりが自閉症である[5]。これらの統計は、ほぼ確実に実際の学習、注意力、社会的な障害の割合より低く見積もられている。たとえば、障害があってもまだ診断を受けていない子供は含まれていない。裏づけには乏しいものの、三人の子供を持つ家庭で、学習障害、ADHDかASDの子がひとりもいないと考えるのはむずかしい。

この章では、特別な援助を必要とするあらゆる子供について包括的に議論したり、そうした子供のいる親がすべきことを論じたりするつもりはない。それぞれのカテゴリーはそれだけで一冊の本になるだろう。私たちの望みは、子供たちの「コントロール感」の妨げとなっているものを示し、注意深く考える必要があるにしても子供にそれを与えていいと保証することである。

学習障害

ビルは一一歳のマイケルという少年にテストをおこなった。マイケルは非常に利口で性格もよかったが、算数が苦手で、感情を制御するのにかなり苦労していた。朝のテストの時間には、ビルといっしょに一生懸命取り組んでいたが、昼食後にビルの同僚が算数の問題を解かせたところ、極度のストレスを感じて自制を失いはじめた。「ノー、ノー、ノー」とくり返し、相手を威嚇して爪で引っかく仕種は、明らかに、もうたくさんという意思表示だった。ビルは数分間、待合室でマイケルを落ち着かせてから、彼の母親と、その日にテストを終わらせるか、別の日に受けにくるか話し合った。それを聞いたマイケルは、テストでがんばったご褒美に〈トイザらス〉に連れていってもらえるから、その日に終わらせなければならないと叫んだ。ビルも終わらせてほしかったが、混乱した脳で算数の課題を終えるのは無理だった。

ビルはマイケルに、なぜ算数で興奮するのかと訊いた。マイケルは、パニックになってイライラすると答えた。ビルはその答えを聞き、扁桃体が加熱状態になって、脳のほかの部分に危険の監視を命じたのだと説明した。算数が苦手なので、まごつき、イライラし、恥ずかしくなるのはわかっている。その脅威から逃れるために、マイケルは必要なことをしたのだ、と。この説明にマイケルは納得したようだった。

それからビルは、たいへんかもしれないが、安心して感情をコントロールできる方法が見つかれば、午後にテストを終えられるかもしれない、と説明した。マイケルは、ビルとアーニー（ビルのオフィスで「働く」小さな犬）といっしょにいると安心する、と答えた。そこで、ビルのオフィスに戻って、アーニーの隣でテストを受け、ストレスを感じはじめたら中断して数分間アーニーと遊んでいいことにした。数分後、マイケルは鼻歌まじりでアーニーをなでながら問題に取りかかっていた。子供の「コントロール感」が増すと、本来苦手でイライラする勉強でさえ一生懸命できる好例である。

学習障害を持つ多くの子供は、マイケルと似ている。臨床神経心理学者のジェローム・シュルツは、著書『*Nowhere to Hide*（逃げ場がない）』のなかで、学習障害の子供が直面するストレスの要因を取り上げている。授業中、彼らが教師やクラスメイトから障害を隠すことができない点に注目し、学習障害を持つ子供は、すべての子供が心配することに加えて、からかわれたり、まぬけ呼ばわりされたり、特別な支援を受けていることをねたまれたりする、と指摘する。

学習障害を持つ子供には、たしかに特別な支援が必要だ。読解や算数の専門家も必要とし、理想的には一対一で教えられることが望ましい。成果があがるかどうかは、介入の度合いに大きく左右されるからだ。しかし問題は、介入がたいてい本人の意思に反しておこなわれることだ。あらゆる年齢の子供が、強制されていると感じ、特別支援クラスに行きなさいと言われると腹を立てる。個別指導、言語セラピー、あるいは放課後の作業療法に「行かされる」と感じることが多いのだ。強制だと思うと、子供はたとえ「コントロール感」を得るのに役立つことであっても抵抗する。

多くの学習障害の子供は、支援に感謝するどころか憤慨し、問題は余計な勉強をさせる親や教師、家庭教師にあると考える。この緊張は、すべての子供にとって重要な人間関係の感覚を損なうが、特別な支援を必要とする子供にとりわけ顕著だ。子供に支援を押しつけても、ふつうはうまくいかない。

親にとってこの状況がつらいのは、支援をやめたら子供はさらに落ちこぼれてしまうと信じているからだ。親と教師は、教育上の要求に応えるために充分な支援をしながら、子供の自主性をうながし、強引な押しつけはしないという綱渡りをしなければならない。

では、どうすればいいか？　まず三つのシンプルなステップから始めよう。

1　必要のない宿題と闘う

学習障害の子供の宿題は、家族全員にとって大きなストレスになる。読むのが苦手な子は、疲れている夜に三〇分間読むことを強いられると、声に出しても出さなくても、ひどい罰を受けているように感じる（親も同じくらいストレスを感じるだろう）。同様に、一〇問答えるのが精いっぱいの算数の問題を宿題で二〇問出されるのは、焼けたアスファルトの上で一〇〇メートル走をするようなものだ。親の支援運動はそうなりかねない。

ただ、家庭で読み書きや算数をさせるべきではないという意味ではない。むしろ正反対だ。子供のほうから時間をかけて挑戦したいという態度を示すのなら、やらせるべきだ。しかし、読むことが苦手で、夜に本を読むのを嫌がるなら、親が読んで聞かせたり、オーディオブックを聞かせればいい。言語理解に関する脳のシステムは、書きことばでも話しことばでも同じなので、読んでもらったり録音を聞いたりしても脳の同じ部分が使われ、やがて読解能力が育まれる。

2 自己理解をうながす

学習障害と本人の強みについて子供に理解させよう。その種の知識に自信がなければ、学習障害の専門家や、担任教師、家庭教師から、子供の強みと弱みについて本人に話してもらう。また、学習障害は「ふつうのこと」だと子供に理解させる。子供の三人にひとりはなんらかの問題を抱えていることを教える。そうすることで、自分は人と「ちがう」と感じる子供のストレスは減るはずだ。

また、学習障害は遺伝による場合もあるので、同じような問題を持っていた家族（とくに幸せな人生を送った人）がいれば、その人のことを子供に話す。幼いころに失読症や、算数、書字能力、読解力の障害を持っていた有名人が大勢いることも教える（インターネットを検索すれば、事例はいくらでも見つかる）。

さらに、学習障害の子供の多くは遅咲きであることも説明する。弱い部分を発達させ、強い部分を見つけるのに時間がかかるのだ。彼らはかならず強い部分を発達させる。辛抱強く待つ必要があるだけだ。

3 強制せずに、手助けする

特殊教育サービス、個別指導、言語聴覚士や作業療法士の良い点と悪い点を子供と話し合う。そして、あまりにも無分別でないかぎり、最終決定は子供にさせる。みずから進んで個別指導を週に一回受けるほうが、本人の意思に反して週に二回受けさせるより、はるかに子供のためになる。後者は、時間と金と善意の無駄遣いだ。とはいえ、本人が思っている以上に支援が必要だと親が考えるときに、交渉できないという意味ではない。個人指導で友だちより多く勉強をしなければならなくなるときには、やってみることに対して褒美を出してもいい。ただそのときにも、役に立たないと本人が思うなら、やめてもいいことを強調する。

低学年の子供が特別な支援を拒んだら、ビルはこう言うことを勧める。「きみに正しい支援をすることが、親としての私の義務だ。学習の専門家はみな、それが必要だと言っているからね。だが私は、本当に役に立つ支援がしたい。そして役に立つかどうかは、きみの意見を聞かなければわからない。だから、学校で特殊教育の先生に会うのが嫌なら、個別指導を選ぶこともできるし、それで効果がないなら、役に立つほかの方法を探そう」

ビルの経験では、初めは抵抗する子供も、個別指導や特殊教育の先生、学校の教育専門家が好きになり、自分を理解してくれる人と努力して、得られた利益に感謝することがよくある。子供は向上したいと思っている。強制されていると感じないかぎり、いずれは支援に同意するはずだ。

テスト結果について子供に話す際には、まず彼らの強みを強調する。そのあと問題点に話を移すときには、できるだけ彼らが自分自身についてすでに知っていることを話す。それにより、彼らが私と「闘う」可能性が減り、治療の同意を得やすくなる。

たとえば失読症の子供の場合には、こう言う。「ことばを声に出すのは、きみにとって簡単ではないし、読むのが遅くて本当にたいへんなこともわかっている」。ADHDの子供なら、「きみはほかの子より、退屈なことに集中したり、ミスをせずに速く何かをしたりするのが苦手みたいだね」。彼らにとってむずかしいことを説明したあと、「これがもっと楽にできるようになりたくない?」と訊くと、ほとんどの子は、イエスと答える。就学年齢の子供ならこう続ける。「学校の人たちと協力して、きみをどう支援するか考えるつもりだ。お父さんやお母さんは、きみのような子を上手に教えられる人を探しているから、その手伝いもする。きみは学校の外で、その人から教わることができるんだ」

一般的に彼らは助けを求めているので、抵抗することはめったにない。年長の子供や若者の場合には、通常こう言う。「もしきみが望むなら、家庭教師を探すのを手伝おう。学校に、たとえばテスト時間を延長してもらうとか、対策をとるように働きかけることもできる。そういうことをしてほしいかな?」。そのあとで、子供の年齢に関係なく、集中して一生懸命努力すれば、こうした支援は脳に新たなネットワークをつくり、やがて読み書きや算数がずっと楽になると説明する。　――ビル

ADHD

ビルは毎年、何百人ものADHDの子供、若者、大人の診察をしている。ADHDが原因で困惑し、恥ずかしいとすら感じている人もいれば、受け入れて、笑いの種にする人もいる。昨年、ビルを訪ねてきた若者たちのTシャツには、こんなことが書かれていた。

「親はぼくが話を聞いていないって言う――たしかそんなことを」

「きれい好きな人は、たんにものを探さない怠け者だ」

これはすばらしい傾向だと思う。子供たちが自分の問題についてユーモアの感覚を持つことができたら、その自己認識を使ってADHDを管理し、「コントロール感」を強めることができるからだ。

ADHDの子供は、注意力をコントロールするのが苦手である。「不注意優勢型」のADHDは、集中力に欠け、整理整頓がなかなかできない。「混合型」になると、それらに加えて衝動的で、じっとしていられない。ADHDの子供は、頼まれたことをするのが苦手で、多くの場合、やりたかったことや自分にとって重要なことでさえ続けるのがむずかしい。ドーパミンの基準値が低く、多くの子供に比べて、脳がドーパミンを有効に活用できない（リタリンのような刺激剤は、ドーパミンの生成を改善する）。結果として、大きく長期的な報酬より、小さく短期的な報酬を好む傾向がある。第5章で説明したように、ドーパミンはおもに楽しみとかかわっていると考えられてきたが、最近の研究では、モチベーション、動因、努力と強く結びついていることが明らかになった。

コネチカット大学の研究者ジョン・サラモーネは、ドーパミン、モチベーション、努力の関係を実験で明らかにした。まず、ふたつの食べ物の山をつくる——ひとつは近くにあるが小さく、もうひとつは、大きさは二倍だが小さな柵の向こうにある。ドーパミン・レベルが低いラットは、ほぼつねに、簡単に報酬が得られる小さな山を選び、大きな報酬を得るために柵を飛び越えなかった。サラモーネはこう説明する。「ドーパミンのレベルが低い人間や動物は、何かのためにあまり努力しない。つまりドーパミンは、快楽そのものより、モチベーションと費用対効果分析に関係している」

うつ病患者を対象とした研究でも、ドーパミンがモチベーションに影響することが裏づけられた。[6]ドーパミン・レベルが低いほど、大きな報酬を求めて柵を飛び越えようとしなくなる。それどころか、寝床から出ようとしなくなるのだ。

ADHDの子供にとって、さらにややこしい問題は、衝動のコントロールが未熟なので、後悔するような行動をとりやすく、その結果、自信を喪失してしまうことだ。あたかも自分の意思で行動したかのように、まちがいを直されたり、やめさせられたりが続くと、事態はさらに悪化する。努力しても彼らは「いい子」にはなれない。思考と行動に一貫性がないので、予測はかなりむずかしい。彼らはよく「もっとがんばりなさい」と言われるが、脳をスキャンした研究では、集中しようとするほど脳の活動が低下することがわかった。ストレスによって注意力が損なわれることを思い出してほしい。だから、子供が朝、服と格闘していたら、もっともしてはいけないことは、うるさく小言を言うことだ。

ADHDの治療の多くには、子供を自分自身から守ることが含まれている。これは短期的には有用だが、長期的には問題になりうる。また、ＡＤＨＤの子供の多くは、学校生活全体を通して組織的な支援を受けるが、制度を強制されたり、母親に管理されたりすると、「コントロール感」と学習のモチベーションが低下し、本人以外の誰かが勉強や仕事、行動の責任を負っているという考えを強めることになる。それはたんに、子供が自分の人生に責任を負う日を先延ばししているだけだ。
ＡＤＨＤのティーンエイジャーは、ひとりで何かを始めたり、注意や努力を持続させたりすることが苦手なので、独自の能力を発達させる機会を失いがちだ、とマーガレット・シブリーは指摘する。彼ら自身が課題を避けたり、大人がつねに助けたりすることで、そうなってしまう場合もある。シブリーの推測では、ＡＤＨＤの子供を持つ親の四〇パーセントが、子供が一〇代になるころには無力感と絶望を味わい、やがて子育てに無関心になる。一方、別の四〇パーセントは、青年期の子供の日々の生活の管理に熱心になりすぎる。[7]
ビルは後者の例をよく目にする。宿題をなかなか提出できないＡＤＨＤの子供に、「宿題を提出できなかったとき、いちばん困るのは誰？」と訊くと、「ぼくだよ。すごくイライラする。テストはちゃんとできても、宿題の提出を忘れるからＣになる」と答える子供もいるが、圧倒的に多い答えは、「お母さん」だ。ビルが「その次に困るのは？」と訊くと、たいてい彼らは、「お父さん、それから先生、家庭教師、セラピスト、お姉ちゃん……」と答える。本人はめったにリストにあがらないのだ。
支援する大人たちは善意にあふれ、見落としがないように注意しているだけだが、子供を子供自身から守ることが何年も続くと、本人は弱い人間になってしまう。子供自身がきちんと宿題を提出したいと思っているなら、教室で提出し忘れないように、電子メールなどで提出することを勧めよう。すべての授業の初めと終わりに宿題を思い出させてと、子供のほうから教師に頼ませてもいい。必要な教材を家に持ち帰り、宿題をして提出するための学校・家庭間の連絡方法について、子供とざっくばらんに話し合うことも勧める。最終的に、子供の宿題は子供の問題であり、親が本人以上に一生懸命になっても、子供自身のためにならない。

支援はするが、強制しない（反抗は、ある子供にとっては「コントロール感」を維持し、ストレスと闘う手段であることを忘れないように）。子供に、脳で起きていることと、必要な支援を求める方法をしっかりと教えよう。宿題をして朝学校に行く準備をするモチベーションが必要なら、報酬を提供してもいい。ドーパミンを増やし、脳を好ましい状態で機能させる手段として、短期的にはモチベーションを高める効果があるだろう。だが、ほとんどの場合、親が子供に何かをさせる手段としては好ましくない。

成長にともなって状況は改善し、生活や勉強が楽になることを子供に教えよう。一〇代になると、ＡＤＨＤの症状が消える子もいるし、問題を軽減する効果的な方法を学ぶ子もいる。子供ががんばれば、事態は改善する。しかし、ＡＤＨＤの若者の前頭前皮質の成熟が、同年代の若者より数年遅くなる傾向があることは理解しておかなければならない[8]。ＡＤＨＤの子供が総じて遅咲きなのも、そういう理由からである。前頭前皮質が成長し、できなかったことをできるようにする神経系が完成するのを待たなければならないのだ。ＡＤＨＤの子供の親は、子供が精いっぱいがんばっていることを理解していると本人に伝え、焦らなくてもいいと励ますべきだ。それは希望と信頼の前向きなメッセージになり、成長型マインドセットにつながりやすい。

行為主体性の問題は、治療との関連で話題になることが多い。ＡＤＨＤの子供は通常、アデロールやコンサータ、リタリンのような精神刺激剤を服用して集中力を維持しているからだ。多くの子供、とくにティーンエイジャーは、投薬で集中力は向上するが、気分が悪くなると親に打ち明けている。彼らの親からアドバイスを求められると、ビルは、無理やり薬をのませることはできないし、気分が悪くなるなら投薬は続けなくていい、と子供に伝えることを勧めている。最小限の副作用で目に見える改善効果があるなら服用してほしいだけだ。薬によって副作用も異なるので、ほかの薬を試してもいいだろう。投薬時の気分をよくするために、活発な運動をする、プロテイン・シェークを飲んで一日のカロリー摂取量を増やすなど、子供自身ができることもあるかもしれない。

ADHDの症状を改善するほかの方法を探したいなら、選択肢はいくつかある。認知行動療法や、協力して問題を解決するテクニックについては、すでに本書でも触れたが、いま一度、その開発者のロス・グリーンとJ・スチュアート・アブロンの著作を学ぶことを勧めたい。子供には、運動が自然なドーパミンの生成をうながすことも教えよう。

瞑想がADHDの症状を抑え、不安を軽減し、脳の機能向上に有効だという研究結果もある。二〇〇九年、ビルと、同僚のサリナ・グロスワルドは、超越瞑想がADHDの中学生に与える影響について試験的な研究をおこなった。一〇代前半のADHDの子供が一日二回、一五分座って瞑想したところ、三カ月後に自己申告でストレスと不安の症状が四三パーセント減少した。行動の抑制と感情のコントロールにも向上が見られた。ふたつめは、脳波の専門家フレッド・トラビスによる研究で、超越瞑想がADHDの中学生の脳波に与える影響を調べた。脳波の活動に注目したのは、通常、ADHDの子供ではシータ波がベータ波と比べて強すぎるからだった。被験者は超越瞑想グループと、瞑想の開始を遅らせるグループに無作為に割り振られ、後者は、対照群として最初の三カ月間、超越瞑想をおこなわなかった。試験後三カ月の時点で、開始を遅らせたグループでは、シータ／ベータ比率が高くなった。望ましい効果ではない。一方、超越瞑想グループでは、正常値に近づいた。両方のグループが超越瞑想を実施している六カ月の時点では、シータ／ベータ比率はどちらも低下した。[9]
マインドフルネスが子供のＡＤＨＤの症状を改善するかどうかを調べた研究もある。適切に管理された研究は少ないが、マインドフルネスの実践が役立つという有望な結果が出ている。[10] ビルの経験では、充分（そして常時）効果がある点で精神刺激剤に勝るものはないが、ストレスレベルを下げるあらゆることが、ＡＤＨＤの子供の脳を効率よく動かす。
ビルは最近、ＡＤＨＤと行動障害を持つアダムという一六歳の少年を検査した。教師たちは母親に、アダムはとてもやさしい性格だが、授業中きわめて扱いがむずかしく、妨げになっていると報告していた。家ではアダムの反抗的な態度は手がつけられず、母親の指示に抵抗して、いつもうんざりするほど非生産的な喧嘩になった。検査から数日後、ビルはアダムの母親に会ってテスト結果を伝え、彼の自主性を養う方法について話し合った。第3章で述べた協力的な問題解決方法を提案し、アダムを無理にしたがわせようとすれば進歩はないだろうと伝えた。数日後、アダムの母親からメールが来た。
「アダムに強制や命令をせず、協力的に対処してみたところ、魔法のような効果がありました。『あと五分したらベッドに行きましょう』と私が言ったとき、アダムは即座に『嫌だ。行かない！』と叫びだし、立ち上がって、つかみかからんばかりでした。いつもなら私は、『いいえ、行くのよ！』と叫び返します。でも今回は争いませんでした。ただアダムを見て、近づいて抱きしめ、そんなふうに叫ばなくていいのよと言いながら、おでこにキスをしました。するとアダムはすっかりリラックスし、自分でテレビを消して二階に上がったのです。寝るまえに私の携帯電話で音楽を聞きたいという取引はありましたが、大きな爆発はなく、平和な夜をすごすことができました」

マーガレット・シブリーのSTANDプログラムも、同じように親子が尊重し合い、強制しないアプローチを勧める。ADHDの若者と両親がおのおのの目標を明確にし、変わる必要性と願望を検討するのだ。STANDプログラムの研究では、整理整頓能力、宿題への取り組み、親とティーンエイジャーの関係、親のストレスといった点に改善が見られた。プログラムに参加した親は、治療が終わるころには、ほかの伝統的なセラピーに参加した親と比べて、自主性をうながす子育てを受け入れる傾向が強かった。[11]

ネッドは先日、中程度の学習障害でADHDの子供に会った。その子には驚くべき自意識と、目標に向かって進む意欲があった。好きな授業と嫌いな授業を訊いたあと、学校の外では何が好きかと尋ねると、ゲームの大ファンであることがわかった。

「どのくらいゲームするの?」とネッドは訊いた。

「たくさん」

「授業に差し障りはない?　やるべきことはできてるかい?」

「宿題は学校でその日のうちに終わらせる」と彼は言った。「五時ごろには薬の効果が薄れて、時間が二倍かかるようになるから、集中力があるあいだに終わらせるんだ」

「それはいいね。あとまわしにして、集中力がなくなる夜中に倍の時間をかけてやる人が多いから」

「そうだね。ぼくは宿題を終わらせて、あとはゲームをするだけ」

「ゲームの時間は管理できる？　気づいたら夜更かししてるとか？」

「まさか。疲れるのは嫌だから。集中できなくなるし。だから夜更かしなんてしない」

この話で重要なのは、ＡＤＨＤを抱えていても、自己認識、規律、自制は可能だということだ。短時間しか注意力が続かず、興味がないことにあまり集中できず、じっと座っていたり、適切な行動をとったりするのが苦手なのは、子供としてはかなりつらいし、そうした子供を育てるのも容易ではない。しかし、ほかの子たちと同じくＡＤＨＤの子供も、自主性の感覚があれば、楽しくすごし、能力を発揮することができるのだ。それを忘れなければ、みんながもっと楽になる。こうした子供にはときに微調整が必要だが、本書で紹介した戦略は、鋭い集中力があろうとなかろうと役に立つ。

子供と親密な時間をすごす、ポジティブな点に注目する、自然で論理的な結果を説得に用いる、協力して問題を解決するといった前向きな行動管理戦略でも、対応しきれないケースがある。子供の行動がどうしても制御できない場合や、くり返し悪い決定をして、情報にもとづく決定に必要な対話をしたがらない場合、あるいはたんにモチベーションが湧かない場合には、「報酬と結果」を含む構造的な行動プログラムを、短期間様子を見ながら利用することを勧める（私たちの友人ダン・シャピロ博士の著書『*Parent Child Journey: An Individualized Approach to Raising Your Challenging Child*〔親子の旅——問題を抱えた子供を育てるための個別の手法〕』を推薦する。行動戦略の用い方をくわしく解説した本だ）。

自閉症スペクトラム障害（ＡＳＤ）

自閉症スペクトラム障害（ＡＳＤ）の目立った特徴は、社会的困難と柔軟性の欠如だが、自閉症の子供はストレス耐性と自己モチベーションという面でも苦労している。

彼らは非常にストレスを受けやすいように見える。多くの科学者の見方によれば、扁桃体そのものの機能と、扁桃体と前頭前皮質（感情と社会的交流を司る）の接続に異常があるためだ。[12] ＡＳＤの児童は、もっとも慣れ親しんだ環境と人間関係以外は、ストレスが多くて予測不可能な状況だと感じる。たとえば、新しいクラスやセラピストに安心するまでに六カ月かかる。集会や遠足などは特別な楽しみではなく、学校生活を予測不可能にする障害でしかない。彼らの多くは、たいていの子供より、感覚の世界を激しく怖ろしいものとして経験している。通常、「コントロール感」も低い状態にあるが、それは社会の論理を理解するのが苦手で、適切な行動がとりづらいからだ。

自閉症に関するある理論によれば、ＡＳＤの子供の多くが、混沌とした世界で秩序の感覚を得るために、羽ばたく、体を揺する、歩きまわる、同じことを何度も言うといった柔軟性に欠ける行動をとる。柔軟性の欠如によって適応能力が限定されるから、ＡＳＤの子供に不安障害と睡眠障害が非常に多いのも驚くにはあたらない。

目新しいことや予測不能性を減らせば、ＡＳＤの症状は大きく改善する（ストレスを引き起こすＮ・Ｕ・

T・Sを思い出されたい）。たとえば、スケジュールを視覚化する（学校行事を順に絵で示す）、子供同士のやりとりを最少化する、世界を理解するための話を聞かせる、他人や社会的関係の理解のしかたを教える、過度のストレスを受けたときに安心してすごせる場所を校内に確保する、などだ。どれも広く実施され、子供に安心感を与えて成功している。
ＡＳＤは、自分の考えをコントロールする方法を学ぶことでも改善する。代替案の考え方を用いて、子供が混乱しはじめたとき、「これは重大なこと？　それとも些細なこと？」と自問させるすぐれたプログラムも出てきた。[13] ほかにも、認知行動療法、ヨガ、マインドフルネス、超越瞑想のようなストレス軽減法も、ＡＳＤの子供に大きな効果が期待できることが、複数の研究で示されている。[14] ストレスが減れば、子供は学習に集中し、人とかかわる脳のシステムを効果的に活性化させることができる。[15]
ＡＤＨＤの子供に超越瞑想が与える効果を調べたビルの研究で、劇的に症状が改善した生徒のひとりが、自閉症と診断されていたことがあとでわかった。超越瞑想を始めるまえ、その子はアイ・コンタクトをとることができず、学校でも友だちがいなかった。ところが瞑想を三カ月実践したあとは、ほかの子供と冗談を言い合うようになり、ある子を家に招いてゲームで遊んだらしい。さらに、ゲーム好きの子供のために新しいクラブをつくろうと、校長との打ち合わせまで設定した。ストレス反応が減少したことで、ほかの子供とかかわる脳の機能を活用できるようになったのだ。
ビルの別の研究では、ＡＳＤの少女が、複数の薬物治療を減らして、いずれはやめることを両親が認めてくれるならという条件つきで、瞑想することに同意した。精神科医のサポートのもとで研究が終了したとき、教師たちは彼女がかつてなく良好な状態だとビルに言った。もちろん、瞑想をすれば薬物治療が不要になるわけではないが、ＡＳＤの子供が定期的に瞑想すれば大きな効果が得られる可能性はありそうだ。

ビルは最近、ＡＳＤの高校生を検査した。その子は両親といっしょに、ヨガ・ニドラと呼ばれるヨガをベースにしたリラックス法（ＣＤを用いる）を実践していた。両親は、ヨガ・ニドラをすると、その日は子供の調子が非常によくなると言った。どのくらいの頻度でやっているのかとビルが訊くと、驚いたことに、週に一度だという。それほど効果があるなら、なぜ毎日しないのかと質問すると、「考えたこともありませんでした」という答えだった。ストレス解消の練習は習慣的に取り入れるほうがいい。

とはいえ、自閉症の問題改善のなかでもっとも体系化が進んでいるのは、応用行動分析（ＡＢＡ）だ。あらかじめ定めた目標と一連の具体的な行動療法（報酬とネガティブな結果を含む）を活用し、自主性の感覚を促進することはほとんど重視しない。一見、私たちの主張と相容れないようだが、ＡＳＤの子供の場合、脳のモチベーション・システムの働きが異なることを忘れないでほしい。彼らはたいていの子供にやる気を出させる社会的な報酬（親の笑顔や、熱心な褒めことば）にあまり反応しない。ＡＢＡは、目標を正確に定めて、標的行動を強化する具体的な報酬を与えるので、子供が他者とかかわり、言語能力を発達させ、社会的な行動をとることに効果を発揮しやすい。報酬、プレッシャー、規律によって、ＡＳＤの子供の行動をコントロールする治療法は、子供が自主性を育むのに必要な基本的なスキルを身につけるのに役立つ場合があるのだ[16]。

同時に、多くの自閉症の専門家が、行動療法においても自主性に焦点を当てるべきだと考えている。この分野の実地研究はわずかだが、少なくともひとつの研究で、親と教師が自主性を支援すると、ＡＳＤの子供が社会的にも学力的にも改善することが示されている[17]。ビルは、多くの自閉症の専門家との会話で、自閉症の子供もいずれ自立すると考えるなら、どこかで自主性を経験しておかなければならないという意見が多いことを知った。みずからの意思で行動を起こすことができ、自分の人生の方向を決める選択肢がある、と本人が認識できなければならないのだ。よってビルは、ASDの子供の自主性を伸ばすことを重視する介入に賛成する。[18] ASDの大人が自己モチベーションとストレス耐性の弱さでなかなか仕事につけないことを考えると、できるだけ早い時期に自主性と自己決定をうながすことが重要だろう。

親は子供の情熱に精いっぱい好意的な反応を示し、ASDの子供が強い興味を示すことにエネルギーを注がせるべきだ。そうすれば、彼らは「フロー」を経験できる。強い興味（ポケモン、アニメ、恐竜、知育番組の『ドーラといっしょに大冒険』）をつうじて、ほかの子と友だちになることもできる。類は友を呼ぶ。ASDの場合には、社会的な問題を抱えるほかの子供、とくに同じ興味を持つ子供と友だちになりやすい。

ASDの若者オーウェン・サスキンドは、父親のピューリツァー賞受賞作家ロン・サスキンドが書いたすばらしい本『ディズニー・セラピー――自閉症のわが子が教えてくれたこと』（ビジネス社）（映画化された『ぼくと魔法のことばたち』は、アカデミー賞長編ドキュメンタリー部門にノミネートされた）の主人公だ。ビルは、オーウェンの追跡調査を三歳から高校卒業までおこない、ディズニー映画への並はずれた情熱について、本人や両親と数えきれないほど話をした。

幼いころ、オーウェンは何度もディズニー映画を見て、その架空の世界で安心感を覚え、深い「コントロール感」を得た。映画に没頭するうちに、ひとりでキャラクターの絵を描きはじめ、徐々にすばらしい芸術の才能を開花させた（ウェブサイトlifeanimated.netで彼の作品を見ることができる）。それをきっかけに、人生と、この世界で人が互いに負う責任について深く理解することもできた。一四歳のころ、オーウェンは死期が近い祖父といっしょにすごした。最愛の映画から吸収したテーマと教訓をもとに、お祖父さんは立派な生涯を送ったよと本人を励ましつづけた。ほかの家族は、老人にかけるべきことばや、やるべきことがわからない不安から、祖父のいる階上に行くのを避けていたが、オーウェンは自信と勇気を持って立ち会ったのだ。

ASDの子供や若者の強い興味は、かつては抑えられる方針だったが、オーウェンのような子供が私たちの考えを変えさせた。いま、ASDの子供の深い興味や情熱（こだわり癖）を利用して、さらに広い世界に対応できるようにする「こだわりセラピー」の会議が各地でおこなわれている。

ASDの子供を支援する専門家はよく、「ASDの子供は一人ひとりちがう」と言う。スペクトラムの幅が非常に広いので、親はわが子に合わせて思いきって対応方法を変えるべきだ。受賞歴のある国立小児医療センターの自閉症の専門家キャサリン・アトモアは、ASDの子の母親だが、何よりも友だちをつくって集団のなかに入りたいASDの子供もいれば、自分だけの世界で完全に幸せな子供もいると指摘する。まったくちがうタイプの子供に同じ治療を試みるのは、筋が通らない。

「子供自身が社会性を本気で改善したいと思っているなら、週に三〇時間までの治療を勧めます。人とのつき合い方を理解し、スキルを身につけてもらうために」とアトモアは言う。「彼らは治療に積極的に取り組むでしょうし、効果もあがると思います。しかし、社会的なモチベーションが低い子供の場合、人とのやりとりを強調しすぎると過剰なストレスになるだけでなく、効果もまったく期待できない。社交性を改善する試みに対して、ことごとく抵抗するでしょう。ですので、彼らがどういうタイプなのか、彼らにとって大事なものは何なのかをつねに考えなければなりません。自分たちがいちばんよくわかっていると考えたり、彼らがどう思おうとこちらのやり方を押しつけたりするのではなく」

この章で勧めたことは、どれも簡単ではない。特別な援助を必要とする子供の親は苦労が絶えず、子育てにはストレスがともなう。両親は、子供の行く末や、兄弟へのネガティブな行動の影響を怖れ、罪の意識も感じる（「こうなったのは私のせいだ」）。こうした不安に加え、専門家の予約をして子供を遠くまで引っ張っていくような日々の面倒もあるし、問題行動の管理はたいていむずかしい。青年後期から若年成人のASDの子の母親は、ストレスホルモンのコルチゾールの平均レベルが戦闘中の兵士に匹敵することが、複数の研究でわかっている[19]。

すでに述べたとおり、子供は親のストレスを察知するが、子供が問題を抱えているときに、自分のストレスを減らして幸せになろうとするのは、なおさらむずかしく思える。家族全員が子供の問題に合わせて行動しがちなのだ。「ジョニーの宿題があるときには、私はとてもディナーには出かけられない」というふうに。だが、それらはすべて親の幸福を犠牲にしており、ジョニーもそのことに気づく。子供が困難と闘っているとき、親としての仕事のほとんどは、自分自身に目を向けることだ。本書のもっとも基本的なメッセージ、「不安のない存在になることに集中する」はそこから来ている。

親は子供のために恐怖と闘い、日々のストレスと闘い、おそらく子供自身とさえ闘っている。深呼吸しよう。行動するまえに、脳が氾濫していないか確認するのだ。ネッドが仕事をしたある家族は、子供のひとりがASDで、もうひとりは大きな不安を抱えていた。ASDの子供が瞑想を始めたとき、母親もいっしょに始めたところ、困難な状況のただなかでも、すっと穏やかな気持ちになった。彼女の落ち着きが子供のあらゆる問題を解決するわけではないが、ストレスの減少が悪い影響を及ぼす状況はまずない。瞑想が合わなければ、する必要はない。しかし、子供を支援するのと同じように、自分自身も支援することを忘れてはならない。

今晩すること

- 宿題のストレスを最小限にするために、できることはすべてしよう。子供がかなりの学習障害でも、親はコンサルタントの役割を演じること。教師や監督の役割よりはるかに効果的だ。
- 受ける手助けの種類とタイミングについて、できるだけ多くの選択肢を与える。子供が断っても、参加を減らしたいと言っても、受け入れる。
- 可能なら、子供がストレスを感じたり、ついていけないと感じたりしない学校を見つける。
- いちばんうまくできることを見つけるために、さまざまな方法で取り組み、学びなさいと子供を励ます。特別な援助を必要とする生徒は、自分の強みと弱みを理解するのに時間がかかり、「ほかのみんな」がしていない方法を試したがらない。だからこれを長期的な目標ととらえ、あきらめずに続けるのだ。「きみはきみの専門家」であることを子供に思い出させ、何が役立ち、何が役に立たないかの判別に注意を払わせる。
●必要なら報酬を使う。ただし、子供の自主性を尊重していることがわかるように、できるだけ理由を示す。たとえば、「算数の課題シートに集中して取り組むのがとてもむずかしいのはわかる。それは、脳の前頭葉にドーパミンが不足していて、集中したくなるくらい興味が持てないからだ。だから、脳を働きやすくするために、ご褒美を出そう」。宿題が本当に嫌いで、報酬すら断る場合には、宿題の代わりに教育ビデオを見たり、オーディオブックを聞いたりする手法を学校と話し合ってもいい。
●子供が中高生なら、学校にいるあいだに宿題をほとんどすませることができるように、一日のどこかで補習時間をつくってもらうよう提案する。
●子供に、幼い子の手伝いや動物の世話のような、役に立つチャンスを与える。これは問題を抱えた子供の健全な「コントロール感」を育む、すばらしい方法である。

●子供に脳の働き方を教える。何かをする方法を学ぶというのは、まとまって活性化する脳細胞が増えるということだ。くり返し練習するのはそのためである。そうすることで、読み書き、算数、その他多くのことをする神経細胞のチームに、プレーヤーが増えるのだ。
●子供にとって困難な状況の管理について、ことばに出して考えてみる。たとえば、「昨日の夜、すべてをやり終える方法を見つけようとしたときに、必要なことを書き出して優先順位をつけ、いちばん重要なことから始めたら、たぶんもっとうまくいった。次はそうしよう」
●ADHDやASDの子供は、睡眠障害のリスクが非常に高いので、きちんと寝ているか、楽に起きられるか、日中どのくらい疲れているかに注意を払おう。睡眠の問題を抱えているようなら、小児科医や睡眠の専門家に相談しよう。心理学者で自閉症の子供を持つV・マーク・ドゥランドの著書『*Sleep Better! A Guide to Improving Sleep for Kids with Special Needs*（よりよい睡眠を！――特別な援助が必要な子供のための睡眠改善ガイド）』も参考になる。

第12章 大学受験——SAT、ACT、その他もろもろ

大学受験のための全国共通テストは、若者と親の生活に大きく立ちはだかる。その日は、運転免許の試験、ダンスパーティ、卒業式のような通過儀礼といっしょに、カレンダーに印がつけられる。多くの人々が、SAT（大学進学適性試験）を高校時代の重大イベント、将来を運命づける時間、ハーバードか単科大学かが決まる試験だと考える。

本書は親子で読んでいただけるとうれしいが、これまでの一一章はとくに親に向けたものであったことを認める。この章は別だ。もちろん親にも読んでもらいたいが、高校生にはとりわけ一読を勧める。つまるところ、試験会場に座るのは彼らなのだから。よって、この章では高校生たちに直接語りかけたい。

テストは嫌なものだ……ふつうは

全国共通テストに反対する声は多い。多くの批判のなかで根拠がしっかりしているのは、「たったひとつの正解しか認めないから」というものだ。思考の多様性、創造性、発散思考などは、どれも全国共通テストでは評価されない。自分の意見を述べる機会もない。問題作成者に質問することもできない。現実の世界では、むずかしい問題に取り組む際に批判的思考が要求され、明確なひとつの正解などないのに、正解があることを前提とするテストで能力を測られることになるのだ。部分点は与えられず、状況も考慮されない。

ネッドはいつも生徒から、「ああいうテストは誰がつくって、誰が責任者なのですか」と訊かれるが、簡潔に答えると、責任者はいない。最初の共通テストは、フランスの教育者アルフレッド・ビネーがつくった「ビネー＝シモン検査」だった。開発の目的は、知能を評価することではなく、特別な支援が必要な子供を特定することで、ビネー自身は、人々を分類する方法としてこのテストが使われることを懸念していた。

進化生物学者のスティーブン・ジェイ・グールドは、著書『人間の測りまちがい――差別の科学史』（河出書房新社）のなかで、たんに数字を割り当てても測定することにはならないと指摘した。古い言いまわしによれば、「測定できるすべてのものが重要ではないし、重要なすべてのものが測定できるわけではない」。測定への執着は、数十億、数百億ドルと拡大する一方のテスト産業複合体を生み出している。[1]

問題はテスト自体ではなく、テストに付随するものと、子供や親の見方である。全国共通テストにはいくつか利点がある。SATとACT（アメリカン・カレッジ・テスト）は、気づかれなかった読解力障害を明らかにすることが多い。レベルの高い学校でオールAの子供が、共通テストで並みの点数しかとれない場合、それがサインという可能性もある。平均的な成績で平均的な点数なら？　問題ない。とびきりの成績なのに点数はふるわない？　調べる価値がある。ネッドはこれまで一〇〇人ほどの子供に、神経心理学的な検査を受けたり、心理学者や精神科医に会ったりするよう指導してきた。成績とスコアの食いちがいから、不安、注意力、学習などの障害を察知したのだ。ネッド自身は診断の手段を持たないが、全国共通テストの容赦ない結果は、調べる価値のある問題かどうかを判断する手がかりとなる。

ネッドの生徒のひとりは、かなり聡明だが、とりわけ学校の全国共通テストに苛立っていた。何が問題なのか、ネッドも最初はわからなかったが、あるとき、読解力は確かだが、非常に読むのが遅いことに気づいた。神経心理学の評価がそれを裏づけた。読解力は上位二パーセントなのに、読むスピードは下から五パーセントだったのだ。苛立って当然である。頭がよかったために、過去一二年間の教師は誰ひとりとして、彼の処理スピードが遅いとは思ってもみなかったのだ。

また、エリート私立校に通うある女子は、成績が平均Bプラスなのに、PSATのスコアは400台だった。ふつうではない。ネッドは尋ねた。「学校のテストでは思ったほど力が発揮できないようだね。時間が足りなかったことはある？」

その子の母親は不思議そうにネッドを見た。「もし問題があるなら、いままでに先生の誰かが何か言ったはずじゃありません？」

単純に答えれば、ノーだ。とてもすぐれた学校でさえ、とくにその子が聡明で勤勉なら、学習障害に気づかないことがよくある。こうした子供は、うまくやっていけるように能力を補う戦略を立てる。結局、彼女は注意力に大きな問題があることがわかり、専門家にＡＤＨＤと診断された。破壊的な行動がなかったので、教師たちの注意を引かなかったのだ。問題に気づかれないように一生懸命勉強している子供（とくに女子）にはよくあることだ。彼らは誰かに心配されるほどひどい成績はとらない。全国共通テストは、この種の問題の最初のサインになることがある。

一方、テストは、ビネーが懸念したように知能の指標として見られると問題になる。ＳＡＴやＡＣＴは、一定の知識がないと好成績がとれないが（そのメリットを議論するのはほかの人にまかせる）、頭がよくて知識豊富でも、スコアが伸びないことがある。だから、こうしたテストが頭のよさを裏づけると信じる人も、頭のよさを反映しないと考える人も、正しいのだ。基本的には、テストで好成績をとれば大学に入る役には立つ。しかし、テストで知能を判断されるという考えにストレスを感じるなら、テストで知能は測れないという研究結果は数多くあるから心配しなくていい。

憶えておくといいことがある。ＳＡＴやＡＰテストは、あなたが思っているほど将来には影響しない。私たちは子供や親に、「たったひとつのテストの点が人生のすべてを決める」という考えから脱却するよう働きかけている（容易なことではないけれど）。数字の話をすると、全体の七五パーセントの生徒のスコアが、七五パーセントの点数に満たないのだ。かなりの人数だが、彼らの多くはとても充実した人生を送っている。

全国共通テストは、たいてい嫌なものだが、大学に行きたいなら必要なハードルだ。一〇〇〇近い大学がスコアの提出を任意としているものの（詳細はfairtest.orgを参照）、SATやACTを要求するところはまだ多いので、嫌でも受けるほうがいいかもしれない。
テストを受ける以上、知っておいたほうがいいことがいくつかある。私たちは、あなたが代数の方程式を学ぶことにはあまり興味がない（もちろんそれは大切だが）。テストで本当に大切なのは、ストレスを管理するテクニックを学んでいるかどうかだと思う。政治哲学者のエドマンド・バークが言ったように、「恐怖ほど効果的に行動と論理的思考の力を奪う感情はない」。言い換えれば、大事なときに心の平静を失ってしまったら、どんなに知識があろうと役に立たないのだ。

N・U・T・S

これについては本書の初めで触れたが、この章だけを読んでいる人のために復習しておこう。私たちが敬愛する神経科学者ソニア・ルピアンは、人生にストレスをもたらすものの頭文字をとって、次のように説明する。

Novelty（目新しさ）
Unpredictability（予測不可能性）

Threat to the ego（自我への脅威）
Sense of control（コントロール感）の欠如

これらはすべてSATやACTにも当てはまるが、避ける方法もある。では、N・U・T・Sのレンズを通してテスト の世界を見てみよう。

目新しさ

ネッドはかつて、マイクという元陸軍士官にGMAT（ビジネススクール入学のための適性テスト）対策の指導をした。マイクは二六歳で、陸軍士官学校を卒業した傷痍軍人だったが、高校で数学を学んでから長年たっていたので、テストの問題を見るとストレスを感じた。幾何学に至っては九年生以来考えたこともなく、まったく頭が働かなかった。

ネッドは、マイクに必要なのは幾何学の基礎を思い出すことであり、くり返しそれに取り組めば、GMATの幾何学の問題にも対応できると励ました。「そうか」とマイクは言った。「空挺学校に似てる」。ネッドはそれまでそんな比較を聞いたことがなかったので、説明を求めた。

マイクは言った。「理論上は、午前中に飛行機から飛びおりる方法を教われば、午後にでも飛びおりることは可能でしょう。でも、それはアメリカの軍隊のやり方じゃない。装備の使い方、パラシュートの装着法、乗降口から飛びおりる方法、怪我をしないように着地する方法を、数日かけて完全なものにするんです。二週間、それだけをくり返し体にしみこませる。そして二週間がすぎたとき、装備を身につけて飛行機に乗りこみ、なんでもないことのように歩いて飛行機の外へ飛び出す。プロセスは充分わかっていますから」

空挺兵のように、テストの当日には、目新しいことが何もない状態にしたい。どこに向かい、どうやって会場にたどり着き、椅子の座り心地はどうかということまで、正確に知っておくこと。テスト中に目にするものと、対処法も押さえておく。テストが一大事でなくなるように、機械的な手順になるまで、細かく練習しておきたい。

全国共通テストは嫌なものだが、少なくとも、嫌なものであることは最初からわかっている。問題自体は変わるけれども、大学入学試験協会やＡＣＴ本部の多くの人々が、難易度を同じにしようと毎日働いている。だからといって、問題が同じレベルに感じられるわけではない。生徒たちはいつもネッドに、テストが昔よりずっとむずかしくなっていると言う。だが、ネッド自身もＳＡＴとＡＣＴを何十回と受けているので、そんなことはないと保証する。模試を受ければ目新しさは消えるものだ。テストで何か目新しいことを感じたら、それはあなたの取り組み方が変わったためであり、完全にコントロールが可能だ。たとえば、読解問題を読み飛ばしたせいで、問題がむずかしく思えたのかもしれない。もう少しゆっくり読めば、むずかしくないことがわかるだろう。

模試を受けるのはうっとうしいかもしれないが、模試は重要な役割を果たしている。問題を解くプロセスを改善し、プロセス自体に集中させることで、テスト当日に目新しいことがなくなるのだ。格言にあるように、「本番と同じように練習すれば、本番で練習と同じように行動できる」。

私が指導した最初の生徒のひとり、ナオミは、思いがけずテストで失敗した。母親があわてて私に電話をかけてきて、なぜテスト準備に時間と金をかけたのに、娘の点数が上がらなかったのかと訊いた。私は、「わかりません。私のオフィスを出たとき、ナオミは問題ありませんでした。テストまでのあいだに何があったのですか？」と言いたかったが、とにかくナオミと直接会うことにした。

最初は本人も何があったのか説明できず、問題が練習よりもむずかしかったと言うだけだった。私は、テスト会場で困ったことはなかったかと訊いた――試験監督がつぶやいたり、誰かが爪先をトントンと鳴らしたり。すると、ナオミはテスト直前に母親と喧嘩したことを話しだした。テストに向かう車のなかでのこと。母親は、ナオミが一生懸命勉強していなかったから、いい点はとれないだろうと言った。「それで私、泣きだして、混乱してしまって。でも、テスト会場に着くまでには落ち着いていたと思います」

「よかった」と私は言った。「テストに備えて落ち着くのは重要だ」

「でも、じつは別の問題もあったんです」とナオミは言った。七カ月前に別れたばかりのボーイフレンドが、同じ試験会場にいたのだ。

「なるほど。それはかなりのストレスだ。ほかには？」

「もうひとつ。ボーイフレンドと別れてすぐ、ひどい気分で友だちと外出したときに、別の男の子と出会って……まあとにかく、その子も同じ試験会場にいたんです」

要するに、この日はナオミにとって新しくストレスを感じることばかりだったのだ。タイガー・ウッズは、家から家具を持ち出してツアーに行くと言われている。家と同じ状況を再現し、細部にこだわることでストレスを減らすのだ。[2] ナオミは今回、まわりの状況をほとんどコントロールできなかったが、このようなことが別の日に起こる可能性はかなり低い、次回は自分で運転して（事前に同じコースを練習して）テストに行くといいと提案した。恋愛事情のほうは、一度にこれほど騒々しくなることはないだろう。

——ネッド

予測不可能性

目新しさと予測不可能性のちがいについてよく訊かれる。シンプルな答えは、目新しいことは予測不可能だが、予測不可能なことは目新しくない場合があるということだ。たとえば、ふだんは気のいい友人が、ストレスやプレッシャーを感じたとき意地悪になったら、しばらくあとで彼が不機嫌なことを言っても、目新しさはない。しかし、それは予測不可能だ。結果的に、その友人のそばにいるときには細心の注意を払おうと思うだろう。

テストは予測不可能と感じられるかもしれない。結局、どんな問題が出るのか予測することはできないのだから。だが、できることもある。準備をしておけば、個別の問題は変わっても、問題のタイプは驚くほど似ていることがわかる。プロセスに集中することで、予測不可能性は最小になる。

予測不可能性のストレスを抑えるほかの方法は、代替案を考えることだ。パーティや結婚式を計画するとき、その大事な日の天気がどうなるかはわからない。ではどうするか？　有能なウェディング・プランナーは、雨の場合にゲストが濡れずにすむように、五〇〇〇ドルのテントを借りることを提案する。これが代替案だ。

精神測定学者（テストの作成者を指す専門用語）は、生徒がある項目に予測可能な方法で答えることを当てにしている。正答と誤答のバランスをとるために、生徒が何を教わるかだけでなく、どのように教わるかにもとづいて問題を作成するのだ。ストレス状態になった生徒は「知覚狭窄」に陥り、教わったとおりに問題に答えようとする。そのやり方は体にしみついているが、じつはいちばんむずかしい解き方であることが多い（問題作成者はそこを狙っているので、偶然ではない）。

ネッドの同僚のアーロンはこんな助言をする。「問題をどういう方法で解こうかと考えてはいけない。それをすると、乗り越えられない壁にぶつかる。代わりに、『いま何ができる？』と考えるのだ。すると視野が広がり、気持ちが楽になって、自分の道具箱にあるどんな道具も自由に使えるようになる。目分量で推測する、数字を代入する、答えの見当をつけてチェックしてみる——これらはみな数学の先生が嫌う方法だが、試験会場に先生はいないのだから、なんであれ自分に最適な手段を使おう」

微積分の問題で一次導関数を使うことができたら、大いにけっこう。だが、もし指で数えるほうが簡単なら、そうしてもいい。チェーンソーよりパン切りナイフのほうが役に立つこともある。どんな問題についても、複数の方法（プランC、D、E）を持っていると役立つ。そこからやりやすい方法を選ぶのだ。解き方がいくつもあると思うだけで、ストレスは減り、はっきりと考えられるようになる。

代替案に加えて、「災害」への備えもしておきたい。それは「メンタル・コントラスティング」に似ている。ネッドは実地の試練でこれを学んだ。いつも全国共通テストで好成績を出していたから、プロの個人教師としてSATを受けたときに、まだ五問残っているのに試験監督が終了を告げたので驚いた。過去にはなかったことだった。自分のペースはよくわかっており、ふだんは充分余裕を持って終えていたのだ。同じ教室でテストを受けているほかの生徒を見まわすと、みなヘッドライトをまえにした鹿のように固まっている。ネッドも一瞬戸惑ったが、試験監督に話しかけた。

「すみませんが、終了時間は合っていますか？」

「はい」

「わかりました。ただ、以前にもこのテストを受けましたが、今回は非常に時間が短い気がしました。もう一度確認してもらえませんか？」

試験監督はため息をついた。「いいでしょう。テストは九時五分に始まって、これは二五分のセクションです。いまの時間は……」と時計を見て、「おっと」と言い、咳払いをした。「申しわけない。テスト終了までまだ一〇分あります。試験を続けてください」

ネッドは、テストの状況で何かおかしいと感じたとき、丁寧に、落ち着いて、しかし積極的に行動できるように、生徒全員にこの話をする。万が一のときにやるべきことがわかっているだけで、ヘッドライトのまえの鹿にならず、「コントロール感」を増やすことができるのだ。

自我への脅威

SAT、ACT、GRE、GMAT、LSATなどの全国共通テストは、本質的に危険ではない。悪夢の原因にはなるかもしれないが、それで救急救命室に運ばれることはないだろう。しかし、テストは自我への脅威になる。多くのすばらしい生徒が、最初の全国共通テストで期待値より低い成績をとると、テストに「拒絶された」と感じてパニックになる。きっと自分はいままで思っていたほど賢くはないのだろう、と。

ここでもう一度言っておく――テストのスコアは知能を正確に反映しない。むずかしい単語の意味や、二次方程式の平方根を見つける方法を知っていても、頭のよさの証明にはならないのだ。個々の問題の解き方を知っているだけである。知らなくても頭が悪いということではない。ＳＡＴやＡＣＴは習得した知識やスキルのテストであり、学校で習ったことも習っていないことも含まれるが、そのスコアで残りの人生が決まるわけではないし、もし四〇歳になってＳＡＴのスコアを自慢していたら、その人は何かが本格的におかしい。

ネッドの生徒のアンは、模試のできがよくなかった。ネッドは彼女が不安の問題を抱えているのではないかと考え、本人と母親に会って、テストや生活全般、成績の原因などについていつもの質問をした。その途中、アンの目に涙がこみ上げてきた。ネッドは中断して、できるだけやさしく訊いた。「いま何を考えている？」

アンは間を置いて言った。「私はなんて馬鹿なの」

「いいかい」とネッドは言った。「きみが微積分や応用物理を習得しているかどうかはわからない。私自身はまったくできないから。でも、自信を持って言えるのは、きみは馬鹿ではないということだ。多くの子供を見てきた経験から、きみがとても高い能力を持っているのはわかる。原因はストレスだ。どれほどすぐれた脳でも、ストレスを感じると能力を発揮できないんだ。ストレスを受けた脳は、たんにうまく機能しなくなる。だから、テストの準備よりストレスのことで手伝えるかもしれない。話し合えば、すでに持っている能力をきっと発揮できるようになるよ」

自我への脅威のとりわけ有害な形態は、「固定観念の脅威」だ。社会心理学者のジョシュ・アロンソンは、この現象をくわしく研究している。固定観念の脅威とは、所属集団に対する悪い固定観念を強めてしまうのではないかという恐怖だ。その説明として、ジョシュは、不動産業者と食べたランチの話をする。[3]その不動産業者は、「あなたたちユダヤ人とお金の関係はどうなっているの？」と言った。当然ながらジョシュは不意をつかれた。どういう意味かと訊くと、彼女は言った。「ユダヤ人のことはよくわからないんだけど、最近何人かと働いて、金遣いが荒い人たちだなと思ったの」

ジョシュはこの問題を研究して生計を立てているので、沈着さを保つことができた。「なるほど。どういうことか説明しよう。きみは以前にユダヤ人に関するその話を聞いた。かなり反ユダヤ主義的な考えだが、きみは固定観念を受け入れ、相手がユダヤ人かもしれないと思うと、当てはめるようになった。固定観念に同意し、広めつづけている」。気まずい瞬間ができたあと、彼らは昼食を続けた。

やがて会計になると、ジョシュはすぐに思った。「ステレオタイプのユダヤ人は金遣いが荒い。だからここで勘定を支払って彼女の固定観念を強めるのはやめよう。ぼくは彼女の顧客なのだから、彼女が支払って当然だ」。そして思った。「いや待てよ。もうひとつ、ユダヤ人がらみの固定観念がある。ユダヤ人はケチだ、という。もしここで支払わなかったら、その固定観念を強めることになるぞ」。小切手を書くまえに、これらすべてが頭のなかを駆けめぐった。

このシナリオを、白人の子供に囲まれて全国共通テストを受ける一〇代の黒人の少年に当てはめてみよう。彼は筆記用具よりはるかに多くのものを持って試験会場にやってくる。自分に対するほかの人々の思いこみをバックパックに詰めてきたようなものだ。そうした固定観念に根拠がないことを、本人が知っているかどうかは問題ではない。まわりの人がその固定観念を受け入れていることがわかるので、おびえる。そういうストレスのもとでは、思考はたやすく成功から失敗へと移行する。「みんな、ぼくのテストのひどい点数を見て、黒人だからだと思うだろう。黒人は頭が悪いという信念に味方してしまう」

テストのことで自我への脅威を感じる人には、テストのまえに「大きな全体像」の質問を書き出すことを勧める。それで思考がシフトして、「コントロール感」が増すだろう。「私の本質的価値は何？　私が本当に大切にしているものは？　テストの結果に関係なく、私はどういう人間？」。ラクロスの選手、姉、活動家、友人……。この訓練は、視野を広げて、自分がテストのスコア以上の存在であることを理解する役に立つ。自意識を高めるレポートの課題を与えたある研究では、アフリカ系アメリカ人の生徒の成績が向上し、人種による成績の差が四〇パーセント減少した[4]。

もうひとつの選択肢は、「戦士」モードに入ることだ。私たちの知り合いの大学生テニスプレーヤーは、コートに立つまえに攻撃的なギャングスタ・ラップを聞く。NFLのクォーターバックのラッセル・ウィルソンが、ラッパーのマックルモアの『ダウンタウン』を聞きながら激励されるところを思い描く、ヘッドフォンのコマーシャルもある。「スムージーを持ってるあのワルいやつを見ろ。足を濡らしてるあのワルいやつを見ろ。ここはラッセル・ウィルソンの国。そしてこれは（においを嗅いで）ラッセル・ウィルソンの空気」

これを裏づける重要な研究がある。軍が、ストレス下のアメリカ兵の心構えと簡易爆発物（イラクやアフガニスタンで多くの死者を出した）を探す能力の関係を研究した。結果をひと言で述べると、「シミュレーションでとりわけうまく爆発物を発見した兵士には、自分を獲物ではなく、獲物を捕らえる捕食者と考える傾向があった」。驚くような結論ではない。さらに研究は、「もっとも知覚が鋭い脳でさえ、ストレスに圧倒されると些細な手がかりを見逃してしまう」ことを確認した。「捕食者」のメンタリティは、兵士の成功の鍵だった。不安を減らすことで、おびえている兵士をしのぐことができるのだ[5]。

簡易爆発物に関する研究とテスト準備にどんな関係があるか？　じつは多くの関係がある。ネッドは長年、感情、とくに不安が共通テストの結果に与える影響について生徒に教えてきた。やるべきことがわかっていて、模擬試験で何度もそれを証明してきた子供の多くが、本番のテストが近づくと突然緊張しはじめる。恐怖のせいでやり方を変えてしまい、壊滅的な結果に終わるのだ。

テストのまえに神経質になるのは当たりまえだが、テストに対する態度を選択することで、ストレスを避けることが可能になる。「生き残る」ではなく、「征服する」つもりで臨むのだ。アスリートは試合当日に「ゾーンに入る」ために、さまざまなルーティンを持っている。同じ音楽、決まった行動、成功の積極的な視覚化は、テストの準備でも役立つ。テストに臨む際に、「やばい。未来が危険にさらされている」と考えるか、「こいつらに誰がボスか教えてやる」と考えるかは、自分で選択できるのだ。

ジェフリーはすばらしい高校生フットボール選手で、ある大学にスカウトされて大喜びしたが、入学のためにはテストのスコアを上げる必要があると言われた。成績はなかなか上がらなかった。父親が心配して私に電話をしてくるまえに、ふたりの家庭教師と勉強していた。父親が言うには、ジェフリーは優秀で、数学の成績はAだが、テストは五〇〇点台だった。おまけに、学年の途中で転校もしていた。私が理由を尋ねると、父親はしぶしぶ、ジェフリーがまえの学校でいじめに遭っていたことを認めた。フットボールのチームメイトからしつこくいじめられ、コーチは見て見ぬふりをしていたらしい。ジェフリーは、模試で悪い点をとるたびに、自分を負け犬呼ばわりするチームメイトが正しいと感じていたのだろう。彼に必要なのは、追加の模試を受けることではなく、自我への脅威を押し戻す方法だった。

私はジェフリーに二度会った。どちらもテスト前だった。私は、恐怖が彼の頭のなかの戦略的な「操縦士」を締め出していることを説明し、必要なのは「獲物の脳」ではなく「捕食者の脳」だと指摘した。プロセスに集中すれば、好結果が出るのはわかっていた。ジェフリーはワイド・レシーバーだったので、それはディフェンダーをはねのけて厳しいルートを走るようなものだと教えた。ぶつかられることを怖れず、目にものを見せてやれ、と。また、試験に行く途中で気持ちを高める音楽を聞くことも勧めた。ハンターの気持ちでテストに臨む必要があったのだ。「試合のまえにやるように、テストについて頭のなかでリハーサルをするんだ。簡単なテストを想像せずに、ものすごく厳しいディフェンスをすり抜けて正確なルートを走るところをイメージする。まえの学校の嫌なやつらと、ひどいテストをつくっている連中がすすり泣きをしているところを思い描く。扁桃体（「逃げろ、馬鹿、逃げるんだ！」）ではなく、前頭前皮質（「彼女をデートに誘うのに有効な戦略は？」）を活性化させよう」。

結局、私たちは模試の問題をいっさい見なかった。

ジェフリーのスコアは一八〇ポイント上昇し、形勢が一変した。彼の行く手を阻んでいたのは、彼自身の恐怖だった。その恐怖を克服する効果的な戦略を身につけ、もとからの力を発揮することができたのだ。

――ネッド

コントロールの問題

何かに遅刻しているときに交通渋滞につかまったら、どれほどストレスを感じるかは知っているだろう。手に汗がにじみ、心臓の鼓動が速くなる。同乗者が誰であれ、苛立たしく思える。ストレスを感じる大きな理由は、自分で状況を打開するすべがなく、行きづまっているからだ。「コントロール感」を失っている。むずかしい問題を解けと言われて、うまく解けなければ、脳の一部は捕食者から逃れようとする。脳のその部分はひたすら逃げようとするばかりで、落ち着いて代替案を考えようとはしない。

状況をコントロールしていると感じるときには、リラックスして、思考能力が上がる。よりよい決定もできるだろう。この章で述べてきた、目新しさ、予測不可能性、自我への脅威はすべて、「コントロール感」を奪う。

だが、テストにはパターンがあり、そのパターンを学び、解き方に慣れることができる。生徒がゆっくり順序立てて考えるタイプで、すべての質問に答えるためにペースを上げる必要があるなら、それを練習すればいい。目標が明確で、じつにやりやすい。要するに、結果ではなくプロセスに集中すれば、テストであれ、落下傘降下であれ、はるかに大きな「コントロール感」が得られるのだ。

まだ取り上げていない問題がひとつある。親がしつこく口を出してきたらどうする？　親が子供の行く手を阻むストレスの原因だとしたら？　ネッドはいつも子供たちに、こんなふうに話す——。

第一に、両親はあなたを愛している。ときどき愛と恐怖が入り混じって、支配的になりすぎることもあるけれど、それはおそらく脳の恐怖を感じる部分にしたがって行動しているのだ。親がストレスを感じるのは、あなたの人生に起きることをコントロールできないからだ。そんなふうに感じているときには、子供の声に耳を傾けて自由にさせるより、批判したり、不平不満を口にしたりする方が簡単だ。こういう説明を聞いても、受け手が楽になるわけではないが、少なくとも理解の助けにはなるだろう。

第二に、親の言うことをしっかり聞いてみよう。恐怖で本質からはずれた部分は取り除いて、背後にためになる助言がないか考えてみる。できるだけたくさん情報を集め、与えられた問題についてあらゆる角度から検討できれば、それは成熟の証だ。

親の言うことには耳を傾けてほしいが、もし本当に理不尽なことを言われたら、ネッドの賢明な友人クリセレーネの言う「ジェダイのマインド・トリック」を試してみよう。親がやってきて、「ニッキー、「ここに親に言われて頭にくる助言を入れる」すべきよ」と言ったら、あなたはふつう、「小言はやめて、ママ」と言い返す。するとどうなるか？　親はほぼ確実に、あなたが話を聞いていないか、どれほど大切な話か理解していないと考える。そして、そのまま立ち去ることはまずない。たいてい同じことをくり返して、強調する。あなたのイライラは募るばかり。当然、喧嘩になる。もうあなたは意地でも聞きたくないし、親はなんとしても言うことを聞かせようとする。

力の方向をがらりと変えてみたらどうだろう。親に何かしろと言われたら、「教えてくれてありがとう」とか、「本当にそうね」と答える。自分の意見が受け入れられたと感じた親は、満足して、「どういたしまして」と言い、大人がする仕事に戻っていくだろう。要するに、彼らに言い返しても効果がないということだ。代わりに、彼らの意見を受け入れる努力をしよう。もし（納得できなくて）むずかしければ、「本当にそうね」と言って、頭のなかで「まともじゃない人にとっては」とつけ加えたり、「教えてくれてありがとう（でも正しいとは思わないけど）」と考えたりしてもいい。

最後に、自分に必要なことを、できるだけ丁寧に親に伝えよう。手紙が役に立つときもある。あるいは、こんなふうに言ってみる。「お母さんがぼくのためを思って、テストで最高の点をとれるように手伝ってくれてるのはわかる。でも、テストを受けるのはぼくだ。支援には感謝するけど、ぼくが自分で正しいと思っていることも考慮に入れてほしい」

そう伝えられたら、テストの準備段階で楽になるだけでなく、その先の親との関係をリセットするのにも役立つ。


数年前、読解と数学で六〇〇点を超えようと一生懸命勉強している生徒がいた。彼女はとくに数学で苦労していた。むずかしい問題に時間をかけすぎて、簡単な問題をたくさん取りこぼす傾向があったのだ。そこで、問題の七〇パーセントに時間をかけて確実に得点し、残りの三〇パーセントは気にしないという計画を立てた。三〇パーセントに入る問題を見たら、できそうなものだけ選別するのだ。

それでやるべきことはわかったが、彼女は計画にしたがえず、初めのほうでつまずいて、七〇パーセントの目標を達成できなかった。大きな問題は、戦略を理解していても問題に手を出さずにいられないことだった。どの問題を解き、どの問題を飛ばすかの選択をさせることは、彼女に責任と罪悪感を与えてしまい、危険に思えた。そこで私は、模擬試験の数学のすべてのセクションから、最後の四つの問題を削除した。

「でも、解ける問題だったら？」と彼女は訊いた。

「いや、気にしてはだめだ。解いてはいけないし、赤いバツがついたところを見てもいけない」

彼女は模試を受けた。「どうだった？」と私は訊いた。

「ずーーっと簡単だった」と彼女は答えた。一問も難問には手を出さなかった。数学のスコアは？六一〇。すばらしい。驚くのはまだ早い。読解は？六四〇。数学の問題を減らして時間と集中力を温存し、「馬鹿げた」ミスをしなかっただけでなく、読解の問題に多くのエネルギーをまわすことができたのだ。

——ネッド

テストのまえの週は、マラソン選手のつもりですごそう。マラソン選手は、レースのまえの週にハードなトレーニングはせず、むしろ練習量を減らす。そして自分を管理するための努力を惜しまない。睡眠。運動。内容を掌握していると感じる程度に軽く見直すのはいいが、やりすぎは禁物だ。すでに知っていることを確認しよう。「メンタル・コントラスティング」をしてみよう――うまくいかないことがあったときに、どう対処するか考えておくのだ。気分が高揚し、捕食者モードになる歌のプレイリストを用意しよう。ネガティブな気持ちになったり、ストレスになったりするものは（それが親でも）遠ざける。テストのまえの夜は、コメディドラマやおもしろい映画を見よう。笑いはストレスを軽減し、思考を活発にするすばらしい方法だ。笑い、リラックスしたあとは、勉強したあとよりよく眠れるものだ。さあ、出かけよう。#yougotthis!――きみはできる。

親の皆さん、落ち着いて！

「ぼくの親は、ぼくのことより成績や点数を心配している」。ネッドは生徒からこんな話をいつも聞かされる。それが事実でないのはわかっているが、そもそも双方の言い分は嚙み合っていない。そこで、ここからは親の皆さんに向けたパートである。

親たちはよくネッドに、特定のテストを子供に受けさせるべきかどうか尋ねる。ネッドのアドバイスはいつも同じだ――子供の代わりに決定してはいけない。必要な情報を与え、自分で決定させよう。彼らを信用していることを示し、助言し、あとはまかせるのだ。

このやり方を勧める理由はたくさんある。親子関係がよくなり、問題解決の方法がわかり、自主性が育まれる。親が無理強いすると、かえってスコアが落ちるかもしれない。子供は、正しいと信じたことを自力で達成しようとするものだ。プレッシャーを感じれば感じるほど、彼らのワーキングメモリの働きは低下し、モチベーションも失われる。ネッドの息子のマシューのことばはとてもわかりやすい。「父さんと母さんがぼくに何かを思い出させるほど、こっちはやりたくなくなっていく」

子供がテストを使って「うるさい」という意思表示をする機会はつねにある。ネッドの同僚が世話をしたある生徒は、断固として模試を受けようとしなかった。彼女の親はやっとのことでテストに申しこみ、車で会場まで送り、本人が教室に入るのを見届けた。彼女には不安障害があったので、テスト時間の延長を含めた特別待遇も受けられるように手配した。五時間のテストの結果は？　マークシートはかわいい模様やデザインで埋まっていたが、正解は多くなかった。

親にとってこれがつらいのはわかる。子供に最善のことを望み、子供がもう少しだけ集中してくれるか、子供を後押ししてもう少し目標に近づけてやれば、そこに到達できるだろうと考えるからだ。子供が苦しんだり、失敗したりするのは見たくない。子供を守り、できるだけ簡単にまえに進ませてやりたい。私たち自身も親だから、理解できる。しかし、親と子のつき合いは長い。ときにはサイドラインから見守り、子供が戻ってきたら抱きしめて激励し、また送り出すことが親の役目なのだ。そこに立っていることがいちばん重要だ。しっかり立って、励ましつづけよう。そして最終的には、くだらないテストのスコアより、子供のことをはるかに心配していることを思い出させるのだ。

今晩すること

●子供がテストを受けることに不安を感じていたら、模擬試験で練習するあいだ近くにいようかと提案してみる。その際にはメールをチェックしたりせず、本を読む。
●テストの数週間前（テストの週ではない）に、子供が不安を解消できるように、代替案のシナリオについて話し合う。たとえば、こんなふうに――「ストレスを減らせる考え方について、よければ数分話し合わないか？　望みどおりの結果が出なくても、絶望する必要はない。世界はテストひとつで動くわけではないから。ＡＣＴで三〇点から三三点をとろうとがんばっていて、二八点だったら？　とった点数では希望校に入れなかったら？　代替案について話そう。目標を達成できなくてもこの世の終わりではないことを、きみの脳にわからせよう」
●テストを受けるまえに、自分にとって何より重要なことを考えたり、短く書き留めたりすることを子供に勧める。そのメモを親は見ないのが理想だ。その代わりに、「それはあなただけのものよ」と言う。

●テストのまえの週に、会場まで子供とドライブして、当日のイメージをシミュレーションしよう。子供がまえもってテストを視覚化できれば、大事な本番の日に、状況をコントロールしていると感じやすい。
●テストスコアの提出が任意の大学（八五〇校以上ある）について、www.fairtest.orgで調べ、くわしくなろう。入学に全国共通テストを要求しないすばらしい大学が数多くあることを知っておけば、子供が大学の代替案を考える際に、あらゆる種類の選択肢を提供できる。
●子供がACTやSATを複数回受けるための計画を立てる。再挑戦できるとわかっていれば、子供はもっと力を発揮できる。
●適度なストレスは、子供がよりよい結果を出すのに役立つが、その量を最適に保つために、睡眠を家族の優先事項にする。さらに、全国共通テストを受けるのは、授業や課外活動が忙しくない週にすることを子供と話し合う。

第13章 大学に行く準備はできているか

多くの人は大学を最終目的と見なし、そこにたどり着いたあとどうなるのか考えようとしない。その状況は、子供（とくに最初の子）が生まれる予定の両親に似ている。彼らは妊娠と出産のあらゆる局面で心配するが、わが子が生まれたら心配が終わるわけではない。実際には、本物の困難の始まりにすぎないことがわかるのだ。

大学の環境は、多くの学生にとって高校の経験とは大きく異なり、彼らの大多数は、家を離れるまえに、その環境でうまくやっていくための基本的なスキルを身につけていない。全国共通テストで高得点をとろうと懸命に勉強し、宿題や課外活動に打ちこみ、予定どおり入学手続きを終えたかもしれないが、その間、脱線しないようにいつも親が見守っていた。親がもはやあれこれ口出しせず、制限がなくなったとき、多くの子供は混乱に陥る。

ビルは、スザンヌが小学二年生のときに、ときおり学習障害の検査をするようになった。スザンヌは

ＡＤＨＤと診断されたが、リタリンのおかげで小学校から高校まで順調にすごすことができた。有名私立大学に入り、三年生のときにビルのところにまた検査を受けにきた。

試験勉強のために徹夜しなければならない（ときにはふた晩連続で）、とスザンヌは不平をもらした。勉強にそれほど時間がかかるのは、以前より集中できなくなり、学んだり憶えたりするのが苦痛になっていたからだった。「ＡＤＨＤの治療のために服用してきたリタリンに脳をやられた気がする」と彼女は言った。そして、母親はアルコールが問題だと思っているとつけ加えた。

「どれくらい飲む？」とビルは訊いた。

「一週間のうち四日、ひと晩に五杯くらい」と彼女は言った。それはアルコール依存症の資格充分だとビルが言うと、スザンヌはこう答えた。「私の親友は週六日、ひと晩に一二杯飲んでる」

この話には論点がいくつもあるが、いちばん驚くのは、スザンヌが集中して学べなくなるほど、睡眠不足やアルコールの大量摂取といった有害行動に引きこまれてしまったことだ。大学は多くの優秀な学生に同様の影響を及ぼすことがある。これは、大学が脳にとって有害な環境になりやすいからだ。多くの大学生が経験する日々のストレス要因について考えてみよう。

平均的な就寝時間は午前二時から三時

ビルが検査したある高校生は、メラトニンを使って睡眠障害を克服した。最終学年では、たいてい真夜中までに眠れるようになっていた。ところが大学に行くと、ルームメイトがいつも朝四時まで起きていたせいで、睡眠サイクルが乱れてしまった。

別の新入生は、午前三時半にベッドに行くのは「かなりふつう」だとビルに言った。大学では「すべてが真夜中から三時半のあいだにおこる」からだ。大学生が全体的に深刻な睡眠不足であることが、研究で明らかになっている。平均的な学生は夜六時間から六時間半しか眠らない。それより少ないという結果を出した研究もある。[1]
睡眠が妨げられる場合も、もちろんある。ルームメイトが電気をつけて大きな音を立てていたら、眠るのはたいへんだ。しかし大学生は、睡眠サイクルがふつうでないことが多い。精神医学者のロバート・スティックゴールドは、これを「睡眠過食症」と呼ぶ（週末や休日に長時間眠り、学校のある日はほとんど眠らない）。[2]学校に関連するストレス、睡眠サイクルの不規則性、大量のアルコール摂取と電子機器の使用によって損なわれる睡眠を考慮すると、大学生は少なくとも大人と同じレベルの睡眠障害を抱えている。睡眠時間が充分でない学生は、成績が落ち、さまざまな感情の問題に陥りやすい。[3]
一方で、多くの高校生と大学生には奇妙な心理が見られる。睡眠時間の短さが名誉の印であり、自慢できることとなのだ。
ネッドは、優秀な女子高に通う、学期末レポートを終えたばかりの四人の二年生に会った。最初の子はくたびれていて、「レポートを書くのに夜中の二時まで起きてたの」と言った。そのあと二番目の生徒がやってきた。ネッドが、「スージーはずいぶん疲れていたけど、レポートはたいへんだった？」と訊くと、「ええ」と答えた。「昨日の夜は二時間しか寝てない」。三番目の生徒は、まえの子よりさらに進んで、徹夜をしていた。では、最後のひとりは？　バッグス・バニーに振りまわされて頭がおかしくなりそうなダフィー・ダックのようだった。「徹夜？　笑わせないで！　私は二日間寝てないから!!」。ちなみに、彼女たちは高校生だ。親の目が届かない大学では、問題はさらに大きくなる。

誰がいちばん疲れているかを競い合うのは、もちろん馬鹿げている。しかし、その裏にある考え方はわからなくもない。ふたりのルームメイトが同じ化学の中間試験を受けるとする。ひとりは午後一〇時に眠り、もうひとりは午後一〇時から午前二時まで勉強していたら、先に寝たほうは、試験準備が足りないと感じるだろう（眠ることは、じつは最善の試験対策なのだが）。午前二時まで起きていたほうは、テストの点が悪くても、余分に勉強したので責任は果たしたと思うかもしれない。やれるだけのことはやった、でしょう？　それが延々と続くのだ。

無秩序な時間　大学生は授業に出ることも、週四〇時間働くことも求められない。ある調査では、大学生は週に一五時間勉強していた。最近の別の調査では、学習関連の活動に週一九時間、交際や余暇に二九時間費やしていることが明らかになった[4]。まだ活用できる時間がかなり残っている。多くの学生にとって、大学生活は自分で自分の時間の使い方を決める最初の機会だ。それはすばらしい機会だが、危険なものにもなりうる。四五分の授業が続くきわめて秩序立った生活から、完全な自由のなかに放りこまれるのだ。授業は任意で、食事は不規則。多くの者は夜中すぎに食べ、連日深夜のパーティに加わって、監督者はほとんどいない。

日常的に大量のアルコールを摂取する文化　ハーバード大学の最近の研究によると、アメリカの四年制大学の学生の四四パーセントが、大量摂取とされる以上のアルコールを飲んでいる（男子であれば一度に五杯以上、女子なら四杯以上）[5]。クラスのほぼ半数ということだ。一八歳から二二歳の全日制の学生は、飲酒の傾向が強く、大学に通っていない同世代の若者より飲む量も多い。大学生活が大量のアルコール摂取をうながしているのかもしれない[6]。

ビルは最近、有名私立大学で一年生を終えたばかりの学生を診察した。本人の話では、大学の「社交的な学生」は、火曜夜、木曜夜、金曜夜、土曜の昼と夜に大量に酒を飲む。そして一日おきにマリファナも吸うようだ。アルコールを大量に摂取すると、授業についていけなくなり、多くの危険行為（破壊行為、警察とのトラブル、無計画で無防備なセックス、飲酒運転）にかかわりやすくなるだけでなく、海馬の新しいニューロンの発達が阻害されて、学習能力や記憶力が損なわれるという研究結果もある。[7]
ティーンエイジャーの飲酒の習慣は、ここ数十年で劇的に変化した。かつては楽しむために飲んでいたが、いまは自己破壊的に飲んでいる。[8] ストレスが若者の薬物使用に大きな影響を与えることを考えれば、それも驚くにはあたらない。青年期のサルは、ストレスを受けるとアルコール摂取量が二倍になる。[9] 最近の研究では、ストレスにさらされた人間の若者は、喫煙、飲酒および薬物使用が一〇〇パーセント増加すると報告されている。[10] 第1章で述べたように、現代の若者はかつてなく不安を感じている。人生で「コントロール感」が欠如すると、人はなんらかの方法で対処するか、あきらめるが、現実逃避の深い感覚が得られる大量のアルコール摂取は、多くの人の対処法だ。酒に酔った若者は、力強さと、まわりとのつながりを感じる。だがそれはその場しのぎの解決策で、長期的には悲惨な結果になる。

食事に関連する問題　多くの大学生は、自分の食事のために買い物や準備をしないし、責任を持って食事をとる方法も知らない。疲れているときには、食事を制御する脳内化学物質が正常に作用しない。前頭前皮質は食べるのを止める指令を出すが、その抑制機能も弱まる。食堂で食事をする学生は「フレッシュマン・フィフティーン」〔大学入学後に一五ポンド（約七キロ）体重が増えること〕になりやすく、本格的な摂食障害は、だいたい大学から始まる。[11] 大学生の二五パーセントが過食症に関連した行動をとり、体重のコントロールに努めている。[12] 摂食障害は多くの場合、健康的な食事の機会がないときに偽りの「コントロール感」を生み出すための、柔軟性に欠ける不健全な試みだ。

精神刺激剤の乱用

アデロールなどの精神刺激剤は、ADHDと診断されていない学生が自己治療のために無秩序に使用している。また、使えば成績が上がるという誤解から、伸び悩んでいる学生が手を出すことが多い。精神刺激剤の使用者は、ほかの学生より酒を多く飲み、違法薬物を使いやすい。パーティでほかの薬物を用いるときに、その効果を高めるために刺激剤を併用する学生も多数いる。[13]
これらすべてを考え合わせると、大学は交戦地以外でもっともストレスが多く無秩序な生活環境かもしれない。私たちは講演の際、積極的にこのふたつを結びつける。最近、聴衆のひとりからこんな意見を聞いた。「私はアフガニスタンで兵役につきました。あなたの言うことは本当に正しい。私が大学で目にしたのは、戦場と同じくらいひどい状況でした。少なくとも戦場には消灯命令を出す上官がいた」。大学構内でメンタルヘルスの問題が蔓延し、自殺が大学生の死亡原因の第二位になっているのも不思議ではない。[14]
リチャード・カディソン博士は、二〇〇四年、大学構内の「メンタルヘルスの危機」に警鐘を鳴らした。[15]彼の懸念の根拠となった、カンザス州立大学で一九八八年から二〇〇一年にメンタルヘルスの傾向を調べた研究では、三一年間で不安とストレスに関連する問題が五八パーセント増えていた。人格障害、発達障害、精神科の薬物使用、自殺傾向と同様に、うつ病の発生率はほぼ二倍になった。[16]
最近の研究でも同じ傾向が確認されている。大学一年生は、この二七年間でもっともストレスが高く、メンタルヘルスの状態は最悪だった。[17]二〇一〇年のある調査では、大学のカウンセリング・センターを訪ねた学生の四四パーセントが、深刻な精神的問題を抱えていたが、一〇年前にはその割合は一六パーセントだった。センターに相談される問題は、いまもうつ病と不安が多いが、ストレスに由来する摂食障害や、薬物乱用、自傷行為も増えている[18]。

大学生の多くが脳に有害なライフスタイルを送っていることを考えると、四、五年の大学生活でたいした成果がないとしても意外ではない。リチャード・アラムとジョシパ・ロクサの共著『*Academically Adrift*（漂流する大学教育）』は、二四の大学で学力評価を受けた二三〇〇人の大学生の四五パーセント以上について、二年生の終わりまでに批判的思考、文章能力、複雑な論理的思考に明確な向上が見られなかったことを明らかにした。四年後、この時期には前頭前皮質が大きく成長するにもかかわらず、三六パーセントが同じ分野で向上していなかった。

アラムとロクサは、知能の発達の著しい欠如の原因を、教育より研究に価値を置く大学や、楽な講座を選んで充分に勉強しない学生のせいにしているが、学生の脳が低いレベルでしか機能しないことも大いにかかわっているだろう。いまの状況には深刻な問題があり、それが大学に進む学生の「コントロール感」の欠如と、彼らの脳が充分成長できないことにかかわっていると思われる[19]。

あなたの子供はアメリカの大学生活というパラレルワールドで暮らす準備ができていますか？——これは勇気を要する質問だ。多くの親に自問してもらいたいことでもある。この章では、子供が「コントロール感」を持って大学に行けるように、準備を手伝いたい。もし準備ができていない場合にやるべきことを提供する。だがそのまえに、大学に関する親の考え方を変える必要があるかもしれない。

大学は既得権ではない

多くの生徒にとって、大学は大金がかかる「パーティ」だ。行くことにはワクワクするが、長時間勉強する必要があることを話すと、ぽかんとして私たちを見る。

トッドは頭がよく、SATのスコアも高かったので、アメリカ北東部の一流校に入学した。しかし、高校時代になしとげたことはすべて、親が提供した環境に頼っていた。両親は夜トッドをベッドに追いたて、朝になるとベッドから引きずり出し、テレビやゲームを制限し、宿題をきちんとするように目を光らせていた。大学に行ってその環境がなくなったとたん、すべてが崩壊した。トッドが前期を終えて仮及第になったとき、私たちは驚かなかった。その夏には休学を言い渡され、次の一学期をふいにした。最終的にトッドが大学を卒業するには、親からのさらなる精神的、財政的援助が必要だった。

私たちは毎年、トッドのような子を数多く目にする。彼らは、ひとりでベッドに行き、ベッドから出て、学業を自力でこなし、アルバイトをし、携帯電話、ゲームなどの電子的娯楽の使用を制御できるようになるまえに、大学に行く。その多くは、両親や進路指導教員に言われるがままに大学への道を進んだ。大人たちは、自分の人生に責任を持つことをきちんと子供に教えるより、目先の成果を出させることのほうが重要だという考えに傾いている。

私たちは大学に対する考え方を見直す必要がある。今日、中流から上位中流の家庭の多くでは、大学は努力して入るものではなく、既得権だというふうに考えている。ビルは親がよくこう言うのを耳にする。「うちの子が大学に行く準備ができていないのはわかっています。でも、行くなと言うことはできません」。まるで神から与えられた権利のようだ。

子供を大学に入れることは、ビジネス上の投資と考えるべきだ。実際に大きな投資なのだから。若者は若さを無駄遣いするかもしれないが、まだ学ぶ準備ができていない学生の教育への無駄遣いはわけがちがう。健全な意思決定が見込めない会社に、この先四年間、毎年五万ドルを投資するだろうか？　もちろんしない。だから、子供がまだ準備できていないなら、投資は控えるべきだ。

四年制大学に入る学生の半数近くが卒業しない[20]。準備ができていないと、子供はつらい思いをし、親は経済的な痛手を負う。四年制大学に二、三年通った学生が、学生ローンに見合った成果を出すことはまずない。非常に多くの親が、老後の貯蓄をする代わりに子供の教育に投資しているが、家族全員の未来にかかわる重要な金銭的決定だから、賢明に判断する必要がある。

進学かギャップ・イヤーか（準備できているかどうかの見分け方）

高校を卒業してすぐの若者が、大学に行く準備ができていないのには、多くの理由がある。充分な学力がないかもしれないし、自己認識や自己調整の能力が欠けていたり、不安やうつ病と闘っていたりするかもしれない。自力で生きていくのに必要なことを管理する準備ができていない、高校時代にがんばりすぎて燃え尽きた、社会的に孤立しがち、脳が未発達……。身体的な成長のスピードは子供によって異なるが、脳にも同じことが言えるのだ。

大学に行く準備ができているかどうか、次のいくつかの質問をしてみよう。

自分の人生の責任を受け入れているか

志望大学を調べたのは誰だろう。子供が自分で申込手続きや提出エッセイを終えられないか、なんらかの手助けを必要とするのなら、おそらくまだ大学生活を始める準備はできていない。過保護に育てられたせいで、自立する方法や、自立ということ自体をよく理解せずに一七歳になる子もいる。これまで一度も自分で洗濯や料理をしようと思ったことがない子供を、無秩序な環境に送り出すことが本当にできるだろうか。

ネッドの生徒のひとりは、「ざる」を知らなかった。「コランダー〔水きり用のボウル〕みたいなものだよ」とネッドが説明すると、ぽかんとしている。ネッドは勇気づけるように言った。「スパゲッティをつくるとき、お湯をコランダーで流しに捨てるだろう。底に穴のあいた金属製のあれだよ」

「ぼくは料理をしないし、うちの家族もしません」と彼は言った。

「そうか、外食が多いんだね」とネッド。

「いや、先生。うちには家政婦がいるんです」

もちろん家政婦がいても、大学に不適格と見なされるわけではない。しかし、この生徒の場合、自分のためにすべてが用意されると信じて育っていた。彼はジョージア大学に入ったが、うまくいかなかった。

ネッドが感謝祭の休暇中にたまたま会ったときには、学校の人たちを「ひどいまぬけだよ。まぬけなやつばかり」とけなしていたが、最初の学期が終わるまでに退学した。責任感がまったくないのだ。何もしなくても物事が自分のほうにやってくると思っているので、失敗もほかの人が悪いせいだった。

充分に自分を理解しているか

あなたの子供は、自分が苦手なことと、その影響を知っているだろうか。八時間眠らないと感情的になることを理解しているだろうか。ストレスを感じたときにランニングをすると効果があることは？　いつ勉強するのがもっとも効果的で、いつ休むべきか、大学ではどのような支援が必要になるか、知っているだろうか。

大人でもそういうことを知らない人が大勢いると思うかもしれない。だが、きちんと自立して、自分の幸福のために、必要に応じて行動を抑えたり変えたりする基本的な自己理解と意欲は、大学の環境でうまくやっていくのに不可欠である。

自力で人生を送るために自己規制ができるか

あなたの子供は、ひとりで寝起きして、充分に休息をとることができるか。ルームメイトが朝四時まで起きていても、自分の生活パターンを維持できるか。電子機器やゲームの使用を管理することはできるか。薬や酒をやめる潮時を知っているか。これらの質問に対する答えがひとつでも「ノー」なら、適切に自己管理ができるまで、子供の大学入学を遅らせることを検討しよう。

学校生活のためにモチベーションを維持できるか

あなたの子供は、宿題をしなければならないとき、楽しいことを断ることができるだろうか。必要なら支援を求めるだろうか。課題の期限と約束の時間を守るだろうか。ひとつのプロジェクトに数時間取り組むことはできるだろうか。

数年前、ネッドは週二回、ジョエルという高校二年生に会っていた。ジョエルは個人指導以外に勉強しないと父親から説明されたので、いっしょにいる時間を有効に活用する必要があった。彼は、家族みんなが通ったアイビー・リーグの大学をめざしていた。数学が得意だったが、語彙の問題にはてこずっていて、毎週ネッドに、「七〇〇点台をとれると思う?」と訊いた。ネッドは、「そうだね、とれると思う。毎日少し語彙を勉強する必要があるけど、そうすれば、少しずつよくなっていく」と答えた。「わかった。宿題をください」とジョエルは言うが、次の授業には（父親の予想どおり）まったく勉強せずに現れて、また「七〇〇点台をとれると思う?」と訊く。まるで同じ一日を何度もくり返す映画『恋はデジャ・ブ』のようだった。成績は少しずつ上向いていったが、それもおもに、週二回のネッドの授業に行くことを両親が支えたからだった。

しかし、その後アイビー・リーグの大学に進学すると、ジョエルはひとりきりになり、最初の学期を終えることができなかった。無理もない。親たちはよく子供をマラソンの四二キロ地点まで車に乗せていき、ゴールが見えたところで子供を車からおろす。子供がゴールラインを越えると、みなで抱きしめ、祝福するが、子供は本当にそこにたどり着いたのではない。ほとんど何もしていないし、自分でもそのことがわかっている。

一生懸命努力することを避け、労せずに戦利品を獲得しても、人生の「コントロール感」は得られない。それは勤勉さと責任から得られるものだからだ。マラソン選手が自分のタイムを自慢することはめったにないが、水ぶくれや痙攣、ゴールするころにはほとんど動けなくなっていることなど、苦労話には事欠かないだろう……そして、ひとりでゴールした。私たちはみずから投資し、なしとげたものから強さを得るのだ。

ひとりで毎日の生活を管理できるか

あなたの子供は、約束をきちんと守るだろうか。交通違反の罰金を自分で払うか。自分で洗濯をし、のむ薬を管理しているか。正しい社会的選択をしているか。財布や鍵などの貴重品をなくさないか。多くの新入生が、寮から閉め出されて親に電話をかける。何百キロ、何千キロ離れたところにいる親に何をしろと？　あなたの子供はひとりで問題を解決できるだろうか。もちろん、鍵をなくさないに越したことはない。

ストレスを管理し、軽減する健全な方法を知っているか

誰もがストレスを感じ、それを和らげる方法を見つける。子供がストレスを軽減する健全な方法を知らなければ、不健全な方法を見つける。もっと長く眠り、運動し、瞑想すれば、アルコールを大量摂取したり、マリファナを吸ったりすることははるかに少なくなるだろう。

燃え尽きていないか

ネッドは、多くの疲れきった子供と会うが、彼らはいつも毎日が単調でつらいと感じている。生徒のエレインは言った。「高校でいい成績をとるための勉強しかしなかったと考えたら、人生の四年間を棒に振ったような気がするの。楽しいことなんて、ひとつもなかった」

エレインのような生徒は心配だ。多くが不安やうつに苦しみ、無秩序な環境に入ると、弱い部分が悪化する。摂食障害になったり、ストレス解消のためにアルコールを飲みすぎたり、自傷行為に走ったりするが、そこには事態を把握している親はいない。燃え尽きた子供は健全な対処法を持っているだろうか。ストレスを管理する方法はどうか。ときに休みをとるべきことも知っているだろうか。

大学レベルの勉強を理解する学力を持っているか

大学生は、読書、論文、問題集やその他の課題を終えられるスピードで、大学レベルのテキストを読み、情報を理解し、記憶することができなければならない。さらに計画し、整理し、複数の課題の優先順位を決め、充分な試験準備をする必要がある。多くの子供は大学で学ぶことの多さと要求の高さに圧倒される。

学業の支援が必要なときに、それを求め、活用できるか

学習障害やＡＤＨＤ、ＡＳＤの高校生の多くが、テストの時間延長や録音テキストなどの便宜を図られても、利用しようとしない。この傾向は大学でもなくならない。たとえば、作文技術の向上のために支援を受けたり、個別指導で学んだりする必要があるとほのめかされると、多くの生徒は憤慨するか困惑する。

複雑な社会的環境に対処する社会的な能力を持っているか

社交が苦手な学生にとって、大学のむずかしい勉強と、寮生活で求められる社交やプライバシーを同時に管理することは、非常にむずかしい。社会的に不器用な学生の多くが、ここでつまずく。ひとりで勉強するのは得意かもしれないが、寮生たちと友情を育み、対立を回避することはできるだろうか。社交パーティや大量のアルコール、仲間をつくるプレッシャーという社会的環境をうまく乗りきれるだろうか。

以上のような質問に親が正直に答えれば、少なくともいま、わが子は大学に行く準備ができていないという結論に達するかもしれない。では、どうすべきか。

準備ができていないときにどうするか

かつてないほど多くの子供が大学に通っている。ある意味で、それはすばらしい。準備のできている子供にチャンスを与えることには、私たちも大賛成だ。しかし、高校から大学にストレートに進学することが社会の標準になるにつれ、ストレートに進学しなければ落伍者と考えられるようになってきた。

これはまったくのナンセンスだ。子供が急激に成長する時期には個人差がある。たとえば、一年生のときにはぱっとしなかったバスケットボール選手が、最終学年では花形のポイント・ガードになることもある。子供の準備ができていなければ、親の意思の力だけで準備させることはできない。本人の力でそこにたどり着かなければならないのだ。

しかし、多くの親がわが子を必死で進学させようとする。親は率先して監督の務めを果たすことに疲れている。財力があれば、大学への投資がうまくいかなくてもたいして気にしない。親自身がしばらく休めればいいのだ。大学は社会的に受け入れられる進路であり、ついでに親も休める。彼らはほかの選択肢を知らない。

ドイツ、デンマーク、オーストラリア、イギリスといった国では、旅行したり、働いたり、軍務についたりするために「ギャップ・イヤー（一年から二年）」をとることが強く勧められている。イスラエルでは、学生は二年間の軍務か国の仕事についたあとで、大学生活を始める。それが人生経験にもなり、前頭前皮質を二年分発達させることにもなるのだ。なぜアメリカで取り入れないのだろう。この疑問を持っているのは私たちだけではない。一時学習計画センターが、ギャップ・イヤーを定着させようと努力しているし、マリア・オバマがギャップ・イヤーをとると決めたことで、この問題への関心が高まった。

一時学習計画センターの副代表ジェイソン・サルハンは、ギャップ・イヤーが役立つのは五つのタイプの学生だと言う。

働きバチ――テストのスコアも成績の平均点も高い。私たちの頭に浮かぶのは、四年間勉強しつづけて燃え尽きたエレインのような学生である。
意味の探求者――総じてテストのスコアは高いが、GPAは低い。このタイプは非常に頭がいいが、説得力のある理由がないと専念しない。行動の背後に意味があることを望む。

現実主義者――明確な目標を持ったうえで大学に入りたいと思っている。『ヒルビリー・エレジー　アメリカの繁栄から取り残された白人たち』（光文社）の著者J・D・ヴァンスは、この好例だ。子供時代は無秩序と混乱のただなかにあった。確実に準備ができていないときに大学の学生ローンを組む気になれなかったので、まず軍隊に入ることを選択した。
苦労人――高校時代の勉強が、学び方のちがいによって遅れている。大半のＡＤＨＤの子供にとって、大学に入ったときに成功できるように、脳が成長する時間を少し余計にとることは理に適っている。
浮雲――人生としっかりかかわり合っておらず、未成熟な側にいる。マラソンの四二キロ地点まで車に乗せられてきた子供がこれにあたる。自分で何もやりとげていないので、ゴールラインを越える準備ができていない。[21]

大学に行く準備ができていない子供の多くは、この五つのどれかに該当し、たいていギャップ・イヤーをとることで効果がある。

「私は高校卒業後に自分の人生に起きた変化を、いつもはっきりと自覚していた」とキャサリン・エングマンは、ギャップ・イヤーについてブログに書いた。「自分の人生の第二章だと思った。それは自分の未来のコントロールができる章だった」。キャサリンはコスタリカで猿を野生に戻す手伝いをし、登山をした。どちらも驚くべき経験だが、ギャップ・イヤーをとる決心自体が、彼女にとって大きな価値を持ったことに、私たちは感銘を受けた。「来る日も来る日も、これは私がこれまでにした最高の決断だと思っている……意思決定のスキルと、異なる環境に適応する能力に、大きな自信を持つようになった……初めて自分の人生の主導権を握り、自分を幸せにする選択をしたのだ」[22]
しばらく自動操縦から離れて意図的に決定を重ねることは、大きな成長のきっかけになる。ギャップ・イヤーをとった多くの学生が、自分の興味（野生動物の研究、言語の集中訓練、なんらかの社会奉仕など）に集中してすごし、それをさらに勉強し、キャリアに生かせる方向に進む。別の学生は、実社会や軍を直接体験して、スムーズに大人になる準備をする。
ギャップ・イヤーは、子供を旅行させる余裕のある富裕層だけの特権だ、と考えているなら、事実と異なる。多くのギャップ・イヤーのプログラムは、勉強を兼ねた仕事である。ギャップ・イヤーをとる人は、退職後のための貯金はしていないかもしれないが、負債を抱えることもない。実際には、大学入学後になるべく早く卒業できるように、目標を絞って貯金をしている。[23]

それはきみが決めること、でも投資するのは私

子供が断固大学に行く気でも、親は不安だ。全額補助の奨学金が得られたり、子供自身が学費を支払ったりするなら、本人が決めればいいが、親がいくらかでも財政的援助をするなら、出資者としての立場を明確にするほうがいい。たとえば、こう言う。「大学に行きたいなら行きなさい。でも、あなたの教育に投資してほしいなら、私が安心してお金を出せる基準を示してほしい」。これは完全に合理的な要求だ。大学に行く準備ができていない子供は、自己認識が欠けていて答えられないことが多い。彼らの多くは、

大学が始まったらうまくやれると主張するが、情報にもとづいた決定をしているわけではない。準備ができていることを証明するように求めるだけで、子供は情報を集めはじめる。

子供がすぐに大学に行かないことに対する恐怖には、ここで進学しなければ結局大学に行かないのではという恐怖が含まれる。これはかつて、もっともな心配だった。一九五〇年代から六〇年代初めにかけては、大勢の一七歳の若者が退学し、工場で働いて四人家族を養うことができた。大学に行く必要がなかったのだ。しかし、これはもはや可能とは言えない。

親の心配の種は尽きない。その上位にくるのは、子供が嫌な思いをしていないかどうか。だから私たちにも、「大学に行かなかったら、あの子はつらい思いをするでしょう」と言う。これは親戚やコミュニティで進学が当たりまえになっている場合に、よく聞かされる。

親が子供の失望やプレッシャーを消し去ることはできないが、ほかの道があることを早い段階で教えることはできる。それが次の章のテーマだ。

今晩すること

- 早めに準備する。九年生〔中学三年生〕になったら、大学は努力して入るものだと教えはじめよう。この先の四年間で培い、準備ができたことがわかるスキルについて、子供といっしょに考える。大学に行く少なくとも半年前には、独力で基本的な生活を送ることができるかどうか見たいと子供に伝える。
●子供が大学に行きたがり、大学レベルの学力を習得できそうに見えても、まだ準備はできていない。問題は行くかどうかではなく、「いつ」行くかだということを強調しよう。
●子供にアルバイトなど、なんらかの仕事の経験をすることを勧める。仕事がうまくできれば、大学でもうまくいくという恰好の判断材料になる。
●子供がすぐに大学に行きたがったら、大学に入るとどうなるか、それをよい経験にするにはどうすべきかを議論する。親が出しゃばらずに支援し、つきまとわずに関係を維持するために、子供が最善の方法と感じることを話し合う。
●親自身が子離れの準備をする。自分の生活にしっかりと集中しながら、子供とのつながりを保つ。家はいつも安全な基地であることを子供にわからせる。自分たちの役割が変わることについて、配偶者と話す。

第14章

別の進路

ストレスに悩むティーンエイジャーの声

すべてに一生懸命取り組んでいるのに、いつも自分より上がいて、決して一番になれないストレスが、どれほどつらいかわかりますか？　両親がとても頭のいい成功者で、ハーバード大学を出て弁護士として成功しているとき、自分は成功して家や家族を持つことができるだろうかと考えるストレスがわかりますか？「私の親は頭がよくて、私は有名大学へ行く。だったら親と同じことができて当然だろう？」とか、「親自身が行った大学や、私に望む大学には行けなくても、それなりにいい大学に入れるだろうか」と考えつづけるのです。

これを書いたのは、一〇代のネッドの生徒で、成功への道は不確実で細く、両横は深い谷底だと思っている。成績はオールAで、テストのスコアも文句なし？　すばらしい。いまは道の上にいる。幾何学でつまずいた？　おっと。崖っぷちだ。

このオール・オア・ナッシングの考え方は、若いうちに習慣になり、大学を卒業してもずっと続くことがある。ネッドは、職場のピクニックで同僚の友人のひとりと話をした。やがて大学の話題になり、その二〇代の若者に、大学に行ったかと尋ねた。

「いいえ」と彼は力なく言った。「頭が悪かったので。学校は性に合わなかったんです」

ネッドは、この若者が信じているメッセージを理解するために、しばらく黙った。


大学に行かない人は頭が悪い。

学習は選ばれた人のためのものだ。

自分はほかの人よりできが悪い。


「いいかい」とネッドは言った。「人生で成功したり、世の中に貢献したりする方法は、人によってさまざまだ。いまの職業は？」

「あ、ただの救急救命士です」と若者は答えた。

ただの救急救命士？　それは人の命を救う仕事だ。

その会話は、私たちが好んで子供たちにする質問につながった——過去数百年でもっとも人の命を救った仕事はなんだと思う？　いろいろな意見があるだろうが、私たちは清掃作業員と答える。とはいえ、救急救命士はリストのトップに近い。こんなふうに考えてみよう。危機的状況で、そばにいてほしいのは次のうち誰だろうか。（A）投資銀行家、（B）弁護士、（C）神経心理学者、（D）試験対策指導員、（E）救急救命士。

答えは明らかだ。

若者の健全な「コントロール感」の育成を妨げる大きな問題のひとつは、大人の世界と、成功や充実した人生に必要なものに対して、彼らが狭くゆがんだ見方をしていることだ。そうした見方は、恐怖と競争を助長し、成績優秀な子供に影響を与える。成功の道に対する固定観念ができると、無用なストレス、不安、メンタルヘルスの問題が生じる。

一方、成績がよくない子供の多くは、どうせ成功できないのだから挑戦する必要はないと若いうちに決めつける。そして悪影響がはなはだしい思考にはまりこんで、「X、Y、Zをしなければいけないが、ぼくにはできない」とか、「X、Y、Zをしなければいけないが、やりたくない」と自分に言い聞かせるようになる。

彼らは成功するための方法について、非常に偏った見方をしている。それは親からもたらされることもあるが、学校や友だちからの影響もある。強迫観念に駆りたてられる子供も、やる気のない子供も、一番になれないと負け犬で、五〇歳でハンバーガーを焼いているだろうと思いこんでいる。

現実には、人それぞれ自分にとって魅力的でうまくできる何かに打ちこむことで成功するのだ。優秀な学生になるためのスキルセットは、職業や人生で成功するためのスキルセットといろいろな意味で異なるということを、子供に伝える必要がある。

オールAの学生になるためには、当然ながら高度な知識が必要だが、それは高度な成功への道ではない。成績評価値GPAのスコアが4・0なら、すべてに秀でたいという意欲はわかるけれど、それが現実世界で全面的に通用するとはかぎらない。成功者の多くはオールAの学生ではなかったことを、子供に教えなければならない。実際、高校の卒業生総代を見ても、二〇代後半でほかの大学卒業生より成功しているわけではないのだ。[1] 人の能力は成績という単純なものでは測れない。

誤解しないでほしい。成績優秀な学生になることや、一流大学の学位をとることには明らかにメリットがある。要するに、ほかの進路もあるということだ。たったひとつの道にすべての注意を向けると、多くの子供は脱落者になったように感じてしまう。

本物の現実

アメリカの人気ラジオ番組『プレイリー・ホーム・コンパニオン』の締めくくりに、ホストのガリソン・キーラーは毎回こんなふうに言う。「女性がみな強く、男性がみなハンサムで、子供がみな平均以上の町、レイク・ウォベゴン〔架空の町〕からのニュースでした」。彼のやさしいユーモアは的を射ている。親はみな、わが子が平均以上だと信じたいあまり、すべての親がそう考えていて全員が正しいことは計算上ありえないという事実を無視する。

私たちは子供をテストすることで生計を立てているので、三分の一の子供の数学と英語の能力が、下位三三パーセント以下であることを知っている。ところが、この学力レベルの子供の多くが、概念的で定量的な課題の本当のむずかしさを知らずに、大学に行く準備をしているのだ。大学の学位がどうしても必要という考えは、多くの人にとって有害なメッセージだ。どんなにがんばっても大学レベルの学業を四年間やりとげられない生徒は、大勢いる。幻想のなかで生きる代わりに、次のような現実を教えるべきだ。

- アメリカ人の大半は大学を卒業しない。統計は年によって異なるが、ここ何十年で、四年制大学の学位を取得している大人の人口は、たったの二五から三二パーセント程度だ。
- 大学や大学院の卒業者の多くが、学業の成功を収めるまでに遠まわりをしている。
- 学生時代に成績がトップだった人や、仕事で成功した人の多くが不幸せだ。
- どの大学に行くか、そもそも大学に行くかどうかは、人生の進路を決定づけない。ビル・ゲイツ、スティーブ・ジョブズ、マーク・ザッカーバーグは、もっとも有名な大学中退者だろう。メリーランド大学を卒業したグーグルの共同創業者セルゲイ・ブリンのように、「そこそこの」大学を出て大成功した人も多数いる。近年ノーベル賞を受賞した二十数人のアメリカ人が、ハーバード大学やブラウン大学を卒業したのは確かだが、受賞者のなかには、デポー大学やホーリークロス大学、ゲティスバーグ大学の卒業生もいる。[2] 最近プリンストン大学を引退した学長は、オハイオ州のデニソン大学という小さなリベラルアーツの学校に移った。
- 情熱を追い求めることは、しなければならないと感じていることをする以上に、活力を与えてくれる。

•現在アメリカ人が生計を立てている職業は三五〇〇以上あり、その多くは大学の学位を必要としない。

多様性の長所

社会はそこで暮らす人々のさまざまな才能で繁栄する。生物学的多様性は、健全なシステムの証だ。社会には、夢想家、芸術家、クリエイティブな人材が必要である。起業家や、物事を実現する人、身体的な強さを持つ人、手作業が得意な人も。アルベルト・アインシュタインは、「魚の能力を木登りで判断したら、魚は自分は愚か者だと信じて一生をすごすだろう」と言った。発達心理学者のハワード・ガードナーが指摘したように、知能にはさまざまな形態がある——音感的能力、空間能力、言語能力、論理的数学的能力、身体・運動能力、人間関係形成能力、自然との共生能力などだ。[3]言い換えると、学力が低くても、すばらしいダンサーはいるし（逆の場合もある）、すべてにおいて平均的でも、他人の感情を読み取ることがきわめてうまい人もいる。大切なのは、自分の強みを見つけることだ。

私たちが目にする問題（とくに高校に多い）は、成功するには英語から科学、外国語まで、すべてにおいてすぐれていなければならないと子供が信じさせられていることだ。まわりを見れば、たいていのことで自分よりすぐれた人がいる。「最高」を目標にするというのは、つねに自分と他人を比較するということだ。それでモチベーションが引き出されることもあるだろうが、むしろモチベーションが下がることのほうが多い。成長とは、ある意味であきらめどきを知り、何をやめるかを選択することだ。

ビルは、テストをする年長の子供や若者によく言う。「きみが苦手なことが知りたい。なぜなら、成功する人は、得意なことと苦手なことがあって、賢明にも得意なことをして生計を立てているからだ」（幼い子供にはもっとシンプルに、「きみがうまくできないことを教えて」と訊く）。つまり、苦手な能力を身につけて人並み程度になっても、成功への道は見つからないだろう。多くの学生はこれを受け入れられない。ネッドが生徒のデビッドに、好きなことだけでなく、ほかの人よりうまくできて一生懸命取り組めるものを見つけなさいと助言したとき、デビッドはためらった。

「でも、それはまちがってませんか？　簡単なことだけするのはずるくない？」

ネッドは答えた。「きみは一七〇センチで八〇キロくらいだ。そしてベンチプレスで一七〇キロを持ち上げられる。だからランニングバックをしている。でも、マラソン選手としては最低だろう。マラソン選手の体型じゃない」

ネッドはデビッドに、得意ではないことをすべてやめろとは提案しなかった。学校や人生で、簡単にできないことも含めて学ぶのは大切だ。しかし、生来の才能を理解し、育てていくことにも価値がある。

「ぼくはエリックほど頭がよくない」とか、「数学のクラスで落ちこぼれている」とわが子に言われると、多くの親は、「だいじょうぶ。きみもほかの子と同じくらい頭がいい」と言って自信を与えようとする。

ビルはちがう。この世界で興味を持ったことをする程度に頭がよければ充分だと答えるのだ。自分が働いている分野で、自分より頭がいい人みんなに感謝している、と。彼らが理論やテストをつくってくれるおかげで、ビルは人々を助けて生計を立てることができるからだ。

集団思考を打ち破る

ビルはある八歳の少年を評価した。母親は、彼がハーバード、イェール、プリンストンかブラウン大学に行かなければ学費を支払わないつもりだと言った。ビルは冗談だと思い、笑ったが、母親は真剣だった。ビルはできるだけ理性的に聞こえるように努力して言った。「それが少々馬鹿げていることはわかるでしょう？　成功した人の大多数はそれらの大学に行っていませんよ」。母親は怒りもあらわに言い返した。「私は大多数が行っていると思います。この先もそうでしょう」

多くの人が現実からかけ離れた信念を持っている。私たちは、このような根拠のない思考体系（とくに裕福な大人が信じやすい）を「共同幻想」と呼ぶ。

学校は毎年何百人という子供を見ているので、親よりは現実を理解しているが、それでもたびたびこの種の幻想を支持する。私たちが高校の校長に、「なぜ大学について本当のことを子供に教えないのですか？どの大学に行っても、その後の人生にほとんどちがいはないし、成功の判断材料にはならないのに」と訊くと、彼らは決まってこう答える。「そんなことを教えたら、親から怒りの電話や手紙が殺到しますから。子供が真実を知ったら、学校でがんばって勉強しなくなり、人生を棒に振ってしまうじゃないか、と」

しかし、子供に世界の真実を（優秀な学生になることの利点も含めて）教えるだけで、彼らの思考の柔軟性とやる気は増すのだ。「成功するために、飛んでくぐり抜けなければいけない輪がある」から、「この世界に重要な貢献をするために、自分を成長させる方法がいくつもある」に重点が移動して、やる気のない子もやる気を起こす。

大学以外の進路について友人や同僚、学校の先生たちと話すと、誰もが物語を持っている。たとえば、ある自動車修理工は、マサチューセッツ工科大学で工学の博士号をとったが、もっと充実した仕事がしたいと工学から離れた。別の修理工は大卒ではないが、きわめてすぐれた仕事ぶりで成功し、一二カ所の修理工場を所有して三二歳で引退した。あるいは、ある友人は高校を中退したが、ふたつの博士号を持っている。

集団思考から脱却するために、また、逸話は往々にして統計データより説得力があるので、ここからは、型にはまらない方法で幸福と成功を手にした人々の話をいくつか紹介しよう。ビルはふつうとはちがうルートで神経心理学者になった。そこで、まずは彼から。

ビル

私の高校卒業時の成績は2・8だった。勉強よりロックンロールの演奏（オルガン、ベース、ギター）にはるかに興味があった。最終学年の最初の学期では、英語の単位を落とした。けれども一九歳のときに知的好奇心に火がついて、ワシントン大学で学位を取得し、カリフォルニア大学バークレー校で英語学の大学院に進んだ。博士号をとって二六歳で教授になることをめざしたが、そううまくはいかなかった。不安と自信喪失に苦しみ、おそらくカフェインも過剰摂取していた。さらに、何よりも課題を避ける才能があったせいで、二〇週間ひとつも論文を提出しなかった（私は成績の悪い子供たちに、「これには勝てないだろう?」と言う)。

したがって、大学院を中退したのも当然と言えば当然だった。将来が台なしになったことにひどく困惑し、不安を感じた。私はシアトルの実家に戻り、この先どうしようと考えた(父親は少しまえに他界していたが、母親は悩んでいる私を支え、励ましてくれた)。ある会社のタイピングの部署で働くことにしたが、すぐに解雇された。おそらく私の不安がその部署のほかの作業者にも広がってしまったのだろう(私はそれほどひどいタイピストではなかった)。そのあとは、倉庫で注文に応じる肉体労働の仕事についた。いま思えば、あまり楽しい時期ではなかった。

仕事以外に自由な時間がたくさんあったので、四歳の姪とすごすのがとても楽しかった。姪と初めてバスに乗ったとき、彼女の質問や受け答えを聞いているだけで気分が高揚したのを憶えている。それまでの人生で、家族が小さな子供のいる別の家族と旅行したときのことを思い出した。認めたくはなかったが、自分より小さな子供といっしょにいるのが楽しかったのだ。そうして、子供にかかわる仕事をしたらどうだろうと思いついた。

私は教育の講義を受けはじめ、学位をとって教師になった。特別教育の修士号をとる勉強を続け、ときどき教えていた。一年間フルタイムで教師をしたとき、毎週月曜に頭痛にみまわれた。あとから考えると、教師としていくつか長所はあったものの、行動管理の能力が欠けていたので、特別な援助を必要とする児童たちを教えるときにストレスを感じていたのだ。そうして、子供にかかわる仕事をするなら異なる条件がいいということがわかった。三二歳のときに学校心理学の博士号をとり、臨床神経心理学の道に進んだ。四三年間、考えたことはなかったが、フルタイムで一年間教師をしていたとき以来、頭痛になったことはない。

半年でバークレーを退学したことは、自分に起きた最高の出来事だったと思う。何もかもうまくいかないと思っているさなか、想像もしていなかったかたちで事態が好転していることはよくあるものだ。

ロビン

ロビンはメリーランド州の中流家庭で育った。中学時代の成績はクラス一で、生徒会長をしていた。八年生の一学期を終え、半年の授業を残して九年生に飛び級する申請をして、認められた。彼女が既定路線からはずれたのは、その夏だった。妊娠し、子供の父親と駆け落ちして、グループホームやみすぼらしいホテルを転々とした。GED(一般教育終了検定)に合格すると、一〇代の夫と離婚し、すぐに再婚した。二番目の夫は医者で、支配的な性格だった。暴力をふるうこともあった。

ロビンは幼いわが子に加えて、ふたりの子の義理の母親になったが、ニューハンプシャー州のキーン州立大学になんとか入学し、二七歳で卒業した。GPAは4・0。つねづねスピリチュアルに興味があったので、ハーバード神学校に入学を申しこんだところ、驚いたことに入学許可が出た。一学期通ったが、夫から離れるには充分安定した経済的基盤が必要だと悟り、MBAを取得して、人材開発・訓練の専門家として会社に就職した。経済的に安定してから夫と別れ、すぐにピーターと出会って、二四年間、幸せな結婚生活を送っている。

専門家として最前線で働きながらも、ロビンの人生はさらに新しい局面を迎えた。ビジネスの世界は性に合わず、ヨガとダンスの指導者になる勉強をした。女性向けのスピリチュアルの本を出版し、不安定な時期の少女たちにヨガと瞑想を教えはじめた。数年のうちに、深刻なＰＴＳＤや外傷性脳損傷に苦しむ現役の軍人に教えるようになった。ウォルター・リード陸軍医療センターで兵士にヨガと瞑想を教え、〈ウォリアーズ・アット・イーズ〉という組織を共同設立して、いまは心的外傷や軍の文化に配慮したヨガや瞑想を教えるトレーナーを育成している。この組織は、世界じゅうで七〇〇〇人以上のトレーナーを訓練し、現在、毎年約一万人にサービスを提供している。

ブライアン

ブライアンは、ワシントンＤＣ郊外に住む優秀な子供だったが、学校環境に疲れきっていた。ティーンエイジャーのころには親と衝突ばかりしていた。親は厳しく接したが、ブライアンはいつも出し抜くすべを知っていた。妹につらく当たり、ひと晩じゅう音楽を（おもに親を眠らせないために）聞いて、親が文句を言ってくるように挑発した。

一六歳のブライアンは学校の成績は悪かった。学校が嫌いで、勉強したり学力を伸ばしたりすることに時間を使わなかった。両親は彼を落ちこぼれにしたくなかったので、最終的にニューイングランドの全寮制の学校に送った。その学校の職員も、規律を課そうとする点では大差なく、ブライアンはガールフレンドとフロリダに逃げた。

フロリダで彼とガールフレンドは最低賃金の仕事をしていたが、やがて自由の魅力は薄れた。単調な仕事に耐えられなくなり、ついに両親にフロリダのコミュニティ・カレッジの授業料を出してほしいと頼み、承諾された。そこで多くの単位を取得したあと、ブライアンはワシントン州オリンピアにあるエバーグリーン大学に入学した。教育学の学位を取得し、さらに教育学で修士号もとり、現在はワシントンＤＣの公立学校で教師をしている。

学生時代に勉学に励む標準的な進路は合わなかったが、ブライアンは幸福で充実した仕事と人生を見つけることができた。興味深いことに、勉強であれほど苦労したのに、そこに戻って、学校で子供の成長を助ける天職を見つけたのだ。

ピーター

ピーターはシカゴの公立学校に通う平凡な学生だった。五つの学校を転々としたあと、中西部にある小さなリベラルアーツの大学（いまはオンライン大学）で英語学の学位を取得した。英語学の学位はなんの役にも立たず、料理が好きだったことから、彼は自分のレストランを持つことを夢見て、簡単な料理を担当するコックとして働きはじめた。そして長年、ウェイターやレストランの案内係、コック、コック長など、食品業界で数多くの仕事をした。ホットドッグの売店を開いたことまであった。

その後ピーターは、レストランのチェーン店で中間マネージャーとして働きはじめ、購買の経験を積んだ。数字に強く、対人関係のスキルが非常に高く、互いに利益のある交渉をするすぐれた能力があったので、まさに適任だった。やがて三つのチェーン店を持つ新しいレストランから声がかかった。ピーターの購買の働きに感心した上司は、彼に会社の株式を与えた。会社が株を公開したとき、傘下のレストランは世界じゅうに三〇〇以上あった。ピーターは職業的にも財政的にも大成功を収めた。すばらしい家族もいる。

何人の一〇歳児が、大きくなったら有名なレストランチェーンの購買担当になりたいという情熱を持っているだろうか。しかしピーターは、すばらしい生活とキャリアを手に入れた。

ベン

ベンは学校で悪戦苦闘していて、とくに科学と数学が苦手だった。そもそも勉強にやる気を出すのがむずかしかった。GPAは1・0に届かず、(かろうじて)高校を卒業した。しかし美術の成績はよく、七年生のときにとったカリグラフィーの授業は大好きだった。

臨床心理学者と腫瘍科の看護師だった両親は、ベンが別の進路を選び、芸術に力を入れる中学校に行くことを支持した。ベンの兄が二年間、映画撮影術を学び、ロサンジェルスで成功していたことも追い風になった(兄はいまハリウッドの撮影技師として大成功している)。

ベンは三年間の芸術の授業に登録したが、三学期を終えることができなかった。それでも、グラフィック・デザイナーとして働けるだけの技能を習得していたので、とくに興味を覚えたブランド戦略の仕事につくことにした。そして二九歳のとき、〈ブランド・アーミー〉という会社を設立した。彼自身は大学の学位を持っていないが、皮肉なことに、現在の多くのクライアントのなかに、ジョージ・メイソン大学やジョージタウン大学が含まれている。

ベンと兄はふたりとも自分の情熱にしたがい、成功を収めて、両親が思いも寄らなかったほどの金額を稼いでいる。父親は言う。「私がこのことから学んだのは、子供が火花を散らすのを見たらガソリンを注げということです」

ラクラン

ラクランは幼稚園のころから修理屋が大好きだった。休み時間に外で遊ぶより、教室の壊れたものを修理するほうが好きだった。中学生のときには、課題を終える能力ではなく、知性で教師たちを感心させた。彼はまた、反抗的でもあった。八年生のとき、学校のベルのシステムをいじって、ボタンを押すといつでも授業が終わるようにした。学校の警報システムに抜け道をつくり、友人たちといつでも学校にもぐりこめるようにもした。

一六歳になると、ガソリンスタンドで働いた。初めはタイヤとオイルの交換だけだったが、すぐに修理工として車を分解し、配線し直していた。ラクランは家を出て、高校の授業の大半をさぼり、一一年生のGPAは0・9だった。なんとか高校を卒業すると、音響機器の技術者として働きはじめた。二一歳で〈ケネディ・センター〉と契約し、オペラハウスやコンサートホールの音響システムをデザインした。

やがて彼はテレビの技術者になった。経験はほとんどなかったが、懸命に働き、現場で仕事を憶えていった。興味、才能、努力によって、成功への扉を開けてくれる人々と出会い、全米テレビネットワークの技術管理の職について、二〇年間働いた。その一〇年後、ラクランは技術責任者に昇進した。

明らかにラクランには非凡な才能があったが、彼は人が金を払ってくれる仕事のやり方を知っていたし、目に見える目標に向けて自分の能力を高めることに集中して取り組んだ。

メロディ

幼いころからメロディは学校が楽しくなかった。幼稚園や一年生のときには休みがちで、五年生になると、両親に学校には行かないと告げた。両親は、一〇歳でもメロディを信頼していたので、家で勉強したいならかまわないと言った。「なんでも望みのものになれるからね。それが教授だったらすごい。ギター奏者もいいね。本当に楽しめることをして、うまくできるようにがんばりなさい」。それは心を解き放つことばだった。メロディは親の信頼から大きなものを受け取った。

六年生のときに学校に戻り、数年間通ったが、一〇年生になって、もう行きたくないと言った。両親はメロディに決めさせ、彼女は自宅で教育を受けることにした。

独立心と好奇心があるので、メロディは自宅での教育に向いていたが、意欲的で、大学にも行きたかった。大学をめざすなら一一年生と一二年生は学校に戻ったほうがいいことがわかり、そうした。そしてスタンフォード大学に入ると、三年あまりで卒業し、一〇年間働いたあと、ロースクールに入った。その後シアトルの法律事務所のパートナーになって、何年もたつ。

メロディは、両親が与えてくれた自由はかけがえがなかったと感じている。すばらしい人生に続くのは、たった一本の細い道ではないという信念も同じだ。「両親は、決定は永遠ではないということを教えてくれました。五年生で学校に行かないと決めても、途中で行きたくなったら行くことができる。それでいい。一方通行の道に入るわけではない。人生のすべてを決めたり、台なしにしたりする決定をするわけでもない。方向はいつでも修正できるのです」

おもしろいことに、メロディは両親の子育てに感謝しているが、自分の子供はそんなふうに育てなかった。「息子が高校生のとき、大学に行かずに一年休みたいと言いましたが、私たちはそうさせませんでした。怖かったんです。この子はどうなるの？　軌道をはずれてしまうかもしれない。入学の申しこみをやり直さなければいけないし、結局大学に行かないかもしれない、と。私たちは、息子が『まだ準備ができていないから行きたくない』と言っているのが理解できなかったのだと思う。それについては、いくらか後悔しています」

「でも……」――別の進路に関する質問

親たちは、成功して充実した人生に至る道はほかにもあるという考えに反対することが多い。理由のひとつは、自分のエゴを子供の進路から完全に切り離すのが非常にむずかしいことにある。かつてエゴを満たされなかった人は、いまも心配しがちだ。よくある質問と私たちの返答を示そう。

「でも、標準的な進路を選んだ人のほうが、ずっとたくさん稼いでいます」

頭がよくて、規律正しく大学四年間をすごす学生が成功しやすいのは事実だ。しかし彼らは、大学を卒業しようとしまいと、頭がよくて規律正しい。学校教育のおかげでそうなったと言える人がいるだろうか。俳優でテレビ司会者のマイク・ロウは、大学の学位を持つ人だけが成功するという考えに異議を唱える財団を設立した。財団のウェブサイトProfoundly Disconnected（深い分断）では、次の三項目について論じている。
・学生ローンが一兆ドル規模

・記録的な失業率
・三〇〇万の良質な仕事に就職希望者がいないこと[4]

「中流階級が縮小しているいま、大学に行くことは昔より重要になっているのではありませんか？　大学の学位がなければ、雇用主は見向きもしないでしょう」


ここにはいくつかの論点がある。まず、ロボット工学などのテクノロジーを考えると、五年後、一〇年後の労働環境がどうなっているかは誰にも予測できない。技能を備えた新たな労働者が必要になるのはわかるが、その技能にどのような教育が必要かはわからない。

グラフィック・デザイナーのベンを思い出してほしい。彼はいつでも仕事を得る自信があると言った。なぜなら、ほかの人が必要とするものを知っているからだ。ベンは、大学の学位より人の役に立つことをする方法を知っているほうが、安心につながると考えている。

とはいえ、大学の学位（および上の学位）には多くの利点がある。できることなら、子供たちには大学を卒業してほしいと思う。しかし、大学生活をうまく送れない多くの子供を落ちこませることは望まない。大学を卒業しなければすばらしい人生は送れない、と信じてほしくないのだ。

金銭、仕事、幸福について

金銭と成功が同じものでないことについて述べるのは、私たちの専門ではない。しかし、子供には次のことを知らせたい。収入と幸福感は強く結びついているが、収入が高くなるほど幸福感は弱くなる。さらに、経済的余裕がほとんどない状態のあとでは、収入が増えても幸福感は増えない[5]。私たちは、稼ぎたいという気持ちを子供から奪いたいわけではない。自分の人生で大切なことにもとづいて、思慮深い決定をしてほしいだけだ。

この章では、別の進路をいくつか示したが、実例はいくらでもある。他人の旅を知れば、大いに力が湧いてくるだろう。これが読者の探求の始まりになることを願う。そのために、次の本を読んでみることを勧めたい。どれも、幸せな人生に至るさまざまな道のすばらしい案内になるだろう。

マシュー・クロフォード著『*Shop Class as Soulcraft: An Inquiry into the Value of Work*（精神の技術としての仕事講座──仕事の価値の探求）』。政治哲学の博士号を持つ自動車修理店オーナーによる、商売と手仕事の価値についての考察。

クリスティン・キンボール著『食べることも愛することも、耕すことから始まる──脱ニューヨーカーのとんでもなく汚くて、ありえないほど美味しい生活』（河出書房新社）。キンボールはハーバード大学で学んだニューヨークのジャーナリストだったが、夫と農業を経営するために、ジャーナリストの世界を捨てた。彼女は認める。「私は自分の偏見に直面せざるをえなかった。農場にやってきたときには、具体的なことは頭の悪い人、抽象的なことは頭のいい人のためにあるという、まったく論理的でない信念を抱いていたのだ」

ケン・ロビンソン、ルー・アロニカ著『才能を引き出すエレメントの法則』（祥伝社）。ロビンソンは明確なビジョンを持った教育コンサルタントで、生来の才能と個人の情熱が出会うところが、人生と仕事の魔法を引き起こす場所だと主張する。

つまるところ、子供が「コントロール感」を維持するのを助け、（不安のないコンサルタントとして）子供を充実した人生に導く最良の方法は、次のふたつを自問するするように教えることだ――「本当にしたいことは何？」、そして、「ほかの人よりうまくできることは何？」

それはとても簡単なことかもしれない。

今晩すること

- 子供といっしょに、思いつくかぎりの仕事のリストをつくる。親も子もとくに興味がない仕事（ただ誰か、、がしているだけの仕事）もあるだろう。その人たちは自分の仕事の何が好きなのだろうか。彼らが得意なことはなんだろう。

- この章の別の進路の話を子供と共有する。親が知っているほかの例を子供に話す。子供も何か知らないか、訊いてみる。
- 親が自分の進路で体験した驚きや落胆について話す。親の両親や祖父母の体験でもいい。そして、自分はどのように対処したか、子供に教える。ネッドの曽祖父は株で財をなし、失った。町でいちばんの邸宅から小さな共同住宅に行ったあと、また邸宅に戻った。ネッドは成功者にも浮き沈みがあることを知り、回復力《レジリエンス》は家族の伝統だと理解して、視野が広がった。
- 子供に訊いてみる――あなたが本当にしたいことは何？　ほかの人よりうまくできることは何？　私の意見が聞きたい？
- 子供に訊いてみる――まわりの世界にどんな貢献がしたい？　そうなるにはどんなステップが必要？
- 生き方が尊敬できて、自分を導いてくれる、よき師を見つけなさいと子供に言う。子供は、親ではない誰かの助言を素直に聞くことがよくある。

おわりに

前進しよう

ビルのかつての生徒の母親は、ユーモアのある人だった。ある日、ビルのオフィスで彼女は言った。「子供を育てる《レイジング・チルドレン》というのは、多くの場合、親を下げる《ロワリング・ペアレンツ》ことね」〔「レイズ」に「育てる」と「上げる」の意味があることをかけた〕
私たちの勧めることは容易ではない。むしろ大半はむずかしい。子供の決定を信頼し、子供の脳の発達を信じ、子供自身から子供を守ろうとする気持ちを抑え、その人生に干渉しすぎないようにするには、勇気が必要だ。未来に関する恐怖と向き合うのにも勇気がいる。さらに、何がいちばん子供のためになるかを知らないこともよくあると認めるには、謙虚さが必要だ。親自身の感情や態度に注目するように考え方を変えなければならない。これは子育てのきわめて重要な要素である。
どれもむずかしいことだが、実際にはコントロールできないことをコントロールしようとするほうが、はるかにむずかしい。本書で勧めたことができるようになれば、自由を感じ、効果を実感できるだろう。
脳科学から、別の進路を選ぶ論理まで、本書で扱ったすべての内容は、子供が大人になったときに使えるモデルや、彼らが親と大人同士の関係を結び、確固たる自意識を持てるような情報を、親のほうから提供するために書かれている。よく言われるように、人は言われたことや、されたことは忘れるが、感じさせられたことは忘れない。子供にどのように感じさせたいか考えてほしい。愛されている、信頼されている、支援されている、能力がある……。何よりもそれにしたがって行動しよう。

謝辞

本書は多くの才能ある人々の助けによって実現した。彼らは惜しみなく時間を割き、細心の注意を払って私たちのアイデアを検討してくれた。

まず、私たちの有能な著作権エージェント、ハワード・ユンとすばらしい同僚のダラ・ケイの励ましと支援に心から感謝したい。ハワードとダラは深い理解にもとづいて、私たちの考え方に疑問を投げかけ、煮詰まると時間をかけて解きほぐしてくれた。彼らはまた、私たちの執筆のパートナーであるジェナ・フリーとのパイプ役も務めてくれた。ジェナとの仕事以上に楽しいやりとりを想像することはむずかしい。著者がひとりでも、その考えを文字にするのは勇気のいる作業だが、著者がふたりになれば、むずかしさはまちがいなく倍以上だ。ジェナが明るくきびきびと、私たちのアイデアと話をまとめてくれたことに、驚き、深く感謝している。

ハワードが、バイキング社の才能あふれる編集者ジョイ・デ・メニルに出版提案書を送ってくれたことにも感謝している。ジョイは最初のミーティングで、それまでどんな編集者もしなかった質問をして、アイデアを明確にしてくれた。ほとんどの文章と本全体に改善を求める彼女の能力には畏敬の念を抱いている。ジョイの編集のおかげで、本書ははるかにいいものになった。彼女の助手のヘイリー・スワンソンも、付随的だが同じくらい重要な仕事にかけがえのない助力をしてくれた。出版に欠かせない厳しく地道なチェックをしてくれた校閲者のジェイン・カボリナと、文章の手直しと注釈の引用文献の整理を手伝ってくれたすばらしい才能の持ち主、アン・ハリスにも感謝したい。

また、もっとも早い段階で力を貸してくれたエミリー・ワーナー・エスケルセンにも謝意を捧げる。彼女の深い思考と超人的努力がなければ、私たちはスタートラインから離れることもできなかっただろう。第8章のアイデアを形にするのを手伝ってくれたケリー・マクスウェル・バートレットにも感謝する。シエナ・スクールを卒業したばかりの、才能あふれるジヨン・フェアにも。本書が出版されるころには、サバンナ大学アート・アンド・デザイン学科の一年生になっているだろう。ジョンは第1章で脳のイメージを描いてくれた。

本書のインタビューに応じてくれた科学者や専門家にも深く感謝する。エドワード・デシ、ジョシュ・アロンソン、ブルース・マーロウ、ダフネ・バベリア、エイミー・アーンステン、アデル・ダイアモンドから貴重な意見を頂戴した。自閉症の子供のモチベーションに関するアドラー・ワーナーの考察からも、多くを学ばせてもらった。初期の草稿を注意深く読んで、ストレスの記述を科学的に正確にしてくれた、友人で卓越した科学者のシーラ・オールソン・ウォーカーには特別に感謝する。〈ペアレント・エンカレッジメント・プログラム〉のすばらしい人々にも感謝している。とくに自主性の促進と問題行動への対処方法に関するパティ・キャンセリアーとキャシー・ヘッジの意見は貴重だった。

ビルは、絶えずサポートしてくれる妻のスターと、みずから考え、行動するすばらしい子供たち、ジョーラとエリオット（ふたりともすばらしい大人になった）に感謝している。このプロジェクトに取り組んでいるあいだ、叱咤激励してくれた親友の精神科医、科学者、作家のノーマン・ローゼンタール博士、長年支援してくれているデビッド・リンチ財団の理事ボブ・ロス、同財団の〈リーダーシップ・パフォーマンス・センター〉のマリオ・オルゴッティにもお礼申し上げる。

ネッドは、〈プレップ・マターズ〉の同僚たちに感謝したい。彼らから生徒を助ける多くの方法を学んだ。とても変わった方法で指導してくれた両親、いつもいっしょにいてくれる双子の兄弟のスティーブ、多くのことを教えてくれ、話を聞いてくれる最愛の子供ケイティとマシュー、そしてとりわけ妻のバネッサに感謝する——あらゆることについて。長年にわたり賢明な助言と支援を与えてくれた育ての親、クリセレーネ・ペトロプロスとブレント・トールマン、そしていつも、いつも助けてくれるキャサリン・オコーナー博士にも感謝している。

最後に、長年私たちが仕事でたずさわってきた、すべての子供と親たちに心から感謝したい。私たちを信頼し、子供をまかせてくれた皆さんには、ありがたい気持ちでいっぱいだ。子供たちはあらゆることを教えてくれた。また、多くの人が、ギャップ・イヤーの体験や別の進路について親切に話してくれた。成功への道はさまざまだ。みずからの困難と打開策を教えてくれ、ほかの人が道を切り開く後押しをしてくれた皆さんに、心から感謝している。

*

to Do Something and What We Need to Do," *Journal of Addictive Diseases* 29, no. 4 (2010).
〔14〕Morgan Baskin, "Overhauling 'Band-Aid Fixes': Universities Meet Growing Need for Comprehensive Mental Healthcare," *USA Today*, January 30, 2015, college.usatoday.com/2015/01/30/overhauling-band-aid-fixes-universities-meet-growing-need-for-comprehensive-mental-ealthcare/.
〔15〕Richard Kadison, MD, and Theresa Foy DiGeronimo, *College of the Overwhelmed: The Campus Mental Health Crisis and What to Do About It* (San Francisco: Jossey-Bass, 2004).
〔16〕S. A. Benton et al., "Changes in Counseling Center Client Problems Across 13 Years," *Professional Psychology: Research and Practice* 34, no. 1 (2003): 66-72.
〔17〕J. H, Pryor et al., *The American Freshman: National Norms for Fall 2010* (Los Angeles: University of California Press Books, 2011).
〔18〕Robert P. Gallagher, "National Survey of Counseling Center Directors 2010," Project Report, International Association of Counseling Services, Alexandria, VA. また、プリンストン大学とコーネル大学の学生を対象とした最近の研究では、およそ18パーセントが自傷を経験していた。(J. Whitlock et al., "Self-Injurious Behaviors in a College Population," *Pediatrics* 117, no. 6［2006］: 1939-48). 自傷は、精神科の診断は受けていないがストレス管理や対処スキルに問題がある学生に多く見られた。
〔19〕Arum and Roksa, *Academically Adrift: Limited Learning on College Campuses* (Chicago: University of Chicago Press, 2011).
〔20〕D. Shapiro et al., "Completing College: A National View of Student Attainment Rates—Fall 2009 Cohort" (Signature Report No. 10), National Student Clearinghouse Research Center, Herndon, VA, November 2015.
〔21〕Center for Interim Programs, "5 Types of Students Who Choose a Gap Year," www.interimprograms.com/2015/10/5-types-of-students-who-choose-gap-year.html.
〔22〕Katherine Engman, "Why I Chose to Take a Gap Year," Center for Interim Programs, November 30, 2105, www.interimprograms.com/2015/11/why-i-chose-to-take-gap-year-by.html.
〔23〕Center for Interim Programs, "Facts and Figures," www.interimprograms.com/p/facts-and-figures.html.

第14章　別の進路

〔1〕Karen Arnold, *Lives of Promise: What Becomes of High School Valedictorians* (San Francisco: Jossey-Bass, 1995).
〔2〕マルコム・グラッドウェル著『天才！──成功する人々の法則』(講談社)。
〔3〕Howard Gardner, *Frames of Mind: The Theory of Multiple Intelligence* (New York: Basic Books, 1983).
〔4〕Mike Rowe WORKS Foundation, "Are You Profoundly Disconnected?," Profoundlydisconnected.com.
〔5〕Belinda Luscombe, "Do We Need $75,000 a Year to Be Happy?," Time.com, September 6, 2010, content.time.com/time/magazine/article/0,9171,2019628,00.html.

第13章　大学に行く準備はできているか

〔1〕Amy R. Wolfson and Mary A. Carskadon, "Sleep Schedules and Daytime Functioning in Adolescents," *Child Development* 69, no. 4（1998）: 875-87. R. Hicks et al., "Self-Reported Sleep Durations of College Students: Normative Data for 1978-79, 1988-89 and 2000-01," *Perceptual and Motor Skills* 91, no. 1（2001）: 139-41.
〔2〕Craig Lambert, "Deep into Sleep: While Researchers Probe Sleep's Functions, Sleep Itself Is Becoming a Lost Art," *Harvard Magazine*, July-August 2005, 25-33.
〔3〕J. F. Gaultney, "The Prevalence of Sleep Disorders in College Students: Impact on Academic Performance," *Journal of American College Health* 59, no. 2（2010）, 91-97.
〔4〕全米大学生調査の一環として、Alexander McCormick らが4000名を超える学生を対象とした研究をおこない、現在の大学生の学習時間が週平均15時間であることが明らかになった。National Survey of Student Engagement, "Fostering Student Engagement Campuswide: Annual Results 2011,"（Bloomington, IN: Indiana University Center for Postsecondary Research, 2011）, nsse.indiana.edu/NSSE_2011_Results/pdf/NSSE_2011_AnnualResults.pdf.
Lindsey Burke らによる別の研究では、週平均19時間、学習に関連した活動をしていることがわかった。Lindsey Burke et al., "Big Debt, Little Study: What Taxpayers Should Know About College Students' Time Use," Heritage Foundation, July 19, 2016, www.heritage.org/education/report/big-debt-little-study-what-taxpayers-should-know-about-college-students-time-use.
〔5〕H. Weschler and T. F. Nelson, "What We Have Learned from the Harvard School of Public Health College Alcohol Study: Focusing Attention on College Student Alcohol Consumption and the Environmental Conditions That Promote It," *Journal of Studies on Alcohol and Drugs* 69（2008）: 481-90.
〔6〕Department of Health and Human Services, "Results from the 2005 National Survey on Drug Use and Health: National Findings"（Rockville, MD: Substance and Abuse and Mental Health Services Administration, 2005）.
〔7〕S. A. Morris et al., "Alcohol Inhibition of Neurogenesis: A Mechanism of Hippocampal Neurodegeneration in an Adolescent Alcohol Abuse Model," *Hippocampus* 20, no. 5（2010）: 596-607.
〔8〕バーバラ・ストローチ著『子どもの脳はこんなにたいへん！――キレる10代を理解するために』（早川書房）。
〔9〕C. S. Barr et al., "The Use of Adolescent Nonhuman Primates to Model Human Alcohol Intake: Neurobiological, Genetic, and Psychological Variables," *Annals of the New York Academy of Sciences* 1021（2004）: 221-23.
〔10〕T. Johnson, R. Shapiro and R. Tourangeau, "National Survey of American Attitudes on Substance Abuse XVI: Teens and Parents," National Center on Addiction and Substance Abuse at Columbia University, August 2011, www.centeronaddiction.org/addiction-research/reports/national-survey-american-attitudes-substance-abuse-teens-parents-2011.
〔11〕J. I. Hudson et al., "The Prevalence and Correlates of Eating Disorders in the National Comorbidity Survey Replication," *Biological Psychiatry* 61, no. 3（February 1, 2007）: 348-58.
〔12〕The Renfrew Center Foundation for Eating Disorders, "Eating Disorders 101 Guide: A Summary of Issues, Statistics, and Resources," September 2002, revised October 2003, www.renfrew.org.
〔13〕A.A. Arria et al., "Nonmedical Prescription Stimulant Use Among College Students: Why We Need

超越瞑想の実践とADHDの子供については、一連のケーススタディが公表されている。Yvonne Kurtz, "Adam, Asperger's Syndrome, and the Transcendental Mediation Technique," *Autism Digest* (July/August 2011): 46-47, www.adhd-tm.org/pdf/aspergers-JulAUG2011.pdf; David O. Black et al., "Transcendental Meditation for Autism Spectrum Disorders? A Perspective," *Cogent Psychology* 2, no. 1 (2015), doi: org/10.1080/23311908.2015.1071028. アメリカ国立精神衛生研究所の自閉症の研究者デビッド・ブラックと、精神科医のノーマン・ローゼンタールによる後者の論文は、1日2回かならず瞑想をした6名のASDの若者について考察している。その研究では、6名全員のストレスと不安が減少し、行動と感情の制御が改善され、生産性が上がっただけでなく、変化に対する柔軟性が大きく向上した。両親たちも、責任を負いたいという子供の意欲が増し、ストレスからの回復が早くなったと報告した。集中力と睡眠も改善し、テストの不安や癇癪を起こす回数も減った。また、ストレスの生理学的な症状も減っていた。
〔15〕Stephen PorgesがASDの「社会関与システム」と呼ぶ役割は、彼の著書*The Polyvagal Theory: Neurophysiological Foundations of Emotions, Attachment, Communication, Self-Regulation* (New York: W. W. Norton, 2011) で論じられている。
〔16〕Nicole M. Shea et al., "Perceived Autonomy Support in Children with Autism Spectrum Disorder," *Autism* 3, no. 114 (2013), doi: 10.4172/2165-7890-1000114.
〔17〕同書。
〔18〕これらの介入は、スタンリー・グリーンスパンが開発したDIRフロアタイム・モデルや、機軸行動訓練法（ABAのなかで開発され、子供の生来の興味や欲求にもとづいて本人に選択させ、自然で直接的な強化子を用いる訓練）を含む。
〔19〕Marsha Mailick Seltzer et al., "Maternal Cortisol Levels and Behavior Problems in Adolescents and Adults with ASD," *Journal of Autism and Developmental Disorders* 40, no. 4 (April 2010): 457-69, doi: 10.1007/s10803-009-0887-0.

第12章　大学受験

〔1〕Valerie Strauss, "Five Reasons Standardized Testing Isn't Likely to Let Up," *Washington Post*, March 11, 2015, www.washingtonpost.com/news/answer-sheet/wp/2015/03/11/five-reasons-standardized-testing-isnt-likely-to-let-up/?utm_term=aad3311ed86d.
〔2〕Rick Reilly, "An Ad Doesn't Take Care of Everything," ESPN.com, March 28, 2013, www.espn.com/espn/story/_/id/9112095/tiger-ad-way-bounds.
〔3〕Joshua Aronson tells this story in an article called "The Threat of Stereotype" in *Educational Leadership* 2, no. 3 (2004): 14-19.
〔4〕Geoffrey Cohen et al., "Reducing the Racial Achievement Gap: A Social-Psychological Intervention," *Science* 313, no. 5791 (September 1, 2006): 1307-10, doi: 10.1126/science.1128317.
〔5〕Benedict Carey, "In Battle, Hunches Prove to Be Valuable," *New York Times*, July 27, 2009, www.nytimes.com/2009/07/28/health/research/28brain.html?emc=eta1.

〔5〕Centers for Disease Control and Prevention, "Autism Spectrum Disorder (ASD)," www.cdc.gov/ncbddd/autism/index.html.
〔6〕John Salamone and Mercè Correa, "The Mysterious Motivational Functions of Mesolimbic Dopamine," *Neuron* 76, no. 3 (November 8, 2012): 470-85, doi: 10.1016/j.neuron.2012.10.021.
〔7〕Sibley, "Supporting Autonomy Development in Teens with ADHD: How Professionals Can Help."
〔8〕P. Shaw et al., "Development of Cortical Surface Area and Gyrification in Attention-Deficit/Hyperactivity Disorder," *Biological Psychiatry* 72, no. 3 (2012): 191, doi: 10.1016/j.biopsych.2012.01.031. National Institutes of Health, "Brain Matures a Few Years Late in ADHD, but Follows Normal Pattern," News Release, November 12, 2007, www.nih.gov/news-events/news-releases/brain-matures-few-years-late-adhd-follows-normal-pattern.
〔9〕Sarina J. Grosswald et al., "Use of the Transcendental Meditation Technique to Reduce Symptoms of Attention Deficit/Hyperactivity Disorder (ADHD) by Reducing Stress and Anxiety: An Exploratory Study," *Current Issues in Education* 10, no. 2 (2008). Frederick Travis et al., "ADHD, Brain Functioning and Transcendental Meditation Practice," *Mind and Brain, the Journal of Psychiatry* 2, no. 1 (2011): 73-81.
〔10〕Lisa Flook et al., "Effects of Mindful Awareness Practices on Executive Functions in Elementary School Children," *Journal of Applied School Psychology* 26, no. 1 (February 2010): 70-95, doi: 10.1080/15377900903379125. Saskia van der Oord et al., "The Effectiveness of Mindfulness Training for Children with ADHD and Mindful Parenting for their Parents," *Journal of Child and Family Studies* 21, no. 1 (February 2012): 139-47, doi: 10.1007/s10826-011-9457-0.
〔11〕シブリーのSTANDプログラムは、彼女の新刊でも説明されている。Margaret H. Sibley, *Parent-Teen Therapy for Executive Function Deficits and ADHD: Building Skills and Motivation* (New York: Guilford Press, 2016).
〔12〕Tiziana Zalla, "The Amygdala and the Relevance Detection Theory of Autism," *Frontiers in Human Neuroscience* 30 (December 2013), doi: org/10.3389/fnhum.2013.00894.
〔13〕これらの戦略は、国立小児医療センターの自閉症の専門家Lauren Kenworthyと、アイビーマウント・スクールのModel Asperger Programの教師たちが開発した、新しいプログラムUnstuck and On Target!に含まれている。こうした手法は、教師や親のために書かれた次のような本で紹介されている。教師向けには、Lynn Cannon et al., *Unstuck & On Target!: An Executive Function Curriculum to Improve Flexibility for Children with Autism Spectrum Disorders*, research edition (Baltimore: Paul H. Brookes Publishing, 2011)、親向けには、Lauren Kenworthy, *Solving Executive Function Challenges: Simple Ways of Getting Kids with Autism Unstuck & On Target* (Baltimore: Paul H. Brookes Publishing, 2014) を参照。
〔14〕自閉症の子供の治療にヨガを用いることは、モリー・ケニーが始めた。彼女が子供に実践した統合運動療法Integrated Movement Therapy™については、"Integrated Movement Therapy™: Yoga-Based Therapy as a Viable and Effective Intervention for Autism Spectrum and Related Disorders," *International Journal of Yoga Therapy* 12, no. 1, (2002): 71-79で論じられている。
ASDの若者と、彼らの世話をする人たちのマインドフルネスの使用については、Rebekah Keenan-Mount et al., "Mindfulness-Based Approaches for Young People with Autism Spectrum Disorder and Their Caregivers: Do These Approaches Hold Benefits for Teachers?," *Australian Journal of Teacher Education* 41, no. 6 (2016), doi: /10.14221/ajte.2016v41n6.5を参照。また、Nirbhay N. Singh et. al., "A Mindfulness-BasedStrategy for Self-Management of Aggressive Behaviors in Adolescents with Autism," *Research in Autism Spectrum Disorders* 5, no. 3 (2011): 1153-58, doi: 10.1016/j.rasd.2010.12.012も参考になる。

Women's Team," *Washington Post*, April 2, 2015, www.washingtonpost.com/news/dc-sports-bog/wp/2015/04/02/college-kids-giving-up-their-cellphones-the-incredible-tale-of-the-maryland-womens-team/.

第10章　頭と体を鍛える

〔1〕Sarah Wardが、ボストンのCognitive Connectionsで同僚らと開発した手法を用いて、学生の実行機能を改善するすばらしいセミナーをおこなっている。その手法は、結論を念頭に置いて考えはじめることを強調する。
〔2〕Alvaro Pascual-Leone et al., "Modulation of Muscle Responses Evoked by Transcranial Magnetic Stimulation During the Acquisition of New Fine Motor Skills," *Journal of Neurophysiology* 74, no. 3 (September 1995): 1037-45. この研究は、脳が経験によってどう変わるかという、タイム誌の興味深い記事でも論じられている。Sharon Begley, "How the Brain Rewires Itself," *Time*, January 19, 2005.
〔3〕Gabriele Oettingen and Peter Gollwitzer, "Strategies of Setting and Implementing Goals," in *Social Psychological Foundations of Clinical Psychology*, ed. James E. Maddux and June Price Tangney（New York: Guilford Press, 2010）, 114-35.
〔4〕Pamela Weintraub, "The Voice of Reason," *Psychology Today*, May 4, 2015, www.psychologytoday.com/articles/201505/the-voice-reason.
〔5〕Kristin Neff, "Why Self-Compassion Trumps Self-Esteem," *Greater Good*, University of California, Berkeley, May 27, 2011, greatergood.berkeley.edu/article/item/try_selfcompassion.
〔6〕Po Bronson and Ashley Merryman, "Why Can Some Kids Handle Pressure While Others Fall Apart?," *New York Times Magazine*, February 16, 2013, www.nytimes.com/2013/02/10/magazine/why-can-some-kids-handle-pressure-while-others-fall-apart.html.
〔7〕ジョン・J・レイティ著『脳を鍛えるには運動しかない！――最新科学でわかった脳細胞の増やし方』（NHK出版）。
〔8〕ジョン・J・レイティ著『脳のはたらきのすべてがわかる本』（角川書店）
〔9〕Robin Marantz Henig, "Taking Play Seriously," *New York Times Magazine*, February 17, 2008, www.nytimes.com/2008/02/17/magazine/17play.html.

第11章　学習障害、ADHD、自閉症スペクトラム障害への対応

〔1〕Edward L. Deci et al., "Autonomy and Competence as the Motivational Factors in Students with Learning Disabilities and Emotional Handicaps," *Journal of Learning Disabilities* 25（1992）: 457-71.
〔2〕N. M. Shea et al., "Perceived Autonomy Support in Children with Autism Spectrum Disorder," *Autism* 3, no. 2（2013）, doi: 10.4172/2165-7890.1000114.
〔3〕Margaret H. Sibley, "Supporting Autonomy Development in Teens with ADHD: How Professionals Can Help," *ADHD Report* 25, no. 1（February 2017）.
〔4〕Institute of Education Sciences, "Children and Youth with Disabilities," U.S. Department of Education, National Center for Education Statistics, updated May 2017, https://nces.ed.gov/programs/coe/indicator_cgg.asp.

〔30〕Nicholas Bakalar, “What Keeps Kids Up at Night? Cellphones and Tablets,” *New York Times*, October 31, 2016, www.nytimes.com/2016/10/31/well/mind/what-keeps-kids-up-at-night-it-could-be-their-cellphone.html.
〔31〕Sara Konrath et al., “Changes in Dispositional Empathy in American College Students over Time,” *Personality and Social Psychology Review* 15, no. 2（May 2011）: 180-98.
〔32〕John Bingham, “Screen Addict Parents Accused of Hypocrisy by Their Children,” *Telegraph*, July 22, 2014, www.telegraph.co.uk/technology/news/10981242/Screen-addict-parents-accused-of-hypocrisy-by-their-children.html.
〔33〕Beard, *American Nervousness*.
〔34〕子供の学校のまわりの自然環境については、Olga Khazan, “Green Space Makes Kids Smarter,” *Atlantic*, June 16, 2015, www.theatlantic.com/health/archive/2015/06/green-spaces-make-kids-smarter/395924/ を参照。大人については、以下を参照。Ruth Ann Atchley et al., “Creativity in the Wild: Improving Creative Reasoning through Immersion in Natural Settings,” *PLoS One* 7, no. 12（December 12, 2012）, journals.plos.org/plosone/article?id=10.1371/journal.pone.0051474; C. J. Beukeboom et al., “Stress-Reducing Effects of Real and Artificial Nature,” Journal of Alternative and Complementary Medicine 18, no. 4（2012）: 329-33; and Byoung-Suk Kweon et al., “Anger and Stress: The Role of Landscape Posters in an Office Setting,” *Environment and Behavior* 40, no. 3（2008）: 355.
〔35〕Yalda T. Uhls et al., “Five Days at Outdoor Education Camp Without Screens Improves Preteen Skills with Nonverbal Emotion Cues,” *Computers in Human Behavior* 39（October 2014）: 387-92.
〔36〕Rosen, “Media and Technology Use Predicts Ill-Being Among Children.”
〔37〕Matt Richtel, “A Silicon Valley School That Doesn't Compute,” *New York Times*, October 22, 2011, www.nytimes.com/2011/10/23/technology/at-waldorf-school-in-silicon-valley-technology-can-wait.html?mcubz=0.
〔38〕David Meyer らがよく引用する研究は、J. S. Rubinstein, D. E. Meyer, & J. E. Evans,（2001）“Executive Control of Cognitive Processes in Task Switching,” *Journal of Experimental Psychology: Human Perception and Performance*, 27（4）, 763-97.
Meyer らの研究は、著名な出版物の記事でも数多く取り上げられている。たとえば、“Study: Multitasking Is Counterproductive（Your Boss May Not Like This One）” CNN.com, August 7, 2001; Robin Marantz Heing, “Driving? Maybe You Shouldn't Be Reading This,” *New York Times*, July 13, 2004.
〔39〕Christine Rosen, “The Myth of Multitasking,” *New Atlantis* 20（Spring 2008）: 105-10.
〔40〕Howard Gardner, *The App Generation*（New Haven, CT: Yale University Press, 2014）.
〔41〕Office for National Statistics, “Measuring National Well-Being: Insights into Children's Mental Health and Well-Being,” ons.gov.uk, October 20, 2015, www.ons.gov.uk/peoplepopulationandcommunity/wellbeing/articles/measuringnationalwellbeing/2015-10-20.
〔42〕Gentile, “Pathological Videogame Use among Youth 8-18: A National Study.”
〔43〕Aviv M. Weinstein, “New Developments on the Neurobiological and Pharmaco-Genetic Mechanisms Underlying Internet and Videogame Addiction,” *Directions in Psychiatry* 33, no. 2（January 2013）: 117-34.
〔44〕Allison Hillhouse, “Consumer Insights: New Millennials Keep Calm & Carry On,” Blog.Viacom, October 8, 2013, blog.viacom.com/2013/10/mtvs-the-new-millennials-will-keep-calm-and-carry-on/.
〔45〕Dan Steinberg, “College Kids Giving Up Their Cellphones: The Incredible Tale of the Maryland

Washington Post, April 6, 2014, www.washingtonpost.com/local/serious-reading-takes-a-hit-from-online-scanning-and-skimming-researchers-say/2014/04/06/088028d2-b5d2-11e3-b899-20667de76985_story.html? utm_term=.63a22afe15f7.
〔14〕Larry Rosen, *Rewired*. Ian Jukes et al., *Understanding the Digital Generation: Teaching and Learning in the New Digital Landscape*（Thousand Oaks, CA: Corwin, 2010）.
〔15〕George Beard, *American Nervousness: Its Causes and Consequences—A Supplement to Nervous Exhaustion (Neurasthenia)*（South Yarra, Australia: Leopold Classic Library, 2016）.
〔16〕Lisa Eadicicco, "Americans Check Their Phones 8 Billion Times a Day," *Time*, December 15, 2015, time.com/4147614/smartphone-usage-us-2015/.
〔17〕Kelly Wallace, "Half of Teens Think They're Addicted to Their Smartphones," CNN, July 29, 2016, www.cnn.com/2016/05/03/health/teens-cell-phone-addiction-parents/.
〔18〕Larry D. Rosen et al., "Media and Technology Use Predicts Ill-Being Among Children," *Computers in Human Behavior* 35（June 2014）: 364-75, doi: 10.1016/j.chb.2014.01.036. Sigman, "Time for a View on Screen Time."
〔19〕ラリー・ローゼンは、2014年の講演中に、テクノロジーがこれらの問題を引き起こすのか、それとも注意力や行動に問題のある子供がテクノロジーに引かれやすいのかと訊かれて、多くの変数の影響を抑えた自分たちの研究では、テクノロジーが問題を引き起こしているように思えると述べた。
〔20〕Jean M. Twenge, "Have Smartphones Destroyed a Generation?" *The Atlantic*, September 2017.
〔21〕Sigman, "Time for a View on Screen Time."
〔22〕Teddy Wayne, "The Trauma of Violent News on the Internet," *New York Times*, September 10, 2016, www.nytimes.com/2016/09/11/fashion/the-trauma-of-violent-news-on-the-internet.html.
〔23〕H. B. Shakya and N. A. Christakis, "Association of Facebook Use with Compromised Well-Being: A Longitudinal Study," *American Journal of Epidemiology* 185, no. 2（February 1, 2017）: 203-211.
〔24〕Jessica Contrera, "13, Right Now," *Washington Post,* May 25, 2016, www.washingtonpost.com/sf/style/2016/05/25/13-right-now-this-is-what-its-like-to-grow-up-in-the-age-of-likes-lols-and-longing/.
〔25〕ラリー・ローゼン著『毒になるテクノロジー』（東洋経済新報社）。
〔26〕MTV Networks, "MTV's 'The Millennial Edge: Phase 3,' " *Consumer Insights*, Viacom, March/April 2011, www.viacom.com/inspiration/ConsumerInsight/VMN%20Consumer%20Insights%20Newsletter%20MARCHAPRIL%202011.pdf.
〔27〕Amanda Lenhart et al., "Teens and Mobile Phones—Chapter Three: Attitudes Toward Cell Phones," Pew Research Center, April 20, 2010, www.pewinternet.org/2010/04/20/chapter-three-attitudes-towards-cell-phones/. Peter G. Polos et al., "The Impact of Sleep Time-Related Information and Communication Technology（STRICT）on Sleep Patterns and Daytime Functioning in American Adolescents," *Journal of Adolescence* 44（October 2015）: 232-44, www.ncbi.nlm.nih.gov/pubmed/26302334.
〔28〕Douglas Gentile, "Pathological Videogame Use Among Youth 8-18: A National Study," *Psychological Science* 20, no. 5（May 2009）: 594-602. Gentile et al., "Pathological Videogame Use Among Youth: A Two-Year Longitudinal Study," *Pediatrics* 127, no. 2（February 2011）: e319-e329. 29. Ben Carter et al., "Association Between Portable Screen-Based Media Device Access or Use and Sleep Outcomes," *JAMA Pediatrics* 170, no. 12（December 2016）: 1202-8.
〔29〕Ben Carter et al., "Association Between Portable Screen-Based Media Device Access or Use and Sleep Outcomes," *JAMA Pediatrics* 170, no. 12（December 2016）: 1202-8.

Integration," in Arts Integration in Education, ed. Gail Humphries Mardirosian and Yvonne Pelletier Lewis（Bristol, UK: Intellect Ltd., 2016）.
〔21〕Jennie Rothenberg Gritz, "Mantras Before Math Class," *Atlantic*, November 10, 2015, www.theatlantic.com/education/archive/2015/11/mantras-before-math-class/412618/.

第9章　年中無休の覚醒状態

〔1〕Amanda Lenhart, "Teens, Social Media & Technology Overview 2015," Pew Research Center, April 9, 2015, www.pewinternet.org/2015/04/09/a-majority-of-american-teens-report-access-to-a-computer-game-console-smartphone-and-a-tablet/.
〔2〕Aric Sigman, "Time for a View on Screen Time," *Archives of Disease in Childhood* 97, no. 11（October 25, 2012）, adc.bmj.com/content/97/11/935.
〔3〕Amanda Lenhart, "Teens, Smartphones & Texting," Pew Research Center, March 19, 2012, www.pewinternet.org/2012/03/19/teens-smartphones-texting/.
〔4〕Kaiser Family Foundation, "Daily Media Use Among Children and Teens Up Dramatically from Five Years Ago," KFF.org, January 10, 2010, kff.org/disparities-policy/press-release/daily-media-use-among-children-and-teensup-dramatically-from-five-years-ago/.
〔5〕メリーランド大学メディア&パブリック・アジェンダ国際センターの研究では、200名の学生が1日メディアから遠ざけられ、そのことについてブログに書いた。ブログには不安や疎外感が表れていた。Philip Merrill College of Journalism, "Merrill Study: Students Unable to Disconnect," University of Maryland, Merrill.umd.edu, merrill.umd.edu/2010/04/merrill-study-college-students-unable-to-disconnect/.
〔6〕Adam Alter, *Irresistible: The Rise of Addictive Technology and the Business of Keeping Us Hooked*（New York: Penguin Press, 2017）.
〔7〕Nick Bilton, "Steve Jobs Was a Low-Tech Parent," *New York Times*, September 10, 2014, www.nytimes.com/2014/09/11/fashion/steve-jobs-apple-was-a-low-tech-parent.html?_r=0.
〔8〕Larry D. Rosen, *Rewired*（New York: St. Martin's Griffin, 2010）.
〔9〕Tracy Hampton, "Can Video Games Help Train Surgeons?," Beth Israel Deaconess Medical Center, bidmc.org, March 2013, www.bidmc.org/YourHealth/Health-Notes/SurgicalInnovations/Advances/VideoGames.aspx.
〔10〕Daphne Bavelier and C. Shawn Green, "Brain Tune-up from Action Video Game Play," *Scientific American*, July 2016.
〔11〕ミシガン州立大学の研究では、仕事を与えられた参加者が2.8秒間作業を中断させられると、中断しないときより2倍まちがいが増えた。Harvard Business Review Staff, "The Multitasking Paradox," *Harvard Business Review*, March 2013, hbr.org/2013/03/the-multitasking-paradox; MSU Today, "Brief Interruptions Spawn Errors," msutoday.msu.edu, msutoday.msu.edu/news/2013/brief-interruptions-spawn-errors/.
〔12〕ジェイン・マクゴニガル『ゲームで築くより良い世界』TED Talk, February 2010, www.ted.com/talks/jane_ mcgonigal_gaming_can_make_a_better_world#t-11825.
〔13〕Michael S. Rosenwald, "Serious Reading Takes a Hit from Online Scanning and Skimming,"

Statistics (December 2015), 4.
〔5〕David Diamond, "Cognitive, Endocrine and Mechanistic Perspectives on Non-Linear Relationships Between Arousal and Brain Function," *Nonlinearity in Biology, Toxicology, and Medicine* 3, no. 1 (January 2005): 1-7, doi: 10.2201/nonlin.003.01.001.
〔6〕科学者たちは、抑制、ワーキングメモリ、認知的柔軟性を、3つの主要な実行機能と結論づけている。これらは人生の初期段階から顕著な実行能力だからだ。通常、体系化や計画に関する幼児の能力を評価しようとは思わないが、生後1年でも行動を抑制し、頭に考えやイメージを保持し、初めのやり方がうまくいかないときは異なる問題解決を試みるための能力が向上する。Adele Diamond and Kathleen Lee, "Interventions Shown to Aid Executive Function Development in Children 4-12 Years Old," *Science* 333, no. 6045 (August 2011): 959-964, doi: 10.1126/science. 1204529.
〔7〕Tracy and Ross Alloway, *New IQ: Use Your Working Memory to Work Stronger, Smarter, Faster* (New York: Fourth Estate, 2014).
〔8〕子供のために健全な学習環境をつくりたい親には、スタンフォード大学の Challenge Success のウェブサイト www.challengesuccess.org/parents/parenting-guidelines/ が大いに役立つ。
〔9〕F. Thomas Juster et al., "Changing Times of American Youth: 1981-2003," University of Michigan Institute for Social Research, ns.UMich.edu, *University of Michigan News* (November 2004), ns.umich.edu/Releases/2004/Nov04/teen_time_report.pdf.
〔10〕Robert M. Pressman et al., "Homework and Family Stress: With Consideration of Parents' Self Confidence, Educational Level, and Cultural Background," *American Journal of Family Therapy* 43, no. 4 (July 2015): 297-313.
〔11〕Mollie Galloway et al., "Nonacademic Effects of Homework in Privileged, High-Performing High Schools," *Journal of Experimental Education* 81, no. 4 (2013): 490-510.
〔12〕Harris Cooper et al., "Does Homework Improve Academic Achievement? A Synthesis of Research, 1987-2003," *Review of Educational Research*, 76, no. 1 (2006), doi: 10.310/00346543071001001. さらに、Alfie Kohn, *The Myth of Homework* (Cambridge, MA: Da Capo Press, 2007) も参照。
〔13〕A. V. Alpern, "Student Engagement in High Performing Urban High Schools: A Case Study," (PhD diss., University of Southern California, 2008).
〔14〕Pasi Sahlberg, *Finnish Lessons: What Can the World Learn from Educational Change in Finland?* (New York: Teachers College Press, 2011). Ellen Gamerman, "What Makes Finnish Kids So Smart?," *Wall Street Journal* (February 29, 2008), www.wsj.com/articles/SB120425355065601997. Amanda Ripley, *The Smartest Kids in the World* (New York: Simon & Schuster, 2014).
〔15〕サルベリは経済協力開発機構（OECD）の知見を引用した。
〔16〕Sahlberg, *Finnish Lessons.*
〔17〕メアリアン・ウルフ著『プルーストとイカ――読書は脳をどのように変えるのか？』（インターシフト）を参照。
〔18〕Donna St. George, "Three Out of Four High Schoolers Failed Algebra 1 Final Exams in Md. District," *Washington Post*, July 22, 2015.
〔19〕Jessica Lahey, "Students Should Be Tested More, Not Less," *Atlantic*, January 21, 2014, www.theatlantic.com/education/archive/2014/01/students-should-be-tested-more-not-less/283195/.
〔20〕ビルは最近、指導方法の統合に関するすばらしい本の1章を共同執筆した。William Stixrud and Bruce A. Marlowe, "School Reform with a Brain: The Neuropsychological Foundation for Arts

〔20〕Suttie, "How Sleep Makes You Smart."
〔21〕National Sleep Foundation, "National Sleep Foundation Recommends New Sleep Times," February 2, 2015, sleepfoundation.org/press-release/national-sleep-foundation-recommends-new-sleep-times.
〔22〕Personal communication with The Stixrud Group, September 8, 2011.
〔23〕ADHDの子供を対象とした研究では、50パーセントが睡眠呼吸障害の徴候を示した。N. Golin et al., "Sleep Disorders and Daytime Sleepiness in Children with Attention-Deficit/Hyperactivity Disorder," *Sleep* 27, no. 2（March 15, 2004）: 261-66.
〔24〕Kyla Wahlstrom, "Later Start Times for Teens Improve Grades, Mood, Safety" *Phi Delta Kappan, kappanonline.org.*
〔25〕Helene A. Emsellem, *Snooze ... or Lose!: 10 "No-War" Ways to Improve Your Teen's Sleep Habits*（Washington, DC: Joseph Henry Press, 2006）.
〔26〕ネッドは、大きな試験のまえの週は早めに就寝するように何度も生徒に注意している。ビルが睡眠について講演すると、親たちから、理性的な就寝時間は小遣いで誘導するしかないと言われる。
〔27〕Jennifer L. Temple, "Caffeine Use in Children: What We Know, What We Have Left to Learn, and Why We Should Worry," *Neuroscience Biobehavioral Reviews* 33, no. 6（June 2009）: 793-806, doi: 10.1016/j.neubiorev.2009.01.001.
〔28〕B. E. Statland and T. J. Demas, "Serum Caffeine Half-Lives. Healthy Subjects vs. Patients Having Alcoholic Hepatic Disease," *American Journal of Clinical Pathology* 73, no. 3（March 1980）: 390-93, www.ncbi.nlm.nih.gov/pubmed/7361718?dopt=Abstract.
〔29〕Cheri Mah et al., "The Effects of Sleep Extension on the Athletic Performance of Collegiate Basketball Players," *SLEEP* 34, no. 7（July 1, 2011）: 943-50, doi: 10.5665/SLEEP.1132. 世界王者ゴールデン・ステート・ウォリアーズの顧問役のMahは、2016年のインタビューで、優秀なアスリートに夜8〜10時間の睡眠をとることを勧めている。Alec Rosenberg, "How to Sleep Like a Pro," University of California, News, www.universityofcalifornia/news/how-sleep-pro-athlete.

第8章　学校にも「コントロール感」を

〔1〕Ellen Skinner and Teresa Greene, "Perceived Control: Engagement, Coping, and Development," in *21st Century Education: A Reference Handbook*, vol. 1, ed. Thomas L. Good（Newbury Park, CA: Sage Publications, 2008）.
〔2〕Denise Clark Popeが*Doing School*という重要な本で同様の指摘をしている。彼女は、ロサンジェルスの豊かな郊外の高校に通うモチベーションの高い生徒5名を1年間追跡調査した。5名全員が、好成績につながり、履歴書を書くときに役立つ、学校に関係するタスクだけに注力しているとPopeに語った。Pope, *Doing School: How We Are Creating a Generation of Stressed-Out, Materialistic, and Miseducated Students*（New Haven, CT: Yale University Press, 2003）.
〔3〕Richard M. Ryan and Edward L. Deci, "Promoting Self-Determined School Engagement: Motivation, Learning, and Well-Being," in *Handbook of Motivation at School*, ed. Kathryn R. Wentzel and Allan Wigfield（New York: Routledge, 2009）.
〔4〕Dinah Sparks and Matt Malkus, "Public School Teacher Autonomy in the Classroom Across School Years 2003-04, 2007-08, and 2011-12," U.S. Department of Education, National Center for Education

〔2〕Brown University, "Early School Start Times Pit Teens in a Conflict Between Society, Biology," Brown.edu, *News from Brown*, April 12, 2017, news.brown.edu/articles/2017/04/teens.
〔3〕Valerie Strauss, "Teens Waking Up to Unique Sleep Needs," *Washington Post*, January 10, 2006.
〔4〕Craig Lambert, "Deep into Sleep: While Researchers Probe Sleep's Functions, Sleep Itself Is Becoming a Lost Art," *Harvard Magazine*, July-August 2005, 25-33.
〔5〕ブルース・マキューアン、エリザベス・ノートン・ラズリー著『ストレスに負けない脳――心と体を癒すしくみを探る』(早川書房)。
〔6〕A. N. Goldstein and M. P. Walker, "The Role of Sleep in Emotional Brain Function," *Annual Review of Clinical Psychology* 10 (2014): 679-708. Walkerの研究については、Yasmin Anwarによるふたつの記事、"Sleep Loss Linked to Psychiatric Disorders," Berkeley.edu, *UC Berkeley News*, October 22, 2007 and "Tired and Edgy? Sleep Deprivation Boosts Anticipatory Anxiety," News.Berkeley.edu, *Berkeley News*, June 25, 2013も参照。Jill Suttieのマシュー・ウォーカーへのインタビュー記事、"Why You Should Sleep Your Way to the Top," *Greater Good*, University of California, Berkeley, December 14, 2013もある。
〔7〕Juliann Garey, "Teens and Sleep: What Happens When Teenagers Don't Get Enough Sleep," *Child Mind Institute*, childmind.org/article/happens-teenagers-dont-get-enough-sleep/.
〔8〕Robert Stickgold, "Beyond Memory: The Benefits of Sleep," *Scientific American*, September 15, 2015.
〔9〕Seung-Schik Yoo et al., "The Human Emotional Brain Without Sleep—A Prefrontal Amygdala Disconnect," *Current Biology* 17, no. 20 (October 23, 2007): 877-78.
〔10〕Goldstein and Walker, "The Role of Sleep in Emotional Brain Function."
〔11〕ポー・ブロンソン、アシュリー・メリーマン著『間違いだらけの子育て――子育ての常識を変える10の最新ルール』(インターシフト)。
〔12〕N. K. Gupta et al., "Is Obesity Associated with Poor Sleep Quality in Adolescents?," *American Journal of Human Biology* 14, no. 6 (November-December 2002), 762-68, doi: 10.1002/ajhb.10093.
〔13〕N. F. Watson et al., "Transcriptional Signatures of Sleep Duration Discordance in Monozygotic Twins," *Sleep* 40, no. 1 (January 2017), doi: 10.1093/sleep/zsw019.
〔14〕American Cancer Society, "Known and Probable Human Carcinogens," Cancer.org (November 3, 2016), www.cancer.org/cancer/cancer-causes/general-info/known-and-probable-human-carcinogens.html.
〔15〕Avi Sadeh et al., "The Effects of Sleep Restriction and Extension on School-Aged Children: What a Difference an Hour Makes," *Child Development* 74, no. 2 (March/April 2003): 444-55.
〔16〕Indre Viskontas, "9 Reasons You Really Need to Go to Sleep," *Mother Jones* (January 16, 2015), www.motherjones.com/environment/2015/01/inquiring-minds-matt-walker/.
〔17〕Matthew Walker et al., "Practice with Sleep Makes Perfect: Sleep-Dependent Motor Skill Learning," *Neuron* 35, no. 1 (July 3, 2002): 205-11, walkerlab.berkeley.edu/reprints/Walker%20et%20al._Neuron_2002.pdf.
〔18〕Amy R. Wolfson et al., "Understanding Adolescents' Sleep Patterns and School Performance: A Critical Appraisal," *Sleep Medicine Reviews* 7, no. 6 (2003): 491-506, doi: 10.1053/smrv.2002.0258.
〔19〕Mark Fischetti, "Sleepy Teens: High School Should Start Later in the Morning," August 26, 2014, blogs.scientificamerican.com/observations/sleepy-teens-high-school-should-start-later-in-the-morning/. Kyla Wahlstrom, "Changing Times: Findings from the First Longitudinal Study of High School Start Times," *NASSP Bulletin* 86, no. 633 (December 1, 2002): 3-21.

〔12〕Sarah Zoogman et al., "Mindfulness Interventions with Youth: A Meta-Analysis," *Springer Science and Business Media*（Spring 2014）, doi: 10.1007/s12671-013-0260-4. このメタ分析では、マインドフルネスを実践した児童とティーンエイジャーの20の研究結果を検討している。著者らは、マインドフルネスの介入は有効だが、効果は軽度から中等度と結論づけた。もっとも治療効果が大きかったのは、心理的症状の減少だった（ほかの分野より改善が見られた）。なんらかの症状がある被験者（不安障害の子供など）のほうが、そうではない被験者より強い治療効果が認められた。Katherine Weare, "Evidence for the Impact of Mindfulness on Children and Young People," The Mindfulness in Schools Project, University of Exeter Mood Disorders Centre（April 2012）, mindfulnessinschools.org/wp-content/uploads/2013/02/MiSP-Research-Summary-2012.pdf も参照。
〔13〕Alberto Chiesa and Alessandro Serretti, "A Systematic Review of Neurobiological and Clinical Features of Mindfulness Meditations," *Psychological Medicine* 40, no 8（November 2009）, 1239-52, doi: 10.1017/s0033291709991747. Matthieu Ricard, "Mind of the Meditator," *Scientific American*（November 2014）, 38-45.
〔14〕Michael Dillbeck and David Orme-Johnson, "Physiological Differences Between Transcendental Meditation and Rest," *American Psychologist* 42, no. 9（September 1987）: 879-81, doi: 10.1037/0003-066x.42.9.879.
〔15〕Michael Dillbeck and Edward Bronson, "Short-Term Longitudinal Effects on EEG Power and Coherence," *International Journal of Neuroscience* 14, no. 3-4（1981）: 147-51.
超越瞑想の効果を論じ、同業者の審査を受けた論文は340以上ある。なかでも非常に重要なものの多くは、季節性情動障害を発見した精神科医ノーマン・ローゼンタール博士の本が、超越瞑想の概略を知る上で最適であると述べている。ローゼンタール博士の『超越瞑想　癒しと変容　精神科医が驚く効果と回復』（さくら舎）は、臨床医・科学者としての立場から、超越瞑想の研究上および実際的な効果についてすぐれた考察を提供する。超越瞑想に関する2冊目の本 *Super Mind: How to Boost Performance and Live a Richer and Happier Life Through Transcendental Meditation*（New York: Tarcher/Perigee, 2016）では、瞑想によって時とともに心が変わる様子を論じている。
〔16〕超越瞑想が子供と青年に与える効果に関する論文を、ビルがまとめた章がある。William Stixrud and Sarina Grosswald, "The TM Program and the Treatment of Childhood Disorders," in *Prescribing Health: Transcendental Meditation in Contemporary Medical Care*, ed. David O'Connell and Deborah Bevvino（Lanham, MD: Rowman & Littlefield, 2015）.
〔17〕ローゼンタール博士の2冊の本では、学校での超越瞑想の実践について幅広く論じている。『超越瞑想　癒しと変容　精神科医が驚く効果と回復』の第8章では、アメリカじゅうの多くの低所得向けの学校で実施された〈クワイエット・タイム〉の著しい効果が紹介された。*Super Mind* では、大学と陸軍士官学校で若者に実施した最近の研究について書いている。〈クワイエット・タイム〉の効果に関するもうひとつの興味深い報告は、Jennie Rothenberg Gritz, "Mantras Before Math Class," *Atlantic*, November 10, 2015, www.theatlantic.com/education/archive/2015/11/mantras-before-math-class/412618/.

第７章　睡眠

〔1〕K. M. Keyes et al., "The Great Sleep Recession: Changes in Sleep Duration Among U.S. Adolescents, 1991-2012," *Pediatrics* 135, no. 3（March 2015）: 460-68, doi: 10.1542/peds.2014-2707.

2014, www.gallup.com/poll/168848/life-college-matters-life-college.aspx.
〔20〕Anna Brown, “Public and Private College Grads Rank About Equally in Life Satisfaction,” Pew Research Center Fact Tank, May 19, 2014, www.pewresearch.org/fact-tank/2014/05/19/public-and-private-college-grads-rank-about-equally-in-life-satisfaction/.
〔21〕ハーバート・マーシュの提唱した「小さな池の大きな魚」理論は、30年にわたってくり返し検証されている。Herbert W. Marsh et al., “The Big-Fish-Little-Pond Effect Stands Up to Critical Scrutiny: Implications for Theory, Methodology, and Future Research,” *Educational Psychology Review* 20, no. 3 (September 2008), 319-50を参照。
〔22〕マルコム・グラッドウェル著『逆転！——強敵や逆境に勝てる秘密』(講談社)。

第 6 章　深い休息

〔1〕Timothy D. Wilson et al., “Just Think: The Challenges of the Disengaged Mind,” *Science* 345, no. 6192 (July 4, 2014): 75-77 doi: 10.1126/science.1250830.
〔2〕Marcus E. Raichle et al., “A default mode of brain function,” *Proceedings of the National Academy of Sciences* 98, no. 2 (2001): 676-682, doi: 10. 1073/pnas.98.2.676. Mary Helen Immordino-Yang et al., “Rest Is Not Idleness: Implications of the Brain’s Default Mode for Human Development and Education,” *Perspectives on Pyschological Science* 7, no. 4 (2012), doi: 10.1177/1745691612447308, http://journals.sagepub.com/doi/abs/10.1177/1745691612447308も参照。
〔3〕Marcus E. Raichle, “The Brain’s Dark Energy,” *Scientific American*, March 2010, 44-49. Virginia Hughes, “The Brain’s Dark Energy,” thelastwordonnothing.com, October 6, 2010, www.lastwordonnothing.com/2010/10/06/brain-default-mode/.
〔4〕興味深いことに、最近の研究では、脳の前部にあるDMNシステムと後部は、睡眠中つながっていないにもかかわらず、DMNの顕著な活動が観察された。Silvina G. Horovitz et al., “Decoupling of the Brain’s Default Mode Network During Deep Sleep,” *Proceedings of the National Academy of Sciences* 106, no. 7 (2009): 11376-381, doi: 10.1073/pnas.0901435106.
〔5〕ジェローム・L・シンガー著『白日夢・イメージ・空想——幼児から老人までの心理学的意義』(清水弘文堂) Rebecca McMillan, Scott Barry Kaufman, and Jerome Singer による論文“Ode to Positive and Constructive Daydreaming” *Frontiers in Psychology* 4 (September 2013): 626, doi: 10.3389/fpsyg.2013.00626には、心をさまよわせることの利点の研究がくわしくまとめられている。
〔6〕Daniel J. Levitin, *The Organized Mind: Thinking Straight in the Age of Information Overload* (New York: Dutton (2014). Daniel J. Levitin, “Hit the Reset Button in Your Brain,” *New York Times*, August 10, 2014も参照。
〔7〕カルロ・ロヴェッリ著『世の中ががらりと変わって見える物理の本』(河出書房新社)(英語版 pp.3-4).
〔8〕Immordino-Yang et al., “Rest Is Not Idleness.”
〔9〕Sherry Turkle, “Reclaiming Conversation” (2015年10月30日、マサチューセッツ州ケンブリッジのGoogle社でおこなわれた講演)、ビデオはTalks at Googleが作成。www.youtube.com/watch?v=awFQtX7tPoI& t= 1966s.
〔10〕Adam J. Cox, “The Case for Boredom,” *New Atlantis* 27 (Spring 2010): 122-25.
〔11〕Olivia Goldhill, “Psychologists Recommend Children Be Bored in the Summer,” Quartz Media (June 11, 2016), qz.com/704723/to-be-more-self-reliant-children-need-boring-summers/.

Development and Behavior 41, *Positive Youth Development* (2011). Richard M. Learner et al. (eds), *Advances in Child Development and Behavior*, Vol. 1, Burlington: Academic Press (2011): 89-130.
〔8〕Diamond and Hopson, *Magic Trees of the Mind*.
〔9〕Reed W. Larson and Natalie Rusk, “Intrinsic Motivation and Positive Development.”
〔10〕ほとんどすべての基準における男女の能力差は、同性間ほど大きくないが、一般論として差が見られるところもある。レナード・サックス著『男の子の脳、女の子の脳――こんなにちがう見え方、聞こえ方、学び方』(草思社)参照。また、自閉症の世界的権威のひとり、サイモン・バロン＝コーエンは、女性の脳はおもに共感能力があること、男性の脳は論理的体系化の能力があることが特徴であると論じている。彼の著書『共感する女脳、システム化する男脳』(NHK出版)参照。また、著名な神経科学者のアデル・ダイアモンドは、一般的に男子は軽度のストレス下で最高の能力を発揮し、女子はストレスがない状態で最高の能力を発揮するとビルに語った。2010年10月の個人的な意見交換。
〔11〕Nora Volkowらの研究は、成人のADHDにおけるドーパミン産生の欠陥を特定した。VolkowはADHDをモチベーション欠陥障害と呼び、ドーパミンの報酬経路の機能障害と関連づけている。最近、リタリンのような精神興奮剤が、ドーパミンの産生と吸収をうながし、子供の注意力と自己制御を改善させることもわかった。Nora D. Volkow et al., “Evaluating Dopamine Reward Pathway in ADHD: Clinical Implications,” *Journal of the American Medical Association* 302, no. 10 (September 9, 2009): 1084-91, doi: 10.1001/jama.2009.1308. Nora D. Volkow et al., “Motivation Deficit in ADHD Is Associated with Dysfunction of the Dopamine Reward Pathway,” *Molecular Psychiatry* 6, no. 11 (November 2011): 1147-54.
〔12〕多くの心理学者やモチベーションの専門家が、子供、青年、大人が示す「モチベーションのスタイル」のちがいについて書いている。たとえば、Richard Lavoieの*The Motivation Breakthrough* (New York: Touchstone, 2007)。若年成人については、TriMetrixを調べるといい。初期のモチベーションを引き起こすものとして、6つの要因があげられている――知識、有用性、環境、他者、力、手段だ。
〔13〕Dustin Wax, “Writing and Remembering: Why We Remember What We Write,” Lifehack.com, www.lifehack.org/articles/featured/writing-and-remembering-why-we-remember-what-we-write.html.
〔14〕学生が学生に教える利点については、Page Kalkowski, “Peer and Cross-Age Tutoring,” Northwest Regional Educational Labortory School Improvement Research Series (March 1995), educationnorthwest.org/sites/default/files/peer-and-cross-age-tutoring.pdfを参照。ドーパミンの急上昇については、Ian Clark and Guillaume Dumas, “Toward a Neural Basis for Peer-Interaction: What Makes Peer-Learning Tick?,” *Frontiers in Psychology* 10 (February 2015), doi: org/10.3389/fpsyg.2015.00028を参照。
〔15〕Andrew P. Allen and Andrew P. Smith, “Chewing Gum: Cognitive Performance, Mood, Well-Being, and Associated Physiology,” Biomed Research International (May 17, 2015), doi: 10.1155/2015/654806.
〔16〕ケン・ロビンソン、ルー・アロニカ著『才能を引き出すエレメントの法則』(祥伝社)。
〔17〕ジュリー・リスコット・ヘイムス著『大人の育て方――子どもの自立心を育む方法』(パンローリング)
〔18〕Stacy Berg Dale and Alan B. Krueger, “Estimating the Return to College Selectivity over the Career Using Administrative Earnings Data,” National Bureau of Economic Research Working Paper No. w17159 (June 2011), https://ssrn.com/abstract=1871566.
〔19〕Julie Ray and Stephanie Kafka, “Life in College Matters for Life After College,” Gallup.com, May 6,

online June 27, 2004): 847-54, doi: 10.1038/nn1276. Meaneyの研究はCarl Zimmerの記事“The Brain: The Switches That Can Turn Mental Illness On and Off,” Discover, June 16, 2010でも論じられている。
〔14〕Ellen Galinsky, *Ask the Children: What America's Children Really Think About Working Parents* (New York: William Morrow, 1999). Galinskyは、3年生から12年生のアメリカ人の代表サンプルに、仕事をしている親に望むことを質問した。親が予想した答えは、もっと長くいっしょにいたいということだったが、実際の子供のいちばんの望みは、親が幸せでストレスを感じないことだった。
〔15〕Lenore Skenazy, Free-Range Kids.com, “Crime Statistics,” www.freerange kids.com/crime-statistics/.
〔16〕Hanna Rosin, “The Overprotected Kid,” *Atlantic*, April 2014.
〔17〕Gary Emery and James Campbell, *Rapid Relief from Emotional Distress* (New York: Ballantine Books, 1987).
〔18〕Byron Katie, *Loving What Is: Four Questions That Can Change Your Life* (New York: Crown Archetype, 2002).

第5章　モチベーション

〔1〕アルフィ・コーン『報酬主義をこえて』(法政大学出版局)。Edward L Deci et al., “Extrinsic Rewards and Intrinsic Motivation in Education: Reconsidered Once Again,” *Review of Educational Research* 71, no. 1 (Spring 2001): 1-27も参照。2010年におこなわれた興味深い研究では、被験者が金銭的なインセンティブを提供されたときに脳が活性化するかどうかを調査したところ、前方線条体と前頭前皮質の活動はモチベーションの低下と相関していることがわかった。Kou Murayama et al., “Neural Basis of the Undermining Effect of Monetary Reward on Intrinsic Motivation,” *Proceedings of the National Academy of Sciences of the United States of America* 107, no. 49 (2010): 20911-16, doi: 10.1073/pnas.1013305107.
〔2〕Joseph Powers et al., “The Far-Reaching Effects of Believing People Can Change: Implicit Theories of Personality Shape Stress, Health, and Achievement During Adolescence,” *Journal of Personality and Social Psychology* (2014), doi: 10.1037/a0036335. キャロル・S・ドゥエック著『マインドセット――「やればできる!」の研究』(草思社)
〔3〕Carol Dweck, “The Secret to Raising Smart Kids,” *Scientific American*, January 1, 2015. https://www.scientificamerican.com/article/the-secret-to-raising-smart-kids1/.
〔4〕Christopher Niemiec and Richard M. Ryan, “Autonomy, Competence, and Relatedness in the Classroom: Applying Self-Determination Theory to Educational Practice,” *Theory and Research in Education* 7, no. 2 (2009): 133-44, doi: 10.1177/1477878509104318. 私たちは、本書のために電話でエドワード・デシにインタビューをおこなった。
〔5〕脳は経験に応じて変化するという事実の一部は、カリフォルニア大学バークレー校の神経科学者マリアン・ダイアモンドが発見した。ダイアモンドはJanet Hopsonとの共著*Magic Trees of the Mind* (New York: Dutton, 1998)で、脳に対する経験の影響と、育児との関係について述べている。経験に応じた脳の変化は、ノーマン・ドイジ著『脳は奇跡を起こす』(講談社インターナショナル)など、多くの有名な本で論じられている。
〔6〕Steven Kotler, “Flow States and Creativity,” PsychologyToday.com, February 25, 2014.
〔7〕Reed W. Larson and Natalie Rusk, “Intrinsic Motivation and Positive Development,” *Advances in Child*

インは子育ての方法を科学的に分析し、報告している。もっとも効果的な方法は、スキンシップを通して子供を愛し、支持し、受け入れていることを示し、いっしょにすごすことだった。2番目に効果的なのは、子育てのストレスを減らし、子供のストレスレベルを下げること。子育てのストレス管理は、配偶者との良好な関係の維持（3番目）や、自主性と自立心の支援（4番目）より上位に来た。また、学習機会の提供、効果的な行動管理、子供の安全の保障よりも上位だった。
〔3〕W. Thomas Boyce and Bruce J. Ellis, Biological Sensitivity to Context: I. An Evolutionary-Developmental Theory of the Origins and Functions of Stress Reactivity, *Development and Psychopathology* 17, no. 2（Spring 2005）, 271-301. Boyce and Ellis の研究は、Wray Herbert, “On the Trail of the Orchid Child,” *Scientific American Mind*, November 1, 2011の記事で論じられている。
〔4〕ストレスは伝染することを、多くの研究が示している。たとえば、Eva Oberle の研究では、教師の自己申告による過労や感情的消耗と、小学生の高いコルチゾール値のあいだに関連があることがわかった。Eva Oberle and Kimberly Schonert-Reichl, “Stress Contagion in the Classroom? The Link Between Classroom Teacher Burnout and Morning Cortisol in Elementary School Students,” *Social Science & Medicine* 159（June 2016）: 30-37, doi: 10.1016/j.socscimed.2016.04.031. また、乳児と母親の研究によると、母親がストレスの多い課題を与えられると、赤ん坊の生理学的反応が母親の反応と同じになった。Sara F. Waters et al., “Stress Contagion: Physiological Covariation Between Mothers and Infants,” *Psychological Science* 25, no. 5（April 2014）: 934-42, doi: 10.1177/0956797613518352.
〔5〕Daniel P. Keating, *Born Anxious: The Lifelong Impact of Early Life Adversity—and How to Break the Cycle*（New York: St. Martin’s Press, 2017）.
〔6〕Marilyn J. Essex, “Epigenetic Vestiges of Early Developmental Diversity: Childhood Stress Exposure and DNA Methylation in Adolescence,” *Child Development*（2011）, doi: 10,1111/j.1467-8264.2011.01641.x. ブリティッシュコロンビア大学のプレスリリースの記事 “Parents’ Stress Leaves Lasting Marks on Children’s Genes,” UBC-CFRI Research, August 30, 2011にうまく要約されている。
〔7〕Erin A. Maloney, “Intergenerational Effects of Parents’ Math Anxiety on Children’s Math Achievement and Anxiety,” *Psychological Science* 26, no. 9（2015）. この話題については、Jan Hoffman, “Square Root of Kids’ Math Anxiety: Their Parents’ Help,” *New York Times*, May 24, 2015の記事も参照。
〔8〕Malcolm Gladwell, “The Naked Face,” *New Yorker*, Gladwell.com on August 5, 2002に発表された。
〔9〕Robert Sapolsky, “How to Relieve Stress,” *Greater Good*, University of California, Berkeley, March 22, 2012, greatergood.berkeley.edu/article/item/how_to_relieve_stress.
〔10〕Golda S. Ginsberg et al., “Preventing Onset of Anxiety Disorders in Offspring of Anxious Parents: A Randomized Controlled Trial of a Family-Based Intervention,” *American Journal of Psychiatry* 172, no. 12（December 1, 2015）: 1207-14.
〔11〕Jeffrey E. Pela et al., “Child Anxiety Prevention Study: Impact on Functional Outcomes” *Child Psychiatry and Human Development* 48, no. 3（July 8, 2016）: 1-11, doi: 10.1007/s,10578-016-0667-y.
〔12〕Edwin H. Friedman, *A Failure of Nerve: Leadership in the Age of the Quick Fix*（New York: Seabury Books, 2007）.
〔13〕科学的考察については、Michael J. Meaney, “Maternal Care, Gene Expression, and the Transmission of Individual Differences in Stress Reactivity Across Generations,” *Annual Review of Neuroscience* 24, no. 1161-92（March 2001）, doi: 10.1146/annurev.neuro.24.1.1161を参照。不安に対して遺伝的に脆弱なラットを、子供の世話をよくする母親に育てさせる利点について、Meaney らが論じた別の記事もある。I. C. Weaver et al., “Epigenetic Programming by Maternal Behavior,” *Nature Neuroscience* 7（published

第３章 「それはきみが決めること」

〔1〕協力的な問題解決は、反抗的で激しやすい子供との関係を改善する試みから生まれた。ロス・グリーンとJ・スチュアート・アルボンがこの方法を開発したのは、子供がストレスを感じて素直に考えられなくなると、脅しも報酬も意味を持たなくなるので、無理やりしたがわせようとしても（誰がボスかを示しても）効果がないということが明らかになったからだ。極端に問題のある子供の対処法として開発されたものの、衝突を解決し、すべての子供が良好な決定をすることを助けるすぐれた方法である。ロス・グリーンの研究については livesinthebalance.org でくわしく知ることができる。また、協力的な問題解決については、グリーンの最近の著書、*Raising Human Beings: Creating a Collaborative Partnership with Your Child*（New York: Scribner, 2016）でさらに論じられている。スチュアート・アルボンの研究については、thinkkids.org でくわしく学べる。
〔2〕Lori Gottlieb, "How to Land Your Kid in Therapy," *Atlantic*（July/August 2011）.
〔3〕Lois A. Weithorn et al., "The Competency of Children and Adolescents to Make Informed Treatment Decisions," *Child Development* 53（1982）: 1589-91.
〔4〕「成人リスト」は、ロバート・エプスタインの *Teen 2.0: Saving Our Children and Families from the Torment of Adolescence*（Fresno, CA: Quill Driver Books, 2010）で論じられている。若者は非常に創造性があり、知的で、能力も高いが、現代社会では子供扱いされているとエプスタインは主張する。1950年代以前には、若者は大人とすごす時間が長く、大人になりたがっていた。若者向けの文化が数十億ドル規模の産業になるまえは、若者は親と同じ音楽を聞き、同じ映画を見ていた。エプスタインは、ティーンエイジャーの能力を支持し、彼らが結婚し、生計を立て、現代社会で大人としての役割を担えると信じている。
〔5〕P. L. Spear, "The Biology of Adolescence"（paper presented at IOM Committee on the Science of Adolescence Workshop, Washington, DC, 2009）. Laurence Steinberg, "Should the Science of Adolescent Brain Development Inform Public Health Policy?," *American Psychologist* 64, no. 8（2009）: 739-50.
〔6〕感情が決定に及ぼす重要な役割は、アントニオ・ダマシオが最初に発見し、『デカルトの誤り――情動、理性、人間の脳』（ちくま学芸文庫）で報告した。ダマシオの考えは、ジェイソン・ポンティンのインタビューにもとづく記事 "The Importance of Feelings," *MIT Technology Review*（June 17, 2014）にも示されている。子供の学習と思考で感情が重要な役割を果たすことについては、ダマシオとメアリー・ヘレン・イモアディーノ・ヤンのすぐれた考察、"We Feel, Therefore We Learn: The Relevance of Affective and Social Neuroscience to Education," *Emotions, Learning, and the Brain: Exploring the Educational Implications of Affective Neuroscience*（New York: W. W. Norton & Company, 2016）を参照。
〔7〕Daniel J. Siegel, *Brainstorm: The Power and Purpose of the Teenage Brain*（New York: TarcherPerigee, 2014）. ローレンス・スタインバーグ著『15歳はなぜ言うことを聞かないのか？――最新脳科学でわかった第2の成長期』（日経BP社）

第４章 「不安のない存在」になる

〔1〕Neil Strauss, "Why We're Living in the Age of Fear," *Rolling Stone*, October 6, 2016, 44.
〔2〕Robert Epstein, "What Makes a Good Parent?," *Scientific American Mind*, Special Collectors Edition. Raise Great Kids: How to Help Them Thrive in School and Life. Vol. 25, No. 2, summer 2016. エプスタ

and Stress of Adolescence: Insights from Human Imaging and Mouse Genetics," *Psychobiology* 52, no. 3 (April 2010): 225-35. Todd A. Hare et al., "Biological Substrates of Emotional Reactivity and Regulation in Adolescents During an Emotional Go-Nogo Task," *Biological Psychiatry* 63, no. 10 (May 15, 2008): 927-34. また、フランシス・ジェンセンの本では、若者のストレスの感受性について、より一般的な考察がおこなわれている。フランシス・ジェンセン著『10代の脳——反抗期と思春期の子供にどう対処するか』(文藝春秋)。Melanie P. Leussis et al., "Depressive-Like Behavior in Adolescents After Maternal Separation: Sex Differences, Controllability, and GABA," *Developmental Neuroscience* 34, no. 2-3 (2012): 210-17. Sheryl S. Smith, "The Influence of Stress at Puberty on Mood and Learning: Role of the $\alpha4\beta\delta$ GABAA receptor," *Neuroscience* 249 (September 26, 2013): 192-213も参照。
〔24〕フランシス・ジェンセン著『10代の脳——反抗期と思春期の子供にどう対処するか』。
〔25〕Hui Shen et al., "Reversal of Neurosteroid Effects at $\alpha4\beta2\delta$ GABAA Receptors Triggers Anxiety at Puberty," *Nature Neuroscience* 10, no. 4 (April 2007): 469-77.
〔26〕Bruce Pennington, *The Development of Psychopathology: Nature and Nurture* (New York: Guilford Press, 2002).
〔27〕うつ病が脳に「傷をつける」という考えについては、Peter M. Lewinsohn et al., "Natural Course of Adolescent Major Depressive Disorder in a Community Sample: Predictors of Recurrence in Young Adults," *American Journal of Psychiatry* 157, no. 10 (October 2000): 1584-91. および Kelly Allot et al., "Characterizing Neurocognitive Impairment in Young People with Major Depression: State, Trait, or Scar?," *Brain and Behavior* 6, no. 10 (October 2016), doi: 10.1002/brb3.527を参照。

第2章　宿題は誰の責任？

〔1〕エックハルト・トール著『ニュー・アース——意識が変わる　世界が変わる』(サンマーク出版)。
〔2〕カリフォルニア大学バークレー校の発達心理学者ダイアナ・バウムリンドは、1960年代初頭に子育てのスタイルについて大規模な研究をおこない、子育てを大きく3つに分類した——独裁的、消極的、民主的だ。3つのなかで、民主的な子育てがどの研究でも最高の結果を示した。民主的な子育ては、親が子供の考えや感情を理解しようと努め、子供に感情の制御を教える、子供中心のアプローチだ。このタイプの親は寛大で、子供が自分で決定をすることを認める。そして、子供のために明確な基準を定め、一貫性のある制限を設ける。さらなる研究で、民主的に育てられた子供は、成功し、他人に好かれ、寛容で自立した大人になる可能性が高いことが示された。民主的な子育てのすばらしさは、若者に関するローレンス・スタインバーグの名著『15歳はなぜ言うことを聞かないのか？——最新脳科学でわかった第2の成長期』(日経BP社)や、マデリン・レバインの重要で影響力のある本 *The Price of Privilege* (New York: HarperCollins, 2006)など、多くの著作で説明されている。
〔3〕第1章で論じた Steven Maier の研究では、ストレスの多い状況を乗りきったラットは、前頭前皮質が活発に働き、その後のストレスの多い状況も(実際にはコントロールが不可能なときでさえ)コントロールしようとした。
〔4〕この理論は、1970年代に、Gordon Training International の職員だった Noel Burch が開発した。www.gordontraining.com/free-workplace-articles/learning-a-new-skill-is-easier-said-than-done/#.
〔5〕ルドルフ・ドライカース著『勇気づけて躾ける——子供を自立させる子育ての原理と方法』(一光社)。

Psychology 3, no. 4（December 1999）: 317-37. Joseph Powers et al., “The Far-Reaching Effects of Believing People Can Change: Implicit Theories of Personality Shape Stress, Health, and Achievement During Adolescence,” *Journal of Personality and Social Psychology*（2014）, doi: 10.1037/A003633も参照。
〔9〕Maier, “Behavioral Control Blunts Reactions.”
〔10〕National Scientific Council on the Developing Child, “Excessive Stress Disrupts the Architecture of the Developing Brain: Working Paper 3,” Harvard University Center on the Developing Child, Reports & Working Papers, 2005（2017年5月17日、developingchild.harvard.edu/resources/wp3/ にアクセス）。
〔11〕Michael J. Meaney et al., “The Effects of Postnatal Handling on the Development of the Glucocorticoid Receptor Systems and Stress Recovery in the Rat,” *Progress in Neuro-Psychopharmacology and Biological Psychiatry* 9, no. 5-6（1985）: 731-34.
〔12〕Maier, “Behavioral Control Blunts Reactions.”
〔13〕National Scientific Council on the Developing Child. “Excessive Stress Disrupts the Architecture of the Developing Brain.”
〔14〕Paul M. Plotsky and Michael J. Meaney, “Early, Postnatal Experience Alters Hypothalamic Corticotropin-Releasing Factor（CRF）mRNA, Median Eminence CRF Content and Stress-Induced Release in Adult Rats,” *Molecular Brain Research* 18, no. 3（June 1993）: 195-200.
〔15〕Yale School of Medicine, “Keeping the Brain in Balance,” *Medicine@Yale 6*, no. 1（Jan. and Feb. 2010）（2017年5月16日、www.medicineatyale.org/janfeb2010/people/peoplearticles/55147/ にアクセス）。
〔16〕Amy F. T. Arnsten, “Stress Signalling Pathways That Impair Prefrontal Cortex Structure and Function,” *National Review of Neuroscience* 10, no. 6（June 2009）: 410-22. Amy Arnsten et al., “This Is Your Brain in Meltdown,” *Scientific American*, April 2012, 48-53.
〔17〕カリフォルニア科学アカデミー主催、ロバート・サポルスキー講演の *Dopamine Jackpot! Sapolsky on the Science of Pleasure*（February 15, 2011; FORA.tv）（2017年5月16日、library.fora.tv/2011/02/15/Robert_Sapolsky_Are_Humans_Just_Another_Primate/Dopamine_Jackpot_Sapolsky_on_the_Science_of_Pleasure にアクセス）。
〔18〕Marcus E. Raichle, “The Brain's Dark Energy,” *Scientific American*, March 2010, 44-49.
〔19〕Mary Helen Immordino-Yang et al., “Rest Is Not Idleness: Implications of the Brain's Default Mode for Human Development and Education,” *Perspectives on Psychological Science* 7, no 4（2012）, doi: 10.1177/1745691612447308 http://journals.sagepub.com/doi/abs/10.1177/1745691612447308.
〔20〕ロバート・サポルスキー著『なぜシマウマは胃潰瘍にならないか――ストレスと上手につきあう方法』。Linda Mah et al., “Can Anxiety Damage the Brain?,” *Current Opinion in Psychiatry* 29, no. 1（December 2015）: 56-63.
〔21〕ブルース・マキューアン、エリザベス・ノートン・ラズリー著『ストレスに負けない脳――心と体を癒すしくみを探る』（早川書房）
〔22〕ロバート・サポルスキー著『なぜシマウマは胃潰瘍にならないか――ストレスと上手につきあう方法』。H. M. Van Praag, “Can Stress Cause Depression?” *World Journal of Biological Psychiatry* 28, no. 5（August 2004）: 891-907.
〔23〕発達中の脳に初期のストレスが与える影響について、とてもわかりやすい考察は、the National Scientific Council on the Developing Child. “Excessive Stress Disrupts the Architecture of the Developing Brain.”
ストレスに対する若者の際立った脆弱性については、B. J. Casey et al. の研究を参照。“The Storm

(Spring 2012): 3-11; Anita Slomski, "Chronic Mental Health Issues in Children Now Loom Larger Than Physical Problems," *Journal of the American Medical Association* 308, no. 3 (July 18, 2012): 223-25.
Christopher Munsey, "The Kids Aren't All Right," *APA Monitor on Psychology*, January 2010, 22も参照。2012年以来、高校生、とくに思春期の少女の不安とうつが増加しているという最近のタイム誌の記事は、同様の問題に思える。Susanna Schrobsdorff, "Teen Depression and Anxiety: Why the Kids Are Not Alright," *Time*, October 26, 2016 (2017年5月12日、time.com/4547322/american-teens-anxious-depressed-overwhelmed/ にアクセス)。アメリカ国立精神衛生研究所 (NIMH) の最近の調査は、およそ30パーセントの少女と20パーセントの少年が不安障害であると結論づけた。不安障害の若者の多くは助けを求めないことから、こうした統計は、実際より低く見積もられている可能性がある。Kathleen Ries Merikangas et al., "Lifetime Prevalence of Mental Disorders in US Adolescents: Results from the National Comorbidity Study-Adolescent Supplement (NCS-A)," *Journal of the American Academy of Child and Adolescent Psychiatry* 49, no. 10 (October 2010): 980-89. さらに、モンタナ州の最近の調査では、若者の30パーセント近くが、過去2週間にわたって、ほぼ毎日悲しみや絶望を感じていた。記事は、親が気づかないうちに学生がストレスの多い状況に巻き込まれることについて、ソーシャルメディアの影響を強調している。"2015 Montana Youth Risk Behavior Survey," Montana Office of Public Instruction. 2015 (2017年5月12日、opi.mt.gov/pdf/YRBS/15/15MT_YRBS_FullReport.pdf にアクセス)。
若者のうつ病に関する最近の研究では、ティーンエイジャーのおもな抑鬱障害は、とくに12歳から20歳までの若者において、2005年から2014年まで顕著に増加していた。全体的としては37パーセントの増加だった。Ramin Mojtabai et al., "National Trends in the Prevalence and Treatment of Depression in Adolescents and Young Adults," *Pediatrics* (November 14, 2016), (2017年5月12日、pediatrics.aappublications.org/content/early/2016/11/10/peds.2016-1878.info にアクセス)。自殺ではない自傷行為も、とくに青年期の女性に増えている。Jennifer J. Muehlencamp et al., "Rates of Non-Suicidal Self-Injury in High School Students Across Five Years," *Archives of Suicide Research* 13, no. 4 (October 17, 2009): 317-29. を参照。
〔2〕Madeline Levine, *The Price of Privilege* (New York: Harper, 2006). レバインは、裕福な家庭の子供のリスクのほうが高いという仮説を立てている。成績へのプレッシャーは高いが、両親の支援があまりないのが原因のひとつだという。
〔3〕Stuart Slavin の未発表の研究結果を、Vicki Abeles がニューヨーク・タイムズ紙で取り上げている。"Is the Drive for Success Making Our Children Sick?," *New York Times*, January 2, 2016 (2017年5月16日、www.nytimes.com/2016/01/03/opinion/sunday/is-the-drive-for-success-making-our-children-sick.html にアクセス)。
〔4〕世界保健機関の "WHO Fact Sheet on Depression," February 2017, www.who.int/mediacentre/factsheets/fs369/en/.
〔5〕Centre for Studies on Human Stress (CSHS), "Understand your stress: Recipe for stress," (2017年8月11日、www.humanstress.ca/stress/understand-your-stress/sources-of-stress.html にアクセス)。
〔6〕Steven F. Maier, "Behavioral Control Blunts Reactions to Contemporaneous and Future Adverse Events: Medial Prefrontal Cortex Plasticity and a Corticostriatal Network," *Neurobiology of Stress* 1 (January 1, 2015): 12-22.
〔7〕David C. Glass and Jerome E. Singer, *Urban Stress: Experiments on Noise and Social Stressors* (New York: Academic Press, 1972).
〔8〕Jonathon Haidt and Judith Rodin, "Control and Efficacy as Interdisciplinary Bridges," *Review of General*

注

＊掲載のリンクは原著刊行時点（2018年）のものである

はじめに　なぜ「コントロール感」が重要なのか

〔1〕「コントロール感」に関する広範な研究は、著名なストレス研究家ロバート・サポルスキーによる『なぜシマウマは胃潰瘍にならないか――ストレスと上手につきあう方法』（シュプリンガー・ジャパン）に要約されている。大きな影響力を持つレビュー記事、Jonathon Haidt and Judith Rodin, “Control and Efficacy as Interdisciplinary Bridges,” *Review of General Psychology* 3, no. 4（December 1999）: 317-37も参照。
〔2〕心理学者ジーン・トウェンジは、大学生の「統制の所在」の変化を研究し、2002年の平均的な大学生は、1960年代初頭の学生と比べて、外的な「統制の所在」が80パーセント強くなっていることを明らかにした。トウェンジがその変化の原因としてあげるのは、金銭、地位、身体的魅力などの外的で自己本位の目標に価値を置き、コミュニティ、連帯や人生の意義などの価値を低く見る文化である。外的な「統制の所在」は、低学力、無力感、ストレス管理の失敗、乏しい自己管理、うつになりやすい傾向と相関する。Jean M. Twenge et al., “It's Beyond My Control: A Cross-Temporal Meta-Analysis of Increasing Externality in Locus of Control, 1960-2002,” *Personality and Social Psychology Review* 8, no. 3（August 2004）: 308-19を参照。現代の若者に増えつつあるメンタルヘルスの問題に関するトウェンジの知見については、Jean M. Twenge et al., “Birth Cohort Increases in Psychopathology Among Young Americans, 1938-2007: A Cross-Temporal Meta-Analysis of the MMPI,” *Clinical Psychology Review* 30, no. 2（March 2010）: 145-54。また、Jean M. Twenge, “Generational Differences in Mental Health: Are Children and Adolescents Suffering More, or Less?” *American Journal of Orthopsychiatry* 81, no. 4（October 2011）: 469-72も参照。
〔3〕Christopher Mele, “Pushing That Crosswalk Button May Make You Feel Better, but...” *New York Times*, October 27, 2016（2017年5月11日、www.nytimes.com/2016/10/28/us/placebo-buttons-elevators-crosswalks.html?src= twr&_r= 1にアクセス）。
〔4〕Judith Rodin and Ellen Langer. “Long-Term Effects of a Control-Relevant Intervention with the Institutionalized Aged,” *Journal of Personality and Social Psychology* 35, no. 12（December 1977）: 897-902.

第１章　この世でいちばんのストレス

〔1〕前述のジーン・トウェンジの研究を含め、若者のメンタルヘルスの問題の発生率が上がっているという研究結果が、数多く示されている。プリンストン大学 Woodrow Wilson School of Public and International Affairs や Brookings Institution が発表した研究でも、この50年で初めて、アメリカの子供の障害の上位5位がメンタルヘルスの問題となり、身体的な問題を上まわった。Janet Currie and Robert Kahn, “Children with Disabilities: Introducing the Issue,” *Future of Children* 22, no. 1

【マ行】

【ヤ行】

【ラ行】

【ワ行】

【ABC】

【タ行】

【ナ行】

【ハ行】

索引

著者

ウィリアム・スティクスラッド（William Stixrud, PhD）
臨床神経心理学者。国立小児医療センターおよびジョージ・ワシントン大学医学部教授。思春期の脳、瞑想、ストレスの影響、睡眠障害、脳に対するテクノロジー過多の問題について幅広く講義をおこない、影響力のある科学論文を多数発表。デビッド・リンチ財団理事も務める。

ネッド・ジョンソン（Ned Johnson）
ワシントンDCの個人指導塾〈プレップ・マターズ〉創設者。ティーンエイジャー指導者。学習スキル、ティーンエイジャーと親の関係、不安障害の管理を専門とし、その業績はタイム、ワシントン・ポスト、ウォール・ストリート・ジャーナルなどで紹介されている。共著書に *“Conquering the SAT: How Parents Can Help Teens Overcome the Pressure and Succeed”* などがある。

訳者

依田卓巳（よだたくみ）
翻訳家。東京大学法学部卒。訳書にP. ブラウン他『使える脳の鍛え方』、R. ランガム『火の賜物』（ともにNTT出版）、O. ジョーンズ『チャヴ』、『エスタブリッシュメント』（ともに海と月社）、F. ボーゲルスタイン『アップルvs.グーグル』（新潮社）他多数。

セルフドリブン・チャイルド——脳科学が教える「子どもにまかせる」育て方

2019年3月6日　初版第1刷発行

著　者　ウィリアム・スティクスラッド＋ネッド・ジョンソン
訳　者　依田卓巳

発行者　長谷部敏治

発行所　NTT出版株式会社
〒141-8654 東京都品川区上大崎3-1-1 JR東急目黒ビル
営業担当　TEL 03(5434)1010　FAX 03(5434)1008
編集担当　TEL 03(5434)1001
http://www.nttpub.co.jp

装　幀　三森健太（JUNGLE）

印刷・製本　精文堂印刷株式会社

ISBN 978-4-7571-6079-8　C0037